高职旅游管理专业系列教材

国家骨干高职院校建设项目成果

旅游市场营销与策划

主编　李晓霞

西北工業大學出版社

前言

目 录

CONTENTS

学习情境一

旅游景区营销与策划

情境描述

根据市场营销有关原理和方法设计开发旅游景区产品，全面认识并掌握旅游景区产品的内容及特征，能够运用恰当的营销组合策略，进行准确的市场定位；能成功地运用价格手段调控市场，保障景区客源和收益的稳定增长；运用营销策略提升景区知名度，吸引游客。

学习目标

专业能力目标：运用市场营销有关原理，发现市场机会的能力；为不同顾客群开发设计旅游产品的能力；准确市场定位和有效宣传的能力；进行合理定价的能力；设计策划有效的市场推广的能力。

方法能力目标：市场分析和市场调研的能力；与众不同的创新能力；较强的语言文字功底、准确的语言表达能力及文案策划能力；较大营销场景的操控能力。

社会能力目标：对市场、社会敏锐的洞察力和观察力；良好、广泛的人际关系；良好的沟通和语言表达能力；团队合作意识和合作能力；处理和谐人际关系的能力。

工作任务1　旅游景区产品开发

任务布置

学习情境一	旅游景区营销与策划
工作任务1	旅游景区产品开发

续 表

<table>
<tr><td>学生行为</td><td colspan="2">学生在教师的引导下,明确学习任务及要求,分组学习知识链接的内容,并查阅相关资料和文献,找出资讯问题的答案,初步掌握学习内容</td></tr>
<tr><td>教师行为</td><td colspan="2">1. 教师向学生介绍工作任务的内容、要求、关键点及注意事项,引导学生熟悉工作任务内容,并随机对学生进行分组
2. 教师向学生讲解或引导学生学习资讯内容,并随时解答学生的相关问题</td></tr>
<tr><td>任务描述</td><td colspan="2">学生5～6人为一小组,各小组运用所学的景区营销理论,针对某一熟悉的景区进行环境分析、做市场调查、然后进行景区定位,最后进行旅游景区产品开发</td></tr>
<tr><td rowspan="12">资讯</td><td rowspan="11">资讯问题</td><td>1. 旅游景区的概念、构成要素、分类及特征</td></tr>
<tr><td>2. 什么是旅游景区市场营销? 旅游景区市场营销有何特点?</td></tr>
<tr><td>3. 旅游景区市场营销的宏观环境、微观环境分别包括哪些?</td></tr>
<tr><td>4. 影响旅游者消费行为的因素有哪些? 旅游消费者的购买决策过程分为哪几个阶段?</td></tr>
<tr><td>5. 旅游景区市场营销调研的概念及常用的方法</td></tr>
<tr><td>6. 旅游景区市场细分的含义、作用、原则、步骤以及细分标准</td></tr>
<tr><td>7. 什么是目标市场? 旅游景区选择目标市场的策略有哪些?</td></tr>
<tr><td>8. 什么是市场定位? 旅游景区常用的市场定位方法有哪些?</td></tr>
<tr><td>9. 旅游景区产品的概念及特点</td></tr>
<tr><td>10. 何为景区产品的生命周期? 景区产品生命周期分为哪几个阶段? 各阶段有什么特征? 应采取何种营销策略?</td></tr>
<tr><td>11. 如何进行旅游景区产品的设计开发与策划?</td></tr>
<tr><td>资讯引导</td><td>以上资讯问题请查阅本书知识链接,同时参考以下书籍和网页:
1.《旅游景区市场营销》李红,郝振文编著,旅游教育出版社,2006。
2.《旅游景区营销》刘锋,董四化著,中国旅游出版社,2006。
3.《旅游景区景点营销》禹贡,胡丽芳编著,旅游教育出版社,2005。
4.《旅游市场营销管理》马勇,刘名俭主编,东北财经大学出版社,2011。
5.《旅游景区管理》张昌贵,李勤主编,西安交通大学出版社,2013。
6.《旅游营销基础》王媛,纪文静主编,江苏科学技术出版社,2009。
7.《景区服务与营销管理》高午阳,陆丽娥主编,化学工业出版社,2011。
8.《旅游景区开发与管理》郑耀星主编,旅游教育出版社,2010。
9. http://www.aatrip.com/中国旅游营销网</td></tr>
</table>

知识链接

一、认识旅游景区和旅游景区市场营销

旅游景区是一个国家和地区人文资源、自然景观的精华,是展示民族文化和民

族历史的重要窗口。从旅游行业发展的角度来看,旅游景区是旅游活动的核心和空间载体,是旅游系统中最重要的组成部分。观赏旅游景区是人们旅行的主要动机。在一定意义上可以说,整个旅游业都是依附于旅游景区而存在的。

(一)旅游景区

1.旅游景区的概念

旅游景区的概念有广义和狭义之分。广义的旅游景区指旅游区,我国国家质量技术监督局发布的国家标准《旅游区(点)质量等级的划分与评定》中对旅游景区(点)的定义为:具有参观游览、休闲度假、康乐健身等功能,具备相应旅游服务设施并提供相应旅游服务的独立管理区。该管理区应有统一的经营管理机构和明确的地域范围,包括风景区、文博院馆、寺庙观堂、旅游度假区、自然保护区、主题公园、森林公园、地质公园、游乐园、动物园、植物园及工业、农业、经贸、科教、军事、体育、文化艺术等各类旅游区(点)。而狭义的旅游景区是指旅游区中的旅游风景名胜区。

2.旅游景区的构成要素

根据旅游景区的概念分析,旅游景区一般包括以下要素。

(1)特定的旅游吸引物(旅游资源)

旅游吸引物是吸引游客向往的根本所在,其中旅游资源是旅游景区吸引游客的素材,景区内的景点或活动是吸引游客的载体。当然,景区开发旅游资源的主要目的是吸引游客,为其提供一种快乐、愉悦和审美的体验。

(2)综合的旅游功能

旅游功能是旅游景区吸引力的主要体现,也是满足游客体验需求的功能要素,包括游览、交通、导游服务、餐饮、购物娱乐、住宿等。当然,不同的旅游景区类型具有差异性的旅游功能,可能不具有某些旅游功能,如住宿、娱乐等。

(3)统一的管理机构

每个旅游景区要有明确的一个管理主体,对旅游景区内的旅游资源保护与开发、服务与经营,进行统一的管理。它是旅游景区管理的主体,是服务的供给方。这个主体可以是政府机构,或是具有部分政府职能的事业单位,也可以是独立的法人企业。

(4)清晰的空间范围

不论旅游景区的规模有多大,都有一个确定的管辖空间范围,常表现为进入的限制性,也即门票范围。有一点需指出,往往很多景区,特别是自然型景区一般分为开发区域和非开发区域,不论其开发与否都应属于景区的范畴。

(5)必要的设施与服务

旅游资源经开发后,配备必要的旅游设施与服务,这时旅游景区的旅游功能才能得以发挥。没有设施与服务,再好的旅游资源也只是旅游资源,不会成为可供旅游者消费的旅游景区产品。

3.旅游景区的分类

(1)按旅游景区资源类型划分

按照旅游景区资源类型来划分,旅游景区可分为自然类旅游景区、人文类旅游景区、复合类旅游景区以及主题类旅游景区。

1)自然类旅游景区。自然类旅游景区是指以自然环境的特色为基础的景区,是由多个自然类旅游景点组成,以名山大川和江河湖海为代表。如西湖、九寨沟、张家界国家森林公园等。这类景区的特征是国家为其所有者,以自然景观为其吸引力本源,自然环境优美,通常空间范围较大,游客的主要活动是游览观光。自然类旅游景区又可以划分为山地型自然旅游景区、森林型自然旅游景区、水景型自然旅游景区、洞穴型自然旅游景区以及综合型自然旅游景区五个亚类。

2)人文类旅游景区。人文类旅游景区是人类生产、生活活动的艺术成就和文化结晶,是指由以社会文化事物为吸引力本源的建筑物(群)和场所以及其中的活动构成的景区。这些建筑物(群)和场所,起初并不是为了吸引游客而建造的,其中的活动也不是专门为游客的体验而开展的。这类景区一般年代比较悠远,知识、文化内涵深厚,吸引着大量的游客前来参观访问,游客前来主要是为了游览和增长见识。如古代人类遗址、古代建筑、雕塑、壁画、文学艺术、伟大工程、帝王陵寝、名人故居等。

3)复合类旅游景区。复合类旅游景区是指由自然景点和人文景点相互映衬、相互依赖而形成的相对独立的景区,该景区中自然景观和人文景观的旅游价值均较高。复合类旅游景区的典型代表如国内的宗教名山五台山、峨眉山、普陀山、九华山等。

4)主题类旅游景区。主题类旅游景区指主题鲜明的人造旅游景区,包括主题公园、主题类动植物园、游乐园和其他主题类人造景区。这类旅游景区是专门为吸引游客并满足其需求而修建的景区,主要由现代建造的房屋和建筑群、场所以及其中专门为游客设计的各种活动和游乐设施构成,游客到这些景区主要进行康体、休闲娱乐等活动。

(2)按旅游景区的功能划分

按旅游景区的功能划分,可以将旅游景区划分为游览观光类旅游景区、度假休闲类旅游景区、科学考察类旅游景区、娱乐体验类旅游景区和综合类旅游景区。

1）游览观光类旅游景区。主要以观光游览为主，该类景区拥有较高审美价值的旅游资源。如中国湖南张家界、澳大利亚大堡礁、北美的尼亚加拉大瀑布等属于此类旅游景区。

2）度假休闲类旅游景区。拥有高质量的服务设施和环境条件，为旅游者提供度假康乐等休闲服务的独立景区。如中国北海银滩、美国夏威夷、印尼巴厘岛等属于此类旅游景区。

3）科学考察类旅游景区。以科学考察和科学普及类旅游资源为主，具有较高的科学研究价值，能满足旅游者求知欲的相对独立景区。如北京周口店遗址、四川虹口地震遗址、黑龙江五大连池世界地质公园等属于此类旅游景区。

4）娱乐体验类旅游景区。以现代游乐设施为基础，为旅游者提供娱乐体验的景区。如深圳欢乐谷、美国迪斯尼、苏州乐园、日本豪斯登堡等属于此类旅游景区。

5）综合类旅游景区。具有两个或两个以上功能，以多种形式的旅游产品组合吸引不同需求的旅游者的景区，因其多元性而竞争力较强，成为景区发展的流行趋势。

（3）按旅游景区的质量等级划分

根据中华人民共和国国家标准《旅游景区质量等级的划分与评定》（GB/T 17775—2003）规定，将旅游景区质量等级划分为五级，从高到低依次为（5A）、（4A）、（3A）、（2A）、（1A）级旅游景区。3A级、2A级、1A级旅游景区由全国旅游景区质量等级评定委员会委托各省级旅游景区质量等级评定委员会负责评定。省级旅游景区质量等级评定委员会可以向条件成熟的地市级旅游景区质量等级评定机构再行委托。4A级旅游景区由省级旅游景区质量等级评定委员会推荐，全国旅游景区质量等级评定委员会组织评定。5A级旅游景区从4A级旅游景区中产生。被公告为4A级旅游景区1年以上的方可申报5A级旅游景区。5A级旅游景区由省级旅游景区质量等级评定委员会推荐，全国旅游景区质量等级评定委员会组织评定。

4. 旅游景区的特征

（1）综合性

1）旅游景区构景要素的多样性。如山地景观是由山体与林地、云雾等组成；海滨旅游资源是由阳光、海水、沙滩等组成。人文旅游景区同样具有综合性的特点。如中国古建筑是由建筑物、风水地貌、礼制思想等组成；园林则由山、水、动物、植物、建筑等多种元素组成。

2）旅游景区消费的综合性。一是旅游消费主体具有综合性。旅游景区能吸引和满足不同年龄、性别、信仰、民族、地域、收入、偏好的旅游者的消费需求。二是消费客体具有综合性。旅游景区的消费往往需要吃、住、行、游、购、娱等综合消费才能完成一次旅游消费过程。三是消费功能具有综合性。旅游景区不但能满足人们诸如审美、猎奇、求知、康乐等多样化的享受需求，而且能满足人们多方位的发展需求。

3）旅游景区管理的综合性。首先是旅游景区管理主体的综合性，林业局、旅游局、文物局、宗教部门、环保总局等都可以是景区的管理主体；其次是旅游景区市场管理的综合性，涉及交通、工商、卫生、安全、公安等部门；再次是旅游景区人员管理的综合性，包括游客、社区人员、导游、股东等。

旅游景区的综合性对景区的经营管理有着重要影响。首先，景区要和其他组织一起合作来提供产品，会导致其在资金、专业知识、安全标准等各方面都存在一定变数，因而对产品的管理就比较分散；其次，任何一部分出差错，都会影响到其他组成部分的声誉，即旅游行业出名的公式 100－1＝0。

（2）地域性

地域性是指旅游景区需以一定的地域空间为载体，因而存在地域差异，带有地方色彩。

1）由于地域差异因素（纬度、地貌、海陆位置等）的影响，自然环境因素如气候、地貌、水文、动植物出现地域差异，从而导致自然旅游资源出现地域性。如雾凇的景观只有在北方寒冷天气才可见到，佛光则需要在峨眉山、庐山等山顶上，并结合特定的天气条件才可以出现。

2）由于人文景观与自然环境有紧密的联系性，这种联系性在农业社会及其以前的历史时期，甚至表现为强烈的依赖性，自然景观的地域性也导致了人文景观的地域性。如中国的传统民居是在特定地域的自然环境与人文环境的综合因素下产生的，窑洞与黄土高原，吊脚楼与山区都是密不可分的。

地域性形成旅游景区的差异性，而这种差异性又是吸引力的基础。因此，对于旅游景区来说，如何正确认识和理解这种地域性对景区产品开发意义非凡。旅游景区要以多种方式和手段，营造自己与众不同的特色。

（3）创新性

旅游景区的产品与其他产品一样，存在初创期、发展期、成熟期、衰退期的生命周期。随着时间的增长，景区产品对旅游者的吸引力会减弱乃至消失，如果不及时进行更新改造，产品必然走向衰亡。景区要不断进行主题创新、结构创新、功能创新、管理服务创新，通过开发新产品、改进原有产品、优化产品组合等途径来保持景区产品的吸引力。例如南岳衡山深挖寿文化资源，举办寿文化节，铸立中华寿坛，并策划一系列高空走钢丝、攀云梯等世界挑战赛活动。

(4)现代化

旅游景区的现代化是指在设施、服务、旅游产品、旅游文化等多个层面上体现出来的标准与特征，以适应现代人的审美和消费观念。旅游景区的现代化，不仅意味着设施、产品要现代化，更体现在服务现代化、管理现代化、旅游文化现代化等软件方面。比如白云山风景区致力于数字化建设，已取得不错效果，办公自动化、电子巡查、电子门票等现代化手段让白云山能更高效、高质量地为顾客提供服务。

(二)旅游景区市场营销

1. 旅游景区市场营销的概念

旅游景区市场营销是旅游景区组织为满足旅游者的需要并实现自身经营和发展目标，通过旅游市场实现交换的一系列有计划、有组织的社会和管理活动。

以市场营销核心概念为基础，景区营销的内涵应该包括以下几个方面：它的起源是人们旅游的需要、欲望和需求；它需要提供具有一定质量的产品；它的最终目的是为了获得顾客满意和顾客价值；旅游市场是因人们旅游的需要、欲望和需求而产生；市场营销需要进行交换、交易或建立关系。

2. 旅游景区市场营销的特点

由于旅游景区产品是一种特殊的产品，它属于服务产品，和一般的实物产品不同，其特征对其销售方法有着很大的影响。因此，旅游景区市场营销具有以下特点。

(1)旅游景区市场营销的主体是员工和游客

景区的特点之一就是，游客是生产过程的一部分，而员工是产品的一部分。游客是服务的对象，服务过程就是产品的生产过程，他们的态度和行为，不仅会影响自己的经历，也会影响其他游客的经历；而员工直接参与产品的生产和销售，直接和游客接触，他们的态度感和行为会直接影响到游客是否喜欢该产品。因此，游客和员工都是营销的重要组成部分。

(2)旅游景区形象依“口传”而塑造

景区产品的无形性决定潜在游客在购买旅游产品时都倾向于亲朋好友的咨询，所以必须注重提高游客出游后的满意度。只有很高的出游满意度，才能有好的口碑宣传效果，这样才有利于景区的营销宣传。

(3)景区产品的共享使用权和暂时使用权

不同于其他产品,旅游产品对游客只能提供产品使用权的暂时性,而且是以共享的方式提供给游客。由此可导致不同目标市场的需求有发生冲突的可能性。鉴于此,在做景区的营销时,工作的重点在综合考虑目标市场的特征后,根据各自的需求进行不同的营销方案。不同的营销方案可缓冲或解决不同目标市场需求之间的冲突问题。

(4)易受时尚的影响

旅游景区易受大环境的影响特别是社会中时尚的影响。景区如果能抓住机遇不断推销自己,就可以达到事半功倍的效果。

(5)可进入性的影响

交通工具的便利性是景区营销成功的关键,恰当的路标方向指示和宣传产品都是旅游景区营销的重要工具。

(6)淡旺季的影响

景区营销常常是设法刺激"淡季"的需求,提高淡季时的使用率。由于旅游产品具有"不可储存性",淡旺季、团队与散客可以实行差价以实现经济效益的最大化。最后一刻打折出售,以确保能有一定的收入,因为产品一旦过时将失去其价值。但是,价格对供求关系的影响并不都很大。

(7)固定成本高,可变成本低

从旅游经济学角度分析,景区的固定成本(不随游客数量的变化而改变的成本,如资源、设施等)高,变动成本(随游客数量的变化而改变的成本,如导游费用等)低。淡季游客数量的剧增并不会大量增加成本;而当游客的数量降低时,也不能大量地减少成本。这一点认识对景区营销,特别是定价和促销策略的制定有基本指导作用。

(8)景区属性的差异化

竞争的激烈要求景区进行营销时突出自身的差异性,进行差异性营销以突出自己独特的形象。各景区的营销目的有很大的差别,这主要取决于景区的属性。私营景区通常是追求利润和市场份额,扩大产品的销售量或取得满意的投资回报率。国有景区的目的主要不是利润,其目的很广泛,包括为社区提供更多的休闲娱乐机会、鼓励贫困人口的参与等。不同属性决定了不同景区在营销力度和对象上的有所区别。

(9)景区营销主体的多元化

景区营销不仅自己推销自己,还包含他人对自己的推销。比如,旅游经销商在其宣传册中利用景点鼓励人们外出度假;政府对国内主要景点做的宣传营销,以鼓励外国人前往游览；地方政府和旅游管理部门将景区作为旅游目的地营销的主要内容。因此，景区营销要突出其独特性和地方性，使之成为区域旅游的代表景区，借势于相关主体扩大影响，使营销工作卓有成效。

(10)营销策略与资源保护的矛盾

旅游资源是旅游景区发展旅游的基础，许多旅游资源是不可再生的。所以旅游景区营销不仅要考虑旅游者的需求，而且要考虑旅游资源保护，要将市场需求与旅游资源保护结合起来，使市场营销运行与环境保护得到协调统一发展。

二、旅游景区市场营销环境

营销环境是指对旅游景区的营销有各种各样影响的因素，分为宏观营销环境和微观营销环境两个类型。

宏观营销环境是指旅游景区在相当程度上需要去适应却难以对这些环境变化产生比较大的影响的营销环境。微观营销环境是指与旅游景区紧密相连的、影响景区为目标市场服务的各种相关因素。由于环境具有的差异性、动态性与相关性的特点，旅游景区必须注重环境的研究，通过环境研究发现营销机会，避免或减小可能的威胁。

(一)旅游景区市场营销的宏观环境

1. 政治法律环境

影响市场变化的政治法律环境因素有：政治体制改革的影响；战争与和平对市场的影响；经济与市场立法的影响等。如国务院办公厅于2004年发出的《关于暂停新建高尔夫球场的通知》中，指出为合理利用和保护土地资源，遏制高尔夫球场的盲目建设，自通知印发之日起至有关新的政策规定出台前，地方各级人民政府、国务院各部门一律不得批准建设新的高尔夫球场项目，对景区兴建高尔夫球场提出了严格的控制。

2. 经济环境

影响市场变化的经济环境因素有：经济发展状况与水平；社会收入分配制度与状况；可支配的收入水平；经济景气指数与预期收入；信用制度与信贷政策等。有研究表明当人均GDP达到300美元时，将刺激国内旅游发展；人均GDP达到1 000美元时，会产生出境旅游的需求；人均GDP大于1 500美元时，游客数量将快速增长。

3. 社会文化环境

影响市场变化的社会文化环境因素有：社会制度与社会关系；个人的世界观、

人生观、价值观、消费观、市场观;宗教、道德、语言、文字、生活形态、科学、艺术等。如世界上的许多宗教团体,他们都有自己的文化倾向和宗教崇拜,这些都直接影响着人们的生活和出游习惯。

4. 自然环境

自然环境变化的主要表现有:环境污染;气候条件、交通条件的影响;能源成本的增加;原料短缺与成本增加;全球营销与运输成本变化等。比如最明显的就是1997年前出现的一次厄尔尼诺现象,它造成加勒比海和美洲中部地区的登革热,在遇到旱灾的波多黎各和潮湿温暖的中美洲及巴西北部地区出现流行性瘟疫,使得人们不敢贸然前往这些国家和地区去观光旅游,对这些地区的旅游业产生了巨大的影响。

5. 人口环境

旅游景区的人口环境因素包括:人口的数量、密度、居住地点、年龄、性别、种族、民族和职业等情况。人口数量在不断地发生变化,人口流动趋势加强。而人口的密度、居住地点、年龄、性别、种族、民族和职业都会对旅游景区营销产生一定的影响。比如,在日本,一个家庭决定要不要出门旅游,一般是由男主人决定,而决定到哪里去玩、去玩什么则由女主人或孩子来决定。旅游者做出出游选择时往往会考虑自己的身份和地位,景区把自己的产品或品牌变成某种身份或地位的标志或象征,将会吸引特定目标市场的旅游者。

6. 科技环境

科技环境变化的主要表现有:技术变化的步伐加快;关于技术革新的法规增多;研究与开发预算升高。随着科技的发展,许多新科技也被越来越多地运用到旅游景区的开发建设过程中,这意味着旅游景区在创新的过程中,要注意与科研部门和高校部门之间的联合。

(二)旅游景区市场营销的微观环境

目前,对企业微观环境的分析一般都是采用迈克尔·波特的五力模型分析方法,即包括了景区竞争者的分析、购买者的分析、供应商的分析,而在景区营销环境分析中则还要考虑景区自身分析、中间商的分析和公众的分析。其中旅游景区内部环境、营销渠道、旅游者构成旅游景区的核心营销系统;竞争者和公众等构成旅游景区外围营销系统。

1. 旅游景区自身条件

市场营销必须注意旅游景区自身的区位条件、资源或吸引物等级与特色、与周边旅游资源或产品关系、人力资源状况、景区管理能力、景区投资主体实力等。这些是景区发展的根本,而且每个要素都是景区发展必不可少的,当然也是景区开展营销活动的基础。

2. 旅游者(旅游市场分析)

旅游者是旅游景区产品购买者的总称,包括对现有客源市场和潜在客源市场的分析。旅游者就是景区的顾客,是景区的上帝,景区的营销活动大多都是围绕他们来展开的。

3. 中间商

中间商是协助旅游景区把产品销售给最终购买者的所有中介机构,它是将旅游景区产品与旅游者实现对接的重要渠道。对于旅游景区,其中间商主要是指旅行社、航空公司或旅游协会等,他们是景区分销渠道的重要环节和重要组成部分。

4. 竞争者分析

旅游景区的竞争者主要是产品具有替代性的竞争者,从供给方面来说,是指相邻区域内同类或相近并可相互替代的产品的竞争者;从需求方面来说,是指满足同一群体顾客要求或为相似顾客服务的竞争者。同时,这种具有替代性的竞争者又包括了现有竞争者和潜在竞争者。随着旅游业的发展,将会有越来越多的新旅游景区出现,并且,新的竞争者一般都是在现有旅游景区基础上的发展,具有一定的后发优势,而其中与现有景区具有一定替代性的景区必然会对现有旅游景区的发展提出相当严峻的挑战。掌握现有竞争者和潜在竞争者的资料,根据不同的情况制订相应的营销策略也成了旅游景区营销工作必然的选择。

5. 公众

景区所面向的公众与其他一般企业一样,主要包括地方公众(社区公众)、媒介公众、金融公众、政府公众、旅游景区内部公众等。对景区发展和景区经营来讲,地方公众尤其是社区公众的参与和支撑尤为重要。金融公众是景区发展强大的资金支持的后盾。媒介公众是景区进行营销宣传和形象传播的重要渠道,政府公众可以在政策上和宣传促销上为景区提供比较多的支持,地方公众对景区周边区域整体旅游环境的打造和许多配套服务设施的提供会有重要的帮助,而景区内部公众则有可能是景区的重要劳动力来源,以及与旅游者直接对话的景区形象的重要代表。

6. 供应商

很多人会以为,对于景区来说供应商并不是很重要,但是供应商的概念是相当广泛的,不管是景区建设阶段还是景区生产经营阶段,供应商都是景区价值传递系统中的重要一环,景区必须要注意供应商的可靠性、资源供应的价格及其变动趋势、供应资源的质量水平等。

案例1-1

(一)基本情况

1. 飞龙大世界位于大石镇,距广州新中心10千米,占地65.3平方千米。

2. 投资9亿元,其构成:地价挂账;项目建设资金靠贷款;香港钱飞龙投资。

3. 产品生产:首期工程有12个景点,即万蛇城、水上表演厅(每天可容纳8 000人观演)、花果山水帘洞(其中有69套总统或高级套房)、白蛇庙、白蛇传、雷峰塔、保健中心(有92套高标准套房)、寿星园(首期已建成92栋寿星屋,可供全国7 000名百岁老人分批来疗养3个月)、儿童乐园、飞龙大剧院、飞龙大酒店(可同时容纳3 800人同时就餐,每天可接纳22 800人就餐)、蛇园等。二期工程有新蛇宫、蛇产品专卖店、恐龙山庄、保龄球馆、坦克大战场、赛车场、大象乐园等景点;停业前在建项目有亿万富翁园、海豚表演场、赛马场、民俗村、鸳鸯村、野生动物园养殖场、医药研究所,并有蛇类营养保健品、生物药品、美容化妆品、制革工艺品等4条生产线。

(二)宣传促销及成效

1995年上海大世界吉尼斯总部授予"世界最大蛇园"称号、全国明星企业暨名牌产品展示会授予"中国明星企业",1996年获得"优秀企业",并入选"广州旅游十大美景",1997年摘取"最佳花车奖"和"最佳组织奖",中央和广东省、广州市多位领导莅临视察并题词。番禺飞龙大世界对外做了如下宣传:总经理与38 888条毒蛇共居,提供免费疗养寿星园,公司为每6位老人配1个服务员、1个保健医生、1名营养师,每个老人可带1名家属照料起居并可享受880元工资等。

(三)市场销售情况

1995年1月开业,当年接待游客约100万人次,1996年89万人次,1997年36.5万人次,1998年14.689万人次,1999年1~6月2 280人次。总计240.417万人次,其中国际游客20.738万人次,占总数的8.625%。门票90元/人。2000年关闭,剩下的固定资产约1亿多元。

分析提示

飞龙大世界主题公园失败的原因很多,营销环境考虑不周到可能是其主要原因之一。(1)20世纪90年代中后期,正是我国旅游市场由卖方市场转向买方市场的过渡阶段，主题公园供给市场远大于旅游需求市场。这时期的主题公园如雨后春笋，在方圆不到8 000平方千米的广州市，大型主题公园就有7个，如世界大观、航天奇观、羊城雕塑公园、香江野生动物园、长隆夜间动物园、广州海洋馆等。主题公园竞争异常激烈，这7个主题公园到今天除长隆外，其他都是惨淡经营。(2)客源主要是珠三角地区的居民，这时期珠三角地区的居民中富有者并不多，喜欢蛇的人更不多，公务人员又正处于购买福利房时期，仅高额的门票就会使很多潜在旅游者望而却步。(3)重视景区内部的小组合，轻视与广州旅游目的地的大组合。飞龙景区内部组合，无论是产品组合(核心部分，与活动项目、旅游吸引物、娱乐设施、基础设施等相结合旅游服务；外形部分，服务质量、特色、设计风格、地理位置组合方式等；辅助部分，给游客提供的便利等)，还是景区构成要素组合(旅游吸引物、线路、娱乐设施、生活设施和管理设施等)都非常到位，但规模过大造成规模不经济，致使飞龙大酒店、保健中心、水上表演厅、花果山水帘洞、保健中心、寿星园等大部分资源闲置。若采取瘦身计划，考虑将部分项目(如飞龙大酒店、保健中心等)与广州旅游目的地组合或缩小规模。到飞龙的游客主要是车程2小时的一日游游客，部分境外和远程游客可由旅游目的地解决。部分生产线稍后上马，与主题无关的项目不搞，规模宏大的寿星园是一个社会公益项目，暂时放弃，飞龙也许不会是今天的情形。(4)与公众关系不融洽，地价完全挂账，致使大石镇居民极为不满、后期贷款不到位、投资等单一、后期建设资金缺乏等。这些因素更是使经营状况窘迫的飞龙大世界无以为计，只得黯然出局。

案例思考

从旅游景区营销环境要素及其组合分析，飞龙大世界失败的主要原因有哪些？有哪些方面值得我们借鉴？

三、旅游者消费行为分析

(一)旅游者消费行为的概念及其特点

1. 旅游者消费行为的概念

目前，对于旅游者消费行为的理解，一般都将其分为狭义和广义两个概念。

狭义的旅游者消费行为强调旅游者消费行为这样一种外在表现形式，仅指旅游者进行旅游的行为和对旅游产品的实际消费。

广义的旅游者消费行为则包括了旅游者旅游的全过程，一般是指旅游者利用收集的各种相关信息，根据自己的经验、主观判断、偏好、性格等做出决策并进行旅游消费的过程。包括旅游需求的产生过程、旅游的预算过程、旅游所需费用的取得过程、旅游计划的制订过程、旅游者心理和行为活动过程,最后到对旅游产品的实际消费过程。它是一种特殊形式的行为,是旅游者在搜寻旅游信息、进行旅游活动、旅游消费和评估旅游产品过程中的行为表现。

2. 旅游者消费行为的特点

旅游者消费行为的发展和变化是促进营销发展变化的重要因素之一。旅游者的消费行为越来越呈现出以下特征。

(1)注重价值导向

由于消费水平的提高,旅游消费者不仅考虑景区产品或服务的功能,还追求其附加价值;同时,他们强调物有所值,而不是盲目地追求景区的品牌和档次。

(2)信息索取趋于多、捷、便

目前,互联网的广泛运用和发展,正逐步减少和消除因信息不对称和高昂的信息成本给旅游者带来的困扰和不便。旅游者几乎足不出户便可以最快捷、最方便、最便宜的方式获得所需的景区资料。

(3)追求个性化、独特化

个性化已逐渐成为现代旅游者的一大特征。人们通过自己所拥有的知识在寻求、表达、确认并且肯定自己所拥有的感觉。目前,许多旅游者已进入明显的个性消费阶段。旅游者不断接触到更多的信息和更多的选择机会,他们已不再被动地接受他人的观点和信息,不再消极地购买和消费,而要求参与、掌握主动权,并需要终极关注以及被倾听。

(4)主张创新而不是单纯选择

不断发展的信息技术及数字媒体给旅游者建造了全新的舞台。他们不再只是满足于对现有景区的产品或服务做出选择,创新才是追求的永恒目标。

(5)关注和重视社会利益

社会文明程度的不断提高,使旅游者在满足个体旅游消费需求的同时,更注重保护景区的生态环境,防止污染,要节省及再利用景区资源。

(二)旅游消费者行为的影响因素

1. 文化因素

文化因素对旅游者的消费行为具有最广泛和最深远的影响。

(1)文化

一般说来,文化的含义可以有狭义和广义两种解释。广义的文化是人类在社会历史发展过程中所创造的物质财富和精神财富的总和,包括物质文化和非物质文化。狭义的文化是指社会的意识形态及其与之相适应的组织机构、礼仪制度和行为方式等物化的精神。

人都是生活在一定的文化环境中的,不同文化环境下的社会在习俗、道德态度、价值标准等方面都不相同,生活在不同文化环境中的旅游者受各自文化的熏陶与影响,在行为上的表现也有所不同。

研究影响旅游者行为的各种文化因素,才可以针对来自不同文化环境的旅游者制订出更加具有针对性的营销策略。文化是旅游者产生购买欲望和行为的最基本的决定因素。

(2)亚文化

每种文化都由更小的亚文化组成,亚文化为旅游者带来更明确的认同感和集体感。每一文化中都包含有许多较小的亚文化群体,这些亚文化群体由于国籍、宗教、民族、地域、种族、语言、年龄、社会阶层等因素又形成一种特定的亚文化群体。这些亚文化群体的成员既遵从着自己生活的总文化群体的大部分价值观,又恪守着他所属的亚文化群体的独特价值观。这些亚文化群体构成了景区重要的细分市场,而且他们的旅游选择也带有亚文化群体的某种共性的特征。

2. 社会因素

旅游者的购买行为同样也受到一系列社会因素的影响,如社会阶层、相关群体、家庭、社会角色与地位。

(1)社会阶层

社会阶层是在一个社会中具有相对的同质性和持久性的群体,它们是按等级排列的,是社会关系客观位置的一种表现,阶层结构和阶层特征通过多种多样的因素表现出来,成为阶层结构和阶层关系的社会表现。一个人所处的社会阶层一般是由职业、收入、财产、教育和价值取向等多种变量决定的,而不是由其中的单一变量决定的。相同社会阶层中人的行为要比两个不同社会阶层中人的行为更为相近,他们在进行旅游消费的过程中会表现出有些类似的价值观和消费偏好。

(2)相关群体

旅游者的行为一般要受到许多群体的影响,这些群体主要有家庭、朋友、邻居、同事、宗教、职业和贸易协会等,旅游者在他们之间接触频繁必然会相互影响。

(3)家庭

家庭群体是一个最基本、最重要的所属群体,它对人们的旅游行为产生直接的和长远的影响。这些影响主要表现在家庭形态和家庭生命周期对旅游决策的影响,见表1-1。在现代社会中,典型的家庭形态有三类:夫妻式(丈夫和妻子)、核心式(丈夫、妻子和子女)、延续式(丈夫、妻子、子女和祖父母或外祖父母)。家庭形成对旅游决策的影响主要取决于家庭每个成员在家庭中的地位和作用。儿童对家庭旅游的影响虽然是间接的,但作用很大。尽管儿童对度假时间的长短、交通方式、旅游开支等决策没有多大直接影响,儿童的要求也不可能成为具体的选择,但却可以决定选择哪一类旅游动机地,并影响着度假期间全家所共同参加的各种活动。家庭周期是家庭的发展过程,它是由婚姻状况、家庭成员年龄、家庭规模和主人的工作状况等变量系统结合而成的复合变量。家庭周期的阶段不同对人们的旅游行为的影响也不同。

表1-1 家庭生命周期阶段表

生命周期所处阶段	家庭特征	消费特点
单身阶段	年轻且不与家人同住	几乎没有经济负担,是新观念的带头人
新婚阶段	年轻且无子女	经济比单身阶段要好,购买力最强,度假旅游产品购买力高
满巢一期	最小的孩子不到6岁	流动资产少,储蓄部分钱
满巢二期	最小的孩子6岁以上	经济状况较好,旅游消费受孩子影响较大
满巢三期	年长的夫妇和尚未独立的子女同住	经济状况较好,一些子女也有工作,是否旅游仍主要由孩子决定
空巢一期	年长的夫妇,无子女同住,户主仍在工作	经济富裕有储蓄,对旅游、娱乐、自我教育尤感兴趣
空巢二期	年老的夫妇,无子女同住,户主已退休	收入锐减,赋闲在家,以购买康体健身休疗类旅游产品为主
鳏寡阶段	尚在业余工作或完全退休	收入锐减,特别需要康体健身休疗类旅游产品

(4)社会角色与地位

一个人在每一个群体中的位置可以用角色和地位来说明。一个角色包含了周围人期望其进行的所有活动,个人所扮演的每个角色,都会影响其购买行为。每一个角色都附着一种地位,地位可以反映出该角色在社会中受尊重的程度。

3. 个人因素

除了以上文化和社会因素以外，旅游者的决策还要受到其个人特征的很大影响，这些特征主要包括其年龄和生命周期阶段、职业、一个人的经济环境、生活方式、个性和自我概念等。

(1)职业

旅游者的职业也影响其消费模式，旅游者是学生、军人、白领、蓝领、明星大腕，或是政府官员等，每一种不同的职业都会对其旅游的选择产生一定的影响。蓝领工人旅游可能会在火车和汽车票上花比较多的钱，白领和金领旅游则可能会在飞机票、乡村俱乐部会员证和大轿车上花比较多的钱。景区市场营销人员应能找出对自己的旅游产品与旅游服务有超出常规需要的职业群体，甚至可以专为特定的职业群体生产其所需的旅游产品。

(2)经济环境

旅游者的经济环境会严重影响其旅游消费选择，包括可花费的收入(收入水平、稳定性和花费的时间)、储蓄和资产(包括流动资产比例)、债务、借款能力、对消费与储蓄的态度等。旅游者的收入水平或者说一个家庭的收入水平和富裕程度决定着他能否实现旅游及旅游消费水平的高低。一般而言，当人均收入达到300美元左右时，人们便有在国内旅游的愿望；当人均收入达到1 500美元时，人们便有去周边国家旅游的愿望；而当人均收入达到3 000美元时，人们便会产生洲际旅游的愿望。

(3)生活方式

来自相同的亚文化群、社会阶层，甚至来自相同职业的旅游者，也可能具有不同的生活方式。生活方式有很多种，而旅游者在旅游的选择上也会有很大的差异，有些人一向比较喜欢独来独往，有些人则更倾向于与朋友和家人同行，那么他们在旅游方式的选择上当然可能也有这样的差异。

(4)个性和自我概念

旅游者都有影响其购买行为的独特个性。旅游者的个性通常可用自信、控制欲、自主、顺从、交际、保守和适应等性格特征来加以描绘，不同个性的旅游者对旅游产品的选择也各不相同。一般比较自信或控制欲比较强的人比较喜欢具有冒险性和刺激性的旅游产品，而比较喜欢顺从和保守的旅游者则会对旅游产品的安全性更加关注。

4. 心理因素

旅游者的购买行为通常还要受心理因素的影响，包括旅游需要、旅游动机、旅游知觉、学习及信念和态度。

(1)旅游需要

旅游需要实质是人的一种文化需求,是人们变换生活环境以调节身心节律的一种短期生活方式的需要,是人们在特定生活和特定经济条件下对旅游产品、服务的愿望和要求,它是人类总需要中的一个组成部分。但是另一方面,旅游需要又在不同程度上包含了人类各层次需要的内容,包括饮食、休息、安全、求知、赏美和社会交往等多种需要的内容。根据对旅游活动影响的大小,较为主要和典型的旅游需要主要体现为以下两方面:旅游者的文化需要与旅游者变换生活环境以调节身心节律的需要。

(2)旅游动机

旅游动机是直接推动一个人进行旅游活动的动力,它规定了旅游行为的方向,是推动和指导旅游活动的心理过程。

美国学者罗伯特·W·麦金托把旅游动机分为四类。

1)身体方面的动机。通过与身体健康有关的旅游活动,达到松弛身心的目的,如度假休息、海滩休闲、温泉洗浴、异地疗养、娱乐消遣、避暑、避寒等。

2)文化方面的动机。了解异国他乡的异质文化,如历史文化传统、文艺形式、风景名胜、文物古迹、学术交流等。

3)人际方面的动机。探亲访友,结交名师良友,摆脱家庭纠纷或人事纠葛等。

4)地位和声望方面的动机。出席高层次的学术会议,参加高级别的考察旅行、增加阅历的修学旅行、追求业余爱好的聚会等,通过这些旅游可以引人注意,赢得名声,结识要人名人,得到某种承认。

(3)旅游知觉

知觉是指人们通过自己的身体感觉器官而对外界刺激物所作的反应。旅游知觉即旅游者选择、组织及解释外来旅游方面的信息而产生其内心世界反应的过程。旅游知觉有以下三种方式。

1)选择性注意。在现实生活中,人每时每刻都面临着来自各方面的刺激,但最能引起人们注意的情况有三种:一是与人们当前需要有关的;二是预期出现的;三是变化幅度大于一般的、较为特殊的刺激物。因此,引起消费者对旅游产品的注意应当是旅游营销工作者的主要工作。现在许多旅游企业散发附有精美照片的制作精良的旅游产品宣传手册,手册上有设计新颖的大幅广告画面、具有高度概括性或幽默感或戏剧性形式的广告语(如深圳锦绣中华的标志性口号:"一脚踏入历史,一日游遍中国"),其主要目的就是吸引潜在旅游者的注意。此外,在旅游淡季,许多旅游企业采取价格策略吸引游客,较为明显的价格差异容易激发旅游者的消费热情。当前，经济和社会学家们探讨的“注意力经济”，即通过炒作卖点引发人们的关注而产生经济效应，就是很好利用了选择性注意这一特点。

2）选择性曲解。消费者在接受外界事物和信息的刺激时，与原有思维模式相结合来解释外来刺激，从而造成先入为主、按照自身意愿曲解信息的倾向，称作选择性曲解。我国的旅游市场在逐渐走向买方市场的今天，旅游企业的服务质量越来越受到旅游者的关注。某些旅游者对某家旅游企业的信誉度感知，若已通过亲朋好友与同事的亲身经历感受形成一定的思维倾向，当外界广告的刺激与其已建立起的感知不一致时，他们往往对广告产生不信任。

3）选择性记忆。人们对许多已了解的事物往往只记住那些与自己观念一致的事物，这在旅游者的消费偏好中表现得十分明显。旅游者由于对某种品牌旅游产品的钟情而引起再次购买行为的发生，就是选择性记忆作用的结果。

（4）学习

旅游消费者的大多数行为都是学习得来的。通过学习，旅游消费者获得了旅游商品的知识和购买经验，并用于未来的购买行为，人的学习是通过驱使力（某种需要）、刺激物（能够满足这种需要的产品或服务）、诱因（一种更具体的提示物）、反应（需要得到满足的感觉）、强化（加深印象）这一系列过程形成的，如图 1-1 所示。

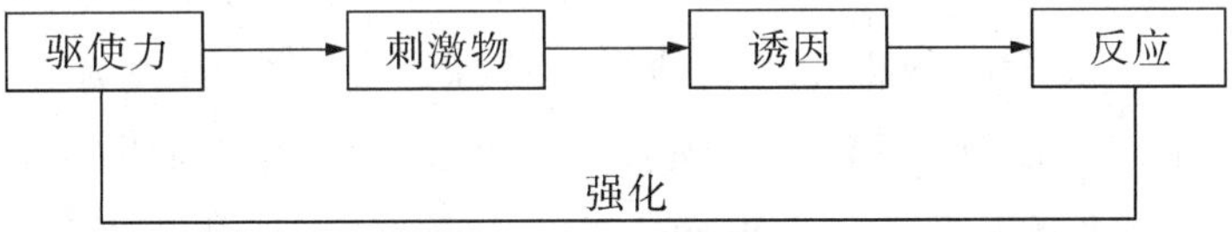

图 1-1　学习的 S-R 模式

根据学习理论，旅游营销人员应通过学习与驱使力的内在联系，运用刺激性暗示和提供积极的强化手段来建立对旅游产品的需求。

（5）信念和态度

消费者在学习过程中逐渐形成了对旅游产品的态度和信念。所谓态度，是指人们对事物的看法，它体现着一个人对某一事物的喜好与厌恶的倾向。态度往往掺杂有浓厚的感情色彩。人的态度使得个人对类似的各项事物表现出相当一致的行为，往往难以改变。信念是在态度得到不断强化的基础上产生的对客观事物的稳定认识和倾向性的评价。人的态度使得个人对于类似事物往往不再进行认真的思考，而成为一种惯性。

（三）旅游消费者的购买决策过程

景区市场营销人员不仅仅要了解影响旅游者的各种因素，要确认谁才是旅游活动的决策者、购买行为的类型,还要理解旅游者如何进行旅游决策等。

1.参与购买的旅游者的角色

一般情况下,我们可以在旅游者的一个购买决策中区分出五个角色,分别为发起者、影响者、决策者、购买者和使用者。发起者是首先提出或有意购买旅游产品的人;影响者是其看法或建议对最后决策具有一定影响的人;决策者是在要不要买、为什么买、到哪里买等方面的购买决策做出完全或部分最后决定的人;购买者是实际进行采购的人;使用者是实际消费或使用旅游产品的人。景区营销人员要确认出这些角色,因为他们对景区旅游产品的设计、广告词的确定及促销预算的分配都会产生重要的影响,了解主要的参与者和他们的角色,将有助于市场营销人员妥当地安排景区的旅游市场营销计划。

2.购买行为类型

旅游者购买决策随其购买决策类型的不同而变化,我们一般可以将旅游者购买行为分为四种类型,即复杂的购买行为、减少失调的购买行为、习惯性的购买行为和寻找品牌的购买行为。

(1)差异性景区产品较多时的购买行为

当旅游者专门仔细地购买,并注意现有各景区间的重要差别时,他们就在进行复杂的购买行为。复杂的购买行为包括三个步骤:购买者产生对旅游景区的信念;购买者对景区形成态度;购买者做出慎重的购买选择。复杂的购买行为需要在众多的旅游景区中,选择更有特色和更适合购买的景区产品,市场营销人员必须突出景区产品的各种特征,利用主要印刷媒体和详细的广告文稿描述其优点,以便影响旅游者对景区产品的最终选择。

(2)同质性景区产品较多时的购买行为

有时,旅游者对于看起来没有什么差别的景区产品的购买也持慎重态度。在这种情况下,旅游者主要关心的可能是合适的价格或旅游的便利程度,因而市场营销沟通的目标应该是增强旅游者购买景区产品的信心,并为其寻找一种心理的平衡。

(3)习惯性的购买行为

许多旅游者对大多数低价的、熟悉的旅游产品进行决策的时间非常短,比如旅游者的城郊观光休闲、一般的近程旅游休闲等,很多都只是习惯性的消费行为,购买决策也相当简单,只是决定什么时候去旅游的问题,而没有对旅游目的地的选择过程和对旅游项目的选择过程。

3.旅游者购买决策过程的各个阶段

以上的每一种购买行为不管是复杂的还是习惯性的,其购买决策过程一般都要经过需要认识、信息收集、方案评估、购买决策、购买后行为五个阶段。

(1)需要认识

旅游者在内在的刺激因素或外在的刺激下形成需求。旅游过程始于旅游者对某个问题或需要的确认。旅游者意识到自己的实际状态与期望状态间存在着差异,这个需要是由内在或外部的刺激所引起的。市场营销人员要能创造出激发某种需要的环境,通过从一些旅游者那里收集的信息,市场营销人员就要确认出可引起旅游者对某类景区产品感兴趣的常见的刺激因素,这样市场营销人员就可以制定出激发旅游者兴趣的市场营销战略。

(2)信息收集

旅游者主要是通过个人来源、商业来源、公共来源、经验来源等信息来源进行信息的收集。这些信息来源的相对丰富程度与影响程度随旅游产品类别与旅游者特征的不同而互有差异。一般说来,旅游者收集到的旅游信息主要来自商业渠道,即市场营销人员所能控制的来源。另外,最有效的信息则来自个人来源。每类信息来源对旅游决策有着不同作用的影响。商业来源一般是起告知作用,而个人来源则起着认定或评价作用。通过收集信息,旅游者可以了解竞争的品牌与它们的性能,并从中做出最后的选择决定。

至于旅游者的信息来源,景区市场营销人员应该加以确认,并评价其相对重要程度。询问旅游者最初是如何知道该品牌的;而后又得到什么信息;以及不同旅游信息来源的相对重要程度如何,等等。这些信息可帮助景区与目标市场进行有效的沟通,并据此对景区产品和品牌进行细致的策划,以便使自己的产品和品牌更容易被旅游中间商和旅游者接受。

(3)方案评估

旅游者将在众多可供选择的景区中加以选择。

(4)购买决策

在评价阶段,旅游者会对不同景区之间形成一种偏好,即确定购买什么景区产品。

(5)购买后行为

旅游者在购买产品之后会体验某种程度的满意感和不满意感,满意度高的可能会产生重复购买或景区的口碑效应。

案例1-2

2000 年初,无锡的刘先生开始筹划夏季的旅游活动。他打算花 1 000 元左右,用6天时间在鲁南、豫东、皖南、赣东北、闽北和浙南畅游一番。他收集了许多旅游杂志、导游手册和地图，并向旅游经验丰富的人咨询，基本上将以上区域的风景名胜和历史文化了然于胸。因为酷爱大自然，又擅长摄影和绘画，刘先生认为游览自然风景更过瘾，于是设计了两种方案：一是通过一条旅游线路串联几类自然风景区；二是在一个自然风景区，畅快淋漓地游玩。

他最中意的一个方案是从无锡出发，经太湖到杭州，沿富春江乘船到梅城，从梅城再乘汽车到建德，然后乘船跨过千岛湖到淳安，再沿着新安江到深渡，从深渡坐汽车到黄山，登完黄山后坐汽车回到无锡。但这个方案显然超出了刘先生的时间和财务预算，而且沿途不断更换交通工具，很难保证车船衔接的连续性。所以，他只好忍痛割爱，考虑采用第二种方案。在各类自然风景区中，在山区当过十年知青的刘先生最喜欢山。因此，他决定这次旅游要游览一座名山。通过比较，备选名单上剩下了黄山、泰山、天柱山、雁荡山和武夷山。黄山风景无与伦比，可惜夏季游人如织，山上吃住可能会成问题。泰山历史遗存丰富，但风景逊于黄山。天柱山处于开发初期，景点不多，无法确定其风景质量以及接待设施是否齐全。去雁荡山乘汽车则辗转劳烦，转乘轮船又怕晕船影响游兴。武夷山丹崖碧水，风景有特色，而且可从无锡乘火车直达邵武，交通相对方便。最后，刘先生选中了武夷山。他在武夷山拍摄的旅游影集，成为他与亲友分享的得意之作。

四、旅游景区市场营销调研

（一）旅游景区市场调研的概念

旅游景区市场调研是指运用科学的方法，有针对性、有计划、有系统地收集、整理和分析有关旅游景区营销活动方面的信息，以了解旅游景区营销环境与市场状况，为旅游景区经营决策者提供决策依据。

（二）旅游景区市场调研的内容

市场调研主要是集中力量洞悉旅游者的动机、态度和行为。根据调查的结果，研究人员将设计好正式的问卷，着重收集的资料主要是影响景区发展的外部宏观与微观环境。首先，它包括了以上在营销环境宏观分析中所涉及的政治、经济、社会文化、技术及自然环境等因素；其次，是旅游业的发展状况，包括旅游景区的发展状况、旅游住宿接待设施、旅游餐饮、旅游购物、旅游交通、旅游娱乐等的发展状况；另外，它还包括了景区竞争者的发展状况、社会公众的状况、供应商的状况、中间商的状况以及旅游者的状况等。对于旅游者状况的调查主要应把握以下几个方面。

（1）旅游者对各种旅游产品的态度及景区产品的特点

每个景区都有自身的特点，一般表现为景区的自然风光、文化传统、娱乐设施、建筑风格、旅游服务等各个方面。旅游者对于一个景区这些方面的特点持什么样的态度，是否能感觉到旅游景区的这些特点，哪些特点最受旅游者欢迎，这些都是市场调研需要解决的问题，而且在此基础上，景区就可以为以后的景区产品打造提供一定的依据，知道在哪些方面做得不够，在哪些旅游者感兴趣的方面需要加大投入，在哪些旅游者没有兴趣的方面需要减少投入等。

（2）旅游景区品牌的知名度和受欢迎程度

对这一方面的调研，主要是得出旅游者对旅游景区品牌是否有印象，印象是否深刻，在景区品牌打造和宣传方面还有哪些方面存在不足之处，景区品牌如何才能更受旅游者欢迎。

（3）景区产品消费方式

对景区产品消费方式的调研，涉及旅游者是进行团队旅游，还是散客旅游；是每一年旅游一次，还是每半年旅游一次，或者每月旅游一次等；一次旅游是花费几百元钱，还是几千元钱；是喜欢一日游，还是喜欢过夜旅游；是喜欢近程旅游，还是喜欢中远程旅游；是由旅行社组织旅游，还是进行自助旅游；是自驾车去旅游，还是坐飞机、火车或客车去旅游，如此等等。

（4）旅游者的人口统计、心理统计和媒体接触统计

旅游者的人口统计主要包括旅游者的性别、年龄、家庭状况、受教育程度、职业、收入水平、客源地等特征；心理统计包括了旅游者的旅游动机和消费偏好，即旅游者是喜欢观光旅游、度假旅游，还是宗教旅游等；媒体接触统计主要是调查旅游者是通过何种方式了解景区产品的，如电视、报纸、杂志、互联网或者朋友介绍等。

除此之外，不同景区还要根据景区自身所要达到的目的，在内容上做出一些调整，同时，景区调研的侧重方向不一样，在调查问卷内容上的重点也不同。

（三）旅游景区市场调研的步骤

景区市场调研一般有以下步骤：

1. 确定调研目的

景区调研包括很多具体的内容，但是由于各个景区存在的问题不同，同一个景区在不同阶段存在的问题也不一样，所以调研的目的也各有差异。确定调研的目的就是要明确景区调查工作所要解决的主要问题和所要达到的目标。

2. 调研准备分析

根据以上确定的市场调研所要达到的目标，准备调研所需要的问题或调查表的问题设计，与此同时，要对调研人员进行适当的配备或与专业的调研机构联系并委托其进行调研。在调研问题和调查表设计完成以后，根据需要调查的问题确定被调查群体，确定调研的方法和各项调研工作完成的时间，并就此制订出完善的市场调研计划。

3. 资料的收集

资料的收集包括原始资料和二手资料的收集，这些在市场调研计划中都应该有明确的要求，这一阶段主要就是根据调研计划确定的调研方法，对调研计划予以实施。

4. 整理、分析资料

整理、分析资料一般是按照以上市场调研内容中所列举的各项基础资料进行分类，从而形成对景区市场营销更加具有指导意义的结论和判断。

5. 补充调研

对照市场调研计划所要求的资料内容和市场调研所要解决的问题，分析市场调研资料是否齐备，如有缺失，则要进行补充调研，为撰写调研报告提供必要的准备。

6. 撰写调研报告

景区市场调研的最后一个步骤就是对以上经过整理、分析的资料做出解释，得出一些结论性的判断，并向上级汇报。调研报告要简明扼要，主要是将问题说清楚，并相应地提出一些有针对性的解决景区问题的建议。

调研目的确定是调研的基础，问卷的设计和资料的收集是调研报告形成的前提，而对所收集资料的整理和分析，以及调研报告的撰写则是整个市场调研过程的核心工作。另外在调研资料分析和撰写调研报告的过程中还有可能发现调研过程中存在对有些资料收集的疏忽，这时就需要进行一些补充调研。

(四)旅游景区市场调研常用的方法

1. 文案调查法

文案调查法又称间接调查法。它是通过收集景区内部和外部各种现有的信息数据和情报资料，从中摘取与市场营销调研课题有关的内容进行分析研究的一种调查方法。这种方法常被作为旅游市场营销调研的首选方法，几乎所有的市场调查都可以始于收集现有资料。

这一方法的优点在于花费时间少，费用不高，能够为景区营销提供大量广泛的信息。文案调查法的信息来源主要有：国家机关公布的有关资料，旅游行业协会的资料，新闻媒介、书籍、旅游年鉴提供的资料，研究机构、专业情报机构、咨询机构提供的资料和研究结果，企业内部积累的资料等。

2. 询问法

询问法是指旅游景区营销调研人员以口头或书面询问被调查者的方式收集与营销调研计划有关的信息的一种方法。依据与被调查者的接触方式，询问法又可以分为以下几种形式。

（1）面谈式询问

面谈式询问是指旅游景区营销调研人员直接当面访问被调查者以获取有关信息的方法。其具体形式有个别交谈、小组交谈，一次性面谈，多次面谈等。面谈式调查法的优点在于：能直接获取被调查者的意见，得到第一手真实资料；方式灵活，启发性好；可以针对不同的调查者采取不同的询问方法。该方法的缺点是：调查时间长、费用大，调查成本高，调查结论受调查者和被调查者的主观因素影响比较大。

（2）电话式询问

电话式询问是指营销调研人员根据抽样要求，选取样本，用电话询问被调查者，以获得有关信息的方法。此种方法的优点是获取信息速度快，经济省时；由于被调查者不受调查人员在场的心理拘束，对于那些当面不便回答的敏感问题，不失为一种好的调查方法。此种方法的缺点是电话询问受通话时间的限制，提问不能太多，不能做深入地交谈，很难判断所得信息的真实性。

（3）邮寄式询问

邮寄式询问是指营销调研人员将设计好的调查表邮寄给被调查者，请他们根据要求填写调查表，填好后寄回的一种获取有关信息的方法。这种方法的优点是调查面广，成本低；适合敏感性问题的调查。其缺点表现在问卷回收率低，信息反馈时间长，代表性和准确性难以把握，只适用于有一定文化程度的调查对象和简单、易于回答的问题的调查。

（4）留置式问卷调查法

留置式问卷调查法是指营销调研人员把调查表送交被调查者，请他们填写，再定期收回填写好的调查表，由此获得有关信息的方法。留置式问卷调查法可以避免邮寄式询问回复率低的缺点，还可以克服面谈式的某些不足之处。

3. 观察法

观察法是指旅游景区营销调研人员在现场观察具体事物和现象的一种收集资料的方法。该方法的主要优点是：由于被调查者处于“无意识状态”，被调查者没有感觉到自己正在被调查，没有相互交流，没有个人主观影响，因而所取得的资料真实性较高。该方法的不足之处在于观察所需时间较长，并且只能观察到表面的信息，很难了解其内在原因。

观察法又可以分为：亲身经历法（营销调研人员通过亲自参与旅游活动而获取旅游市场信息的调查方法）；直接观察法（营销调研人员亲自或派人到现场观察被调查对象，以获取有关信息的调查方法）；行为记录法（营销调研人员用特定的装置在调查现场记录被调查对象在一定时间内的有关行为的调查方法）；痕迹观察法（营销调研人员通过观察被调查对象所留下的痕迹来收集有关信息的调查方法）。

4. 实验法

实验法是指营销调研人员通过特定的小规模实验获取有关信息的方法。它通过小规模营销活动的实验来测试某一产品或某项营销措施的效果，以决定是否要进行推广。实验法的具体做法是：从影响调查对象的众多因素中，选择一个或几个因素作为变量，研究这些变量对旅游景区营销问题的影响。

常用的实验法有两种：一是实验室实验，即实验在特定控制的环境下进行。这种方法常用于传播媒体的选择和广告效果的研究，如某旅游景区在进行传播媒体选择时，可以请一批旅游者来听取他们的意见。二是现场试验，即在市场上进行小范围的试验，也就是把旅游产品先投放到有代表性的旅游市场进行试销，由此了解旅游消费者的反应，收集相关资料，再进行分析、预测，最后决定是否进行全面推广。

实验法的优点是：客观性较强，有很好的实际应用价值。旅游景区在改变产品品种、价格、广告、分销渠道等方面均可以进行实验。通过实验，可以了解引起某一市场营销问题变化的原因和结果，并能检验营销活动的结果。实验法的缺点是：时间较长，费用较高，选择合适的实验对象较难。

（五）旅游景区市场调研问卷设计

问卷，又称调查表或询问表，它是市场调查的一种重要工具，是用以记载和反映调查内容和调查项目的表式。一份正式的调查问卷一般包括以下三个组成部分：第一部分是前言，主要说明调查的主题、调查的目的、调查的意义，以及向被调查者表示感谢；第二部分是正文，一般设计若干问题，要求被调查者回答；第三部分是附录，可以将被调查者的有关情况加以登记，为进一步的统计分析收集资料。市场调查是市场运作中必不可少的一个环节，而问卷调查是市场调查中最有效也是被经常使用的一种方法，在问卷调查中，问卷设计是非常重要的一个环节，甚至决定着市场调查的成功与否。市场调查同时也是一个项目策划前期准备工作的重要组成部分，只有在进行深入彻底的市场调查的前提下，营销策划和市场操作才有规可循，也只有这样，才有可能获得成功。市场调查的形式和方法有很多种，而且根据不同的市场环境和企业本身的特点，在操作过程中往往会有所变化，但是作为一个最重要也是最有效的办法——问卷调查法，始终被业内人士看作制胜的法宝。

1. 旅游景区市场调研问卷设计要求

(1)旅游景区市场调研问卷设计的总体要求

1)简洁。问题要数量合理、逻辑化、规范化。问题的形式和内容固然重要，但是问题的数量同样是保证一份问卷调查是否成功的很关键的因素，由于时间和配合度的关系，人们往往不愿意接受一份繁杂冗长的问卷，即使接受，也不可能认真地完成，这样就不能保证问卷答案的真实性；同时，在设计问题的时候也要注意逻辑性的问题，不能产生矛盾的现象，并且应该尽量避免假设性问题，以保证调查的真实性。为了使受调查人员能够更容易回答问题，可以对相关类别的题目进行归类，使受调查人员一目了然，在填写的时候自然就会比较愉快地进行配合。另外，主观性的题目应该尽量避免，或者换成客观题目的形式，如果确实有必要的话，应该放在最后面，让有时间和能配合的受调查人员进行一定的文字说明。

2)可接受。针对受调查人群，设计问卷的语言措辞选择要得当。问卷题目设计必须有针对性，对于不同层次的人群，应该在题目的选择上有的放矢。必须充分考虑受调查人群的文化水平、年龄层次和协调合作可能性，除了在题目的难度和题目性质的选择上应该考虑上述因素，在语言措辞上同样需要注意这点，在面对不同的受调查人群的时候，由于他们各方面的综合素质和水平的差异，措辞上也应该进行相应的调整。比如，面对家庭主妇做的调查，在语言上就必须尽量通俗，而对于文化水平较高的城市白领，在题目和语言的选择上就可以提高一定的层次。只有综合考虑各个细节，调查才能够顺利进行。

3)易操作。即使是一份很成功的问卷，也不是一制定好就是成功的，必须要经历实践的考验，所以，在问卷初步设计完成时，应该设置相似环境，小范围试填写，并根据反馈结果，及时进行修改。只有这样，才能够达到市场调查的终极目的，即以准确的数据和分析来为策略做一个有价值的参考。

4）有针对性。在问卷设计中，最重要的一点，就是必须明确调查目的和内容，这不仅是问卷设计的前提，也是它的基础。市场调查的总体目的是为决策部门提供参考依据，目的可能是为了制定长远的战略性规划，也可能是制定某阶段或针对某问题的具体政策或策略。无论哪种情况，在进行问卷设计的时候都必须对调查目的有一个清楚的认知，并且在调查计划书中进行具体的细化和文本化，以作为问卷设计的指导。调查的内容可以涉及民众的意见、观念、习惯、行为和态度等任何问题，可以是抽象的观念，例如人们的理想、信念、价值观和人生观，等等；也可以是具体的习惯或行为，例如人们接触媒介的习惯、对商品品牌的喜好、购物的习惯和行为，等等。但是应该避免的是在调查内容上有使被调查人难以回答，或者是需要长久回忆而导致模糊不清的问题。具体来说，调查内容需要包括受调查人的分群、消费需求（主要有产品、价格、促销和分销）和竞争对手的情况（对手优、劣势和策略）。

5）易统计。在设计问卷的时候，就应该考虑数据统计和分析是否易于操作。目前做市场调查的人员，一般都能考虑到市场调查的目的和内容，在题目选择和言语措辞上也能够综合考虑到各种因素，但是往往容易忽视的一个问题就是数据的统计和分析，因为这两个环节的工作基本上是人员分离的，所以在整合和衔接上就容易出现偏差。为了更好地进行调查工作，除了在正确清楚的目的指导下进行严格规范的操作，还必须在问卷设计的时候就充分考虑后续的数据统计和分析工作，具体来说，包括题目的设计必须是容易录入的，并且可以进行具体的数据分析的，即使是主观性的题目，在进行文本规范的时候也要具有很强的总结性，这样才能使所有环节更好地衔接起来。

6）避隐私。卷首最好要有说明（称呼、目的、填写者受益情况、主办单位），如涉及个人资料，应该有隐私保护说明。问卷调查是一项面对广大受调查群体的活动，由于调查的目的和调查内容不同，针对的群体也不尽相同。由于受到受调查人群配合的积极性的影响，市场调查在操作上往往会比较困难，这也是很多市场调查往往做一些赠送等返利的原因。作为操作市场调查的策划人员，应该在这点上充分尊重受调查人员，在问卷的设计上也应该尽量规范；同时，必须要有受调查人员有权力知道的内容，对调查的目的进行一个说明。具体来说，需要有一个尊敬的称呼、填写者的受益情况、主办单位和感谢语，如果问卷中有涉及个人资料的内容，应该要有隐私保护说明。只有尊重受调查人群，才有可能调动他们的积极性，配合调查。

（2）旅游景区市场调研问卷设计的细节要求

1）困难问题和私人问题置于问卷最后。问题的排列顺序要合理，一般先提出概括性的问题，逐步启发被调查者，做到循序渐进。困难问题和私人问题置于问卷最后,以利于调查工作的开展。

2)问题设计要有明确的指向性。提问不能有任何暗示,措辞要恰当。在询问问题时不要转弯抹角。如果想知道顾客为什么选择你这个旅游景区,就不要问:"你为什么不去××旅游景区?"你这时得到的答案是他们为什么不喜欢××旅游景区,但你想了解的是他们为什么喜欢这个旅游景区。根据顾客对××旅游景区的看法来了解顾客为什么喜欢你这个旅游景区可能会导致错误的推测。

3)提供"不知道"选择栏目。要有利于使被调查者作出真实的选择,因此,答案切忌模棱两可,使对方难以选择。所问问题应是客户所了解的,不应是被调查者不了解或难以答复的问题。

4)指出回答问题所需时间。问卷不宜过长,问题不能过多,一般控制在20分钟左右,最多不超过半小时。

5)问卷尽可能简短。问卷应简短,但不能使用专业术语,也不能将两个问题合并为一个,以至于得不到明确的答案。问卷设计是否妥当直接关系到调查的效果和取得资料的真实性。在具体设计问卷时应注意以下几点:

避免多义性问题。问卷的用词必须简单明了、含义清楚。

避免一般性问题。提问的本来目的是要取得某种特定的资料,但如果问题过于一般化,就会使得被调查者所提供的答案没有多大的实际意义。

避免引导性问题。问卷提问中所采用的措辞或语气不能带有某种倾向,或者暗示调查人员自己的观点或希望获得的答案。

避免困窘性问题。凡牵涉到个人隐私或有碍声誉的问题,以及不能为社会道德规范和文化风俗所接受的问题,都应予以避免。

避免假设性问题。先假设一种情况,然后要求被调查者回答在假设情况下,将采取何种行动,这种提问方式不会得到真实的答案。

6)问卷后附奖券或赠送小礼物等。能够得到被调查者的密切合作,充分考虑被调查者的身份背景,不要提出对方不感兴趣的问题,问卷后附奖券或赠送小礼物等会使被调查者更有回答的诚意。

7)提供单项或多项选择问题。为了有利于数据统计和处理,可以提供单项或多项选择题,以使调查问卷能够直接被计算机读入,节省时间,提高统计的准确性。

8)要注意询问语句的措辞和语气。在语句的措辞和语气方面,一般应注意以下几点:一是问题要提得清楚、明确、具体。二是要明确问题的界限与范围,问句的字义(词义)要清楚,否则容易误解,影响调查结果。三是避免用引导性问题或带有暗示性的问题,诱导人们按某种方式回答问题使你得到的是你自己提供的答案。四是避免提问使人尴尬的问题。五是对调查的目的要有真实的说明，不要说假话。六是需要理解他们所说的一切。利用问卷做面对面访问时，要注意给回答问题的人足够的时间，让人们讲完他们要讲的话。为了保证答案的准确性，将答案向调查对象重念一遍。七是不要对任何答案作出负面反应。如果答案使你不高兴，不要显露出来。如果别人回答，从未听说过你的产品，那说明他们一定没听说过，这正是你为什么要做调查的原因。

2. 旅游景区市场调研问卷设计技巧

(1)问卷标题的设计

问卷的标题是本项调查主题和内容最直接的概括，需要用最简洁、最鲜明、最准确的语言表达出来。如：高档粤菜餐厅调查问卷、膏霜类护肤品消费者调查问卷、鸡粉口味测试问卷等。设计标题的本身，也是问卷设计者加深理解和把握本项调查的目标和内容的过程，有利于提高问卷的设计质量。

(2)问卷的编码

为了方便日后调查资料的统计和分析，一般在问卷的右上角对每份问卷进行编码。

(3)作业记录

在问卷的封面上，一般还要设计可供记录的访问、作业的条目。这一部分有两项内容。一项是供访问员、复核员、编码员、录入员填写姓名或工号的表格。另一项是用来记录受访者姓名、联系电话、家庭地址和访问员访问该受访者的开始时间、结束时间等内容的条目。这一项也可以列在问卷的最后，即使放在问卷的封面上，其填写时间也要放在访问结束时。

(4)访问员保证的设计

在问卷的封面上通常还设计"访问员保证"。例如：我保证本问卷所填写的各项资料皆由我本人依照作业程序规定访问所得，绝对真实无欺，若有一份作假，我所完成的全部问卷一律作废，并赔偿公司损失。这一部分目的在于通过访问员自愿作出的承诺，使其自律。

(5)致受访者说明信的设计

在问卷的开头部分，设计一封信，用这样一种尊重对方的方式，以认真诚恳的态度、亲切委婉的语气，请求受访者对本次调查给予支持和合作。同时，这封信又反映了访问员面对受访者进行开场白的基本内容，对访问员开展访谈有很好的指导作用。说明信通常有以下几个内容。

1)称呼。称呼要用尊称，要亲切自然，要针对具体的调查对象，如"先生""女士”“小姐”“同志”等。有时调查对象包括几类人，也可将几类称呼同时列出。

2）问候语。经常使用的是“您好！”这样通用性的问候语，有时也可以根据本项调查的具体时间、特点，设计更有针对性的问候语，如“新年好！”，以增添感情色彩。

3）自我介绍。这里的自我介绍主要是介绍本次调查的实施单位和访问员的身份，让受访者及早建立信任感。如：“我是××市场研究公司的访问员，李××。”

4）说明本项访问的内容和目的。说明要简短，开门见山，一语中的，如“我们想了解一下您对使用膏霜类护肤品的看法”。说明中不要使用“调查”这样的字眼。经验告诉我们，我国的消费者对“调查”有更多的疑惧和警惕，应尽量使用“了解”“研究”“访问”等词语。对于供邮寄调查的问卷，这一部分的设计尤其重要，说明也可以稍稍详细一点。

5）说明受访的意义。这一方面内容的设计有几个基本的思路：一是着重强调受访者的回答对该项市场研究项目的重要性，如“您的意见对企业改遗产品配方极为重要”；二是着重强调受访者的回答对社会、对他人能提供宝贵的帮助，如“您的看法能帮助许多其他的消费者正确使用产品”。三是郑重强调受访者对主持该项研究的机构或企业所作的贡献，如“企业需要您的帮助”。当然也可以综合几种思路，以取得受访者的合作。在具体的问卷中，这方面的内容也应当因人而异，因为不同群体的受访者的价值观是有差异的。值得注意的是，在措辞上要采用中立的立场，不要使用“我们”“我们企业”这样的字句，以免让受访者产生某种程度的心理负担而在回答问题时尽量说好话。

6）说明本次调查对象的选定方式和对调查结果的保密保证及措施。面对完全陌生人的访问，受访者或多或少会有一些戒备或顾虑，生怕答错会给自己带来麻烦。为了尽快消除这种戒备和顾虑心理，获得受访者的合作，在说明信中对本次调查对象的选定方式和保密措施做个说明是十分必要的。如“我们根据随机抽样的方式选定您为访问对象”“对问题的回答无对错之分，请不要有任何顾虑”“所有个人资料仅供统计使用”“我们将按国家统计法，对有关资料严格保密”。

7）说明答题的要求、方式和时间。如“请按您的真实态度和想法来回答”“需要耽搁您 10 分钟时间”“请在您认可的答案前的（ ）内打上‘√’，在（ ）中填写您的意见”。这方面的说明是为了让访问顺利进行。有时也可以不放在说明信中，而由访问员口头说明。邮寄调查的问卷还要列入寄回问卷的时间、地址等。

8）感谢语。在信的结尾处一定要表达访问者的感谢之情，写上诸如“谢谢”、“十分感谢您的合作”等表示真诚谢意的词语。

9）署名和日期。信的最后要署上调查机构或企业的名称和日期，这在供邮寄调查的问卷中更是必不可少的。署名要明确，要与说明信开头“自我介绍”相一致。这样做能体现本次调查的正规性和负责性，也有利于消除受访者的戒心。

(6)甄别卷的设计

在使用问卷进行询问的调查中，受访者是从调查对象的总体中按一定抽样方法抽取的个体单位，即样本。为了尽可能从总体中选取能代表总体特征的样本，往往可以在正式访谈问卷前设计一组问句，对受访者作进一步的甄别和筛选。这一组问句通常叫做“甄别卷”。

(7)访问卷的设计

访问卷是问卷的主体部分，由各种形式的问句组合而成，是问卷设计的重点。设计的水平高低，将直接影响受访者的回答率、问卷的回收率和信息的有效性，进而影响整个调查价值的有无和大小。因此，要求问句设计在内容、形式、措辞、编排上尽可能做到完美无瑕。设计要求已在上节做了详尽的论述。

(8)受访者背景资料询问设计

收集受访者背景资料的目的是为了在分析研究调查结果时作为分层统计分析的依据。如按收入的水平可以分为高、中、低三组进行消费水平、消费结构、消费心理、消费习惯等方面的研究。受访者如果是个人，收集的主要是性别、年龄、婚姻状况、文化、职业、职称、个人或家庭所在地区等基本情况方面的资料。如果受访者是企事业单位，则主要收集企业类别、所有制性质、注册资金、年(月)销售额或销售量、营业面积、经营品种、地址、职工人数等基本特征的资料。对于一些涉及受访者隐私的或匿名的调查问卷，则不宜设置该类调查项目，以免侵犯受访者的权利，或造成某种误会。

(9)问句的编码

现代市场调查是建立在精确、高效的现代通信技术、信息处理技术和自动控制技术基础上的，调查所获数据的计算机处理已经成为专业调查公司的常规工作程序之一。因此，在问卷设计中，必须对问句进行编码。一般的做法就是在每一个问句前面按分组、顺序编号，有备选答案的问句，还要在每个备选答案的前面或后面依次编号，并在问句的后面设置空格，供受访者填写选定的答案代码。

(10)问卷形式的设计

受访者对问卷表面状况第一印象的好坏，与他们是否乐意接受访问关系很大。因此，问的形式也需要整体构思，认真设计。问卷形式的设计，主要包括以下几方面的内容：

1)编排各部分内容。当问卷设计者根据调查目标的实际需要，确定了问卷各部分内容之后，便开始对各部分内容做出精心的安排，其顺序已经在前面作了具体的介绍。各部分之间则需要有明显的间隔，这样就能给受访者留下层次分明、条理清晰的良好印象。

2）确定问卷的大小。问卷最好采用16开的纸张，因为社会上正式文件都是这么大。过大会使受访者感到内容很多，而形成某种程度的心理压力；过小，则会显得不太正规，不能引起受访者的重视。

3）合适的字体。问卷印刷选用的字体要醒目，看上去要美观。为了区分问句的各组成部分，通常将询问的句子靠左排，用稍大或稍粗一点的字体，备选答案则靠右边排，用稍小或稍细一点的字体。问句中的关键词可以用更大或更粗或稍斜的字体，或在下面加线将它们突显出来。

4）保持适当的行距。问卷各字各行之间要保持适当的间距，并保持整个问卷的一致。插入的表格也要排列整齐、位置恰当。这样，整个卷面看起来就显得整齐美观。

5）采用优质的纸张。采用比较高级的纸张印刷问卷，能够间接地向受访者传递出这样的信息："这是一份正式的文件""研究机构很重视这次访问"等等，从而使他们更加认真回答问题。

6）问卷印刷要精美。问卷形式的完美设计是要通过精美的印刷最终体现出来的。通常采用单面印刷，每页印有页码，整个问卷装订整齐、牢固。问卷的版面要考虑纸张的大小，妥善编排，上下左右四边都要留出一定的空白，使文字图表美观突出。如有插图，要请专家精心绘制，不可粗制滥造。开放式的问句要留有足够地让受访者填写答案的空间。

案例1-3

尊敬的游客：

您好！

欢迎您来××景区游览。为了提高本景区的服务水平和质量，听取您在旅游期间的意见，我们真诚地希望您将您的意见和建议留给我们，谢谢您的合作！特别奉上××景区纪念徽，愿您喜欢！

××景区有限公司

××××年×月×日

1. 您来自哪里？

A. 本地　　B. 本省　　C. 国内　　D. 国外

2. 您与谁一起来？

A. 旅行团　　B. 同事　　C. 朋友　　D. 家人　　E. 独自

3. 您是从哪里知道本景区的?

A. 报纸杂志　B. 电视广播　C. 朋友或家人介绍

D. 网络　E. 其他

4. 您为什么要来这里旅游?

A. 陪家人　B. 陪朋友同事　C. 慕名而来　D. 陪客户　E. 其他

5. 您是第几次来本景区?

A. 第一次　B. 第二次　C. 第三次　D. 四次以上

6. 您这次在本景区的人均花费是:

A. 50 元以下　B. 51 ~ 100 元　C. 101 ~ 150 元　D. 151 ~ 200 元

E. 200 元以上

7. 您对本景区的门票价格满意吗?

A. 太低　B. 偏低　C. 合适　D. 偏贵　E. 太贵

8. 您对本景区的服务满意吗?

A. 非常满意　B. 比较满意　C. 一般　D. 较差　E. 很差

9. 您觉得本景区的环境卫生状况如何?

A. 很好　B. 较好　C. 一般　D. 较差　E. 很差

10. 您对本景区最满意的是:

A. 导游讲解　B. 服务态度　C. 交通方便　D. 食物可口

E. 娱乐项目　F. 其他

11. 您对本景区最不满意的是:

A. 导游讲解　B. 游览内容太少　C. 太拥挤　D. 休息设施不够

E. 服务态度　F. 其他

12. 您觉得本景区的旅游纪念品怎样?

A. 品种不多　B. 没什么新意　C. 价格太高　D. 挺有纪念意义

E. 其他

13. 您的性别是:

A. 男　B. 女

14. 您的年龄是:

A. 18 岁以下　B. 19 ~ 30 岁　C. 31 ~ 45 岁　D. 46 ~ 60 岁

E. 60 岁以上

15. 您的文化程度是:

A. 初中以下　B. 中专或高中　C. 大专　D. 本科

E. 硕士以上

16. 您的职业是：

A. 国家机关人员　　B. 专业技术人员　　C. 商业与服务人员

D. 学生　　E. 退休人员　　F. 其他

17. 您的月收入水平是：

A. 1 000 元以下　　B. 1 000～1 500 元　　C. 1 500～2 000 元

D. 2 000～4 000 元　　E. 4 000～6 000 元　　F. 6 000 元以上

18. 您对本景区有什么意见和建议？

五、旅游景区目标市场营销

旅游景区的目标市场营销包括市场细分、选择目标市场和市场定位。第一步是市场细分，按照各种不同的方法，将市场分割成不同的购买者群体，对各个购买者群体的总体特征加以分析描述，寻找这些群体可能需要的不同的产品和营销组合。第二步是选择目标市场，先对各个细分市场的吸引力进行评价，然后选择一个或几个细分市场。第三步是市场定位，以确定景区在某一细分市场中所处的位置，并制订适当的营销组合战略，如图 1-2 所示。

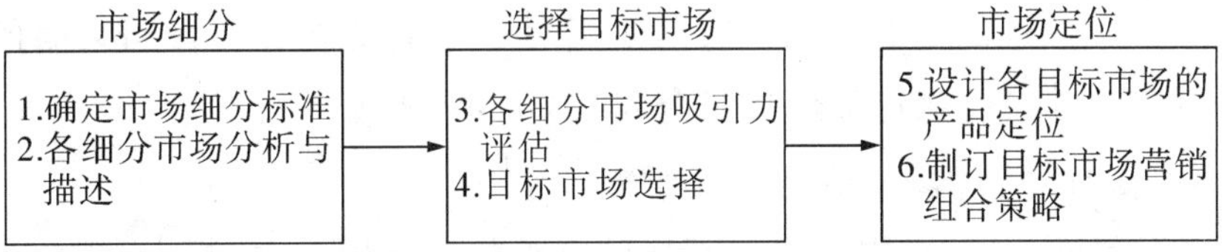

图 1-2　目标市场营销的内容和步骤

（一）旅游景区的市场细分

1. 旅游景区市场细分的含义

“市场细分”是西方经济学家在 20 世纪 50 年代中期，根据市场营销实践经验总结提出的概念。所谓市场细分，就是企业把整个市场划分为若干个需要不同产品和市场营销组合的市场部分，其中任何一个市场部分都是一个有相似消费欲望和消费需求的购买者群体，都可能被企业选为目标市场。

旅游景区市场细分是从旅游消费者的需求差异出发，根据旅游消费者消费行为的差异性，将整个的旅游景区市场划分为具有类似性的若干不同的消费群体。

2. 旅游景区市场细分的作用

景区市场细分的实质就是选择属于不同类型的顾客，通过识别具有不同需求的顾客群，将整体市场划分为不同类型的市场。这种细分的意义在于发现市场机

会,开发占领对景区具有价值的市场。景区市场细分在营销活动中具有以下几个方面的作用:

(1)有利于发现新的市场机会

通过市场细分,景区可以对每个细分市场需求状况进行了解,掌握不同顾客群体的需求满足程度,了解哪些顾客群体的需求得到了满足,哪些顾客群体的需求未得到满足或未完全得到满足;还可以分析比较不同细分市场中竞争者的营销状况,着眼于未满足的需求或者竞争对手较弱的细分市场,寻找有利时机,开拓新市场。

(2)有利于景区的市场定位

由于市场供求状况和景区的实力所限,一个景区难以在整体市场或者较大的市场上建立自己的竞争优势。特别是对于中小景区而言,通过市场细分,可以根据自身的实际情况,寻找并集中服务于某一细分市场的顾客,推出相应的营销策略,避免与大景区进行直接竞争,使中小景区同样也可以在市场上占据一席之地。

(3)有利于提高营销策略的针对性

通过市场细分,各个目标市场的特征明确,景区可以更加清楚地了解目标市场顾客的需求和欲望,有针对性地收集细分市场的信息,使景区能迅速调整营销策略;同时,市场细分还能使景区比较容易了解目标市场的顾客对营销策略的反应,营销人员可以有针对性地选择促销媒介和技巧,进行准确的定位。

(4)有利于提高营销效率

通过市场细分,景区可根据目标市场的特点集中使用人力、物力和财力等各种资源来满足顾客需求,提高经济效益;同时,景区还可以根据市场需求的变化,及时、准确调整产品和服务的结构,使景区的产品和服务适销对路,扩大销售,提高资金使用率。

3.旅游景区市场细分的原则

(1)可衡量性

划分旅游景区市场的标准,必须是可以衡量的。各细分市场的需求特征、购买行为等区别明显,其规模和购买力大小等能被具体测度。

(2)可进入性

景区产品要有条件进入细分市场,并能占有一定的市场份额。可进入性包括两层含义:一方面景区与客源市场能够进行有效信息沟通,并具有通畅可达的销售渠道。无法让细分市场的游客看到或理解,或细分市场的游客受种种限制根本不可能到达景区,这样的细分市场即使开发潜力再大,对景区也没有价值。另一方面,景区对于细分市场要具有吸引力和开发实力,否则细分市场也就失去了意义。

(3)实效性

实效性强调细分市场要有可开发的经济价值。旅游景区市场细分的范围大小必须合理,即细分市场的规模大小必须适当,既要保证有利可图,又要具有相当的发展潜力。细分市场使整体大市场趋向小型化,但过细就会失去规模经济效益,过粗则达不到细分市场的目的。这就要求细分市场后应当使消费者具有或保持一定购买能力以使景区盈利,具备长期开发的价值。

(4)稳定性

旅游景区市场细分应该在一定时期内保持相对稳定,不可屡屡变化,这样才能在较长时期内集中营销资源,制订有效的营销策略、开展具体的市场营销活动。

4.旅游景区市场细分的标准

旅游景区市场细分要选取一定的指标或变量作为划分标准。划分标准具有代表性才能明确区分不同的子市场,因此,应选择对游客需求影响大、有代表性的因素作为景区市场细分的标准。景区市场细分的标准通常包括地理环境变量、人口特征变量、心理因素变量、消费行为变量,这四大类细分标准包含的具体因素又是复杂多样的。见下表1-2。

表1-2　旅游景区市场细分标准与典型因素

细分标准	典型细分变量因素	主要细分水平举例
地理环境变量	综合地理区域	洲别,国别,省份,地区(如华东市场),城市等
	旅行距离(公里)	近程,中程,远程
	气候资源优势	避暑市场,避寒市场,冬季(有冰雪)市场等
	人口密度	高人口密度市场,中等人口密度市场等
人口特征变量	性别	男性,女性
	年龄	青少年,中年人,老年人等
	受教育程度	初中以下,高中(中专),大学(大专),研究生及以上
	收入	个人年收入(或月收入),家庭平均月收入
	职业或身份	农民,公务员,科技人员/教师,商业服务业者,企业公司员工,个体经营者,学生等
	家庭结构	独身(或一个人生活),夫妻二人家庭(情侣市场),子女为学龄前儿童者,子女不在身边者(老年夫妇市场),子女为中小学生者等
心理因素变量	气质性格	中间型,多中心型,近多中心型,自我中心型,近自我中心型
	生活方式	墨守成规者,追求潮流者,标新立异者等

续 表

细分标准	典型细分变量因素	主要细分水平举例
消费行为变量	出游目的与利益追求	观光,休闲度假,疗养康体,会议商务,修学教育,购物,综合目的等
	出游时间	季节,周末,节假日,工作日等
	逗留时间	一日内休闲,一日游,二日游,三日游等
	旅行方式	火车,汽车,飞机,轮船,单位交通工具,步行,综合等
	组织方式	散客市场,团体市场
	广告敏感度	积极反应型,中间型,惰性型
	消费水平	豪华型,标准型,节俭型等
	消费频率	潜在市场,初次市场,经常性市场

(1)地理环境变量

地理环境变量,是景区市场的基本变量。地理环境细分就是把旅游消费者所在的地理位置(如国外,国内,省内等)作为细分市场的基础,然后选择其中一个或几个市场部分作为目标市场。地理环境位置作为细分市场的变量,具体也有不同的细分方法,如可按距离的远近、所处的国家或省份,地理环境差异的大小等来进行。

景区游客的需求特征与游客常住地的地理环境和景区地理环境之间的差异大小有关,也和客源地相对景区的空间位置有关。客源地与景区之间的空间距离,从旅行时间上和费用上构成了游客到景区旅游的障碍性因素,而两者间的交通条件则起着跨越这种障碍的作用。因此,可将景区市场细分为远程、中程和近程等细分市场。景区交通条件的优化,能够促进远程市场的发展。近程市场尤其是相邻地区与景区的距离近,时间与金钱消耗小,沟通方便,客源潜力往往较大。

按国别和省份细分景区,国际国内市场是常用的形式,此外还可以按不同客源国或地区流向某景区的游客量占景区总接待人数的比例来细分市场。同一景区总接待人数中,来访者占最大比例的区域(一般应占40% ~60%以上)可划为一级市场;来访者占相当比例的区域可划为二级市场;来该景区的人数少、但出游人数日渐增长的区域可划为机会市场(也称边缘市场)。

不同地理环境的游客有不同的旅游需求和特殊偏好,他们对景区的市场营销战略与措施的反应也不一样。以吸引国外游客为主的景区与以国内游客或者省内游客为主的景区的营销策略不同;旅游消费者所处的地理环境不同,景区市场潜力和营销成本费用也会不同。因此,景区应选择最有利的区域范围作为目标市场。

(2)人口特征变量

人口特征向来是细分市场的重要基础。人口特征细分就是按照人口的特征

(如年龄、性别、家庭人数、收入、职业、受教育程度、宗教、种族、民族等)来细分市场。游客对旅游景区产品的选择往往和人口特征有因果关系,人口特征的差异也影响消费行为。景区可以采用人口特征诸因素来细分市场,如性别、年龄、家庭结构等。对市场进行细分之后,调查每个细分市场的平均消费水平、平均出游率,等等,综合这些信息估算每一个细分市场的潜在价值,然后权衡利弊,选择其中一个或几个作为目标市场。

年龄是按人口特征细分旅游景区市场的典型因素之一。按照人口年龄段,景区市场可细分为老年人、中年人、青年人、少儿等四个细分市场。老年人旅游市场也是比较引人注目的市场。老年人有经济基础和闲暇时间,旅游兴趣较浓,比较注意景区的区位条件(距离、交通、海拔等)和环境,以观光、健身为主要目的。中年人旅游市场是当今人数最多、潜力最大的市场。中年人年富力强,收入往往较多,以观光、会议、商务旅游为主,通常对景区的设施条件和景观价值比较重视。青年人旅游市场虽然总体消费水平不高,但人数众多,其体力、精力旺盛,以散客居多,不喜欢随大流,比较喜欢去参与和发现一些对他们较有吸引力和挑战性的旅游活动(如漂流、探险等)。少儿旅游一般由学校组织或家人带领。少儿市场虽然没有自己的固定收入,但中国家庭一般具有以孩子为中心的特点(这一点也与家庭结构因素有关),尤其是近距离休闲往往以孩子为考虑重点,一般选择能够满足求知、参与和亲子目的旅游景区,并相当注重安全、卫生和近便等条件。

中国旅游以观光为主,对性别而言,景区一般是普适性的,游客的性别差异并不明显。但对部分景区来说,也有必要考虑性别因素。一般男性游客较独立,更倾向知识型、运动型、较刺激的景区产品;女性游客对价格较敏感,更注重产品的安全等因素。

收入、职业与受教育程度往往互相关联,并直接影响到旅游需求的程度、层次、类型、时机和内容。一般受教育程度越高,旅游需求层次、口味也越高。

(3)心理因素变量

心理因素变量指游客的个性、兴趣、爱好等心理因素。游客的消费欲望与需求往往受到个性、生活方式的影响。旅游景区营销应重视心理因素细分市场,并按照不同的游客群体需求和偏好来设计不同的市场营销策略,进行有效的市场营销组合。游客心理因素细分可以提供更多的市场机会。

心理因素变量的一个因素是生活方式。生活方式直接表现了不同的心理需求,墨守成规者喜欢安定、按部就班的生活,对旅游活动的兴趣不明显;追求潮流者受相关群体影响大,容易表现出从众行为,喜欢选择热点景区;标新立异者寻求丰富的精神生活和直接的经历,喜欢户外活动,对文化差异较感兴趣,不喜欢商业开发行为明显的景区。

气质性格是决定一个人生活方式的基础性因素，也是影响旅游动机的重要因素之一。美国学者斯坦利·C·帕洛格以“自我中心”和“多中心”两种极端类型为基础，将旅游爱好差异分为五种类型。自我中心型的特点是谨小慎微，多忧多虑，不爱冒险，行为上表现为喜安逸，好轻松，活动量小，喜欢熟悉的气氛和活动。多中心型的人则思想开朗，兴趣广泛多变，喜新奇，好冒险，活动量大，不愿随大流，喜欢与不同文化背景的人相处。中间型属于表现特点不明显的混合型，近自我中心型和近多中心型则分别属予两个极端类型与中间型之间略倾向于各极端特点的过渡类型。

(4)消费行为变量

消费行为变量的相关因素众多，包括游客出游时间、出游目的、旅行方式、逗留时间、旅游后的感受等。

以出游目的及其在旅游过程中的利益追求，细分旅游景区市场是一种非常基本的方法。它为景区产品的开发设计和营销组合的制定，提供了主要的依据。景区可以开发针对不同市场的休闲、康体、娱乐或会议等产品。

依据组织形式因素可将景区市场细分为团体市场和散客市场。对景区而言，团队市场相对稳定可靠，但近年来散客市场在世界范围内形成一种趋势，是一个有潜力的市场。景区散客市场中，游客的出游方式日益复杂多样，出现了独自旅游、结伴同游、家庭旅游、驾车旅游、徒步旅游等多种形式。

景区市场的周期性、季节性非常突出。根据出游时间，景区市场可分为春、夏、秋、冬季市场，也可分出旺季、淡季和平季市场，以及周末、节假日、工作日市场等。我国近年来“黄金周”旅游市场很有吸引力。

市场依据游客购买景区产品的数量与频率情况可细分为潜在游客、初次游客和经常性游客市场。中国旅游资源丰富，景区游客重游率低，这一细分方法主要是为了将潜在游客转化为初次游客。另外，部分景区也有经常性游客(如单位以景区为固定的员工集训点、度假地等)，如何维持经常性游客的忠诚度也是景区景点市场营销应考虑的问题。通过这种细分，景区可以分辨游客重游的原因，将其划分为不同的类型，给予适当的关注，发现有转移的忠诚者时，及时查明原因，采取相应对策，以便留住经常性游客，争取初次游客。

旅游景区还可按游客游后感受来细分市场。一般来讲，游客游后对景区有五种态度：感兴趣的、肯定的、不感兴趣的、否定的和敌对的。针对不同态度的消费群体，景区应采用不同的营销措施。对景区感兴趣和持肯定态度的游客有可能成为景区的回头客，营销过程中可以提醒他们在景区曾经有过的美好体验；对否定和敌对态度的游客要及时查明原因,并通过各种形式挽回影响。

5. **旅游景区市场细分的步骤**

根据美国市场学家麦卡锡提出的细分市场的一套逻辑性强、直观而有价值的市场细分程序,市场细分一般有以下一些流程:

(1)依照需求选定产品市场范围(卖到哪儿——Where)

景区产品的市场范围一般是在区域旅游业总体市场分析的基础上,针对景区产品的特点确定的。这个范围一般是地理范围的概念,即首先根据区域旅游业的市场状况确定境外市场和国内的一级市场、二级市场和机会市场的大致范围,然后根据景区所能提供的旅游产品和旅游服务对以上市场范围做出必要的调整。例如,如果该景区是世界级的资源禀赋和发展条件,则可以把市场吸引半径足够放大来考虑;但如果该景区只具备地方级的吸引力,则应该聚焦于周边区域的市场拓展,然后再根据各方情况进行动态调整。

表 1-3　不同级别景区吸引半径

景区级别	大多数游客的吸引半径
地方级	0 ~ 250 千米
省区级	500 千米左右
全国级	1 500 ~ 2 000 千米
世界级	无限远

(2)分析现有和潜在顾客的不同需求

针对选定的景区产品的市场范围,列举该市场范围内旅游者现实的和潜在的旅游需求状况,它是景区市场细分的原始依据。而有关旅游者现实的和潜在的旅游需求情况的基础资料可以采用前面提到的景区市场调研过程和方法获得,掌握了这些资料以后再对旅游者的不同需求进行细致的分析,确定旅游者的基本需求和最重要的基本需求,作为市场细分的基础。

(3)根据一定的细分标准确定细分市场(卖给谁——Who)

在以上分析的基础上,分析对旅游者消费行为的差异具有重要营销的因素,选出更具有现实性且更能反映市场需求特点的因素,作为景区市场细分的主要标准,然后根据这些标准对市场进行细分。这些标准主要就是指以上在市场细分变量中提到的各相关变量,如按旅游动机进行细分、按地理位置进行细分、按收入状况进行细分、按年龄进行细分等。

(4)进一步认识各细分市场的特点

进一步认识细分市场的特点就是在确定细分标准并对市场进行初步细分的基

础上，按照细分变量的特征，仔细深入地分析具有这种细分变量特征的旅游者的消费特征和消费习惯，将其与景区产品进行对照，对于景区产品能否满足这些旅游者的需求形成一定的判断，并对细分市场进行重新筛选。

(5)测量不同细分市场的规模

一般情况下，对细分市场规模的测量可以有两种思路：第一种，首先要根据地方旅游市场发展状况、景区的历史数据、景区外部环境变化等，对景区总体市场规模进行预测，然后，需要根据各种细分市场发展的规律和趋势赋予其相应的权重，比如景区是以接待高档游客为主，以接待中低档游客为辅；或者是以接待团队游客为主，以接待散客为辅等。对于这样一些不同的细分市场，就需要景区营销人员对其各自在景区总体市场规模中所占的比重做出判断，然后根据各自的比重进行测算。第二种，是根据景区所在区域各种细分市场的总体规模，景区营销人员对景区自身在这种细分市场上的竞争力状况和景区历史数据推断景区将可能在市场上占据多大的份额，并据此对景区细分市场规模做出测算。

案例1-4

武夷山风景名胜区是“世界文化和自然”双遗产地。该景区开发已有20多年，属于老景区。面对新景区景点的不断涌现，为适应市场的发展变化，武夷山有必要对各细分市场做出分析并适当定位。

武夷山景区接待境外旅游者数量较少，据不完全统计，香港地区2.75%、台湾地区3%，其他国家旅游者来武夷山则不到1%，尤其是日、韩客人甚少。相比之下，张家界、九寨沟等景区则备受境外旅游者青睐。如张家界近年来日、韩观光客增幅很大，2002年接待韩国旅游者10多万人、日本旅游者7 000多人。武夷山景区的境外市场定位以港、澳、台地区，日本、韩国，及周边东南亚国家为主要目标市场。

对国内常规市场而言，2002年武夷山竹筏接待人数77.34万人次，门票人数62.75万人，全年游客接待总数与上年对比仅增6.79%。根据景区监察大队不完全统计，2002年全国各地来武夷山旅游者比例分别为福建15.17%、北京12.25%、上海11.58%、广东9.17%、江苏9.17%、浙江8.25%、山东6.17%，其他省市19.24%。从以上比例可以看出福建、北京、上海、广东、江浙的旅游者较多。目前，武夷山仍属于以华东市场为主，北京、广东市场在逐步扩大的区域性景区。国内常规旅游市场定位：立足省内，巩固以上海为中心的华东市场；提升以北京、山东为中心的华北市场和以广州及珠江三角洲为中心的华南市场；兼顾以重庆、成都为中心的西南市场、以郑州为中心的中原市场；重点热销以武汉为重点的湖北市场，同时辐射江西市场。

另外，根据市场需求状况，武夷山景区还存在着部分机会市场，如青少年学生旅游市场、老年旅游市场、修学旅游和会议旅游市场以及职工休闲度假旅游。

分析提示

旅游景区景点市场细分的标准很多。通常以地域范围来划分，并以中心城市作为重点。细分市场并不等同于景区景点的实际客源市场，只是可能需求景区景点产品的不同的市场部分。上述案例中，武夷山景区根据自身的实际情况以及市场需求状况，从细分市场当中确定了景区在境外和国内的主要目标市场。

武夷山景区海外市场定位的确立主要考虑需求状况：日本在来华旅游客源市场中居第一位，日本飞往中国的航线多，中国加入世贸组织后涌入中国的观光客和商务旅客明显增加；韩国是我国的第二大旅游客源国，随着中韩之间旅游和商务交流的不断扩大，来中国的韩国观光客还会不断增加；2002 年台湾地区同胞赴祖国大陆旅游超过 370 万人次，占出岛旅游总人次的一半以上，比 2001 年增长 15%，其中观光客占 35%。

国内市场定位则结合现状及自身条件而确定。与景区距离近，交通便利，有固定航班和列车的区域，来武夷山的游客较多，而无直达航班和火车、离武夷山地理距离较远的省份，旅游者相对较少。

此外，机会市场主要针对现实市场环境来确立。目前，青少年占旅游者的人数比例正在迅速增长。我国学生总人数大，学生在家庭消费结构中占有重要地位。这是一个极具诱惑力的市场。武夷山有许多有利于老年人旅游的优势：海拔低、较平缓、景点相对集中，有山有水，上午可爬山，下午可乘竹筏，或上午爬山下午品茶，十分适合老年旅游群体。北京、上海、广州等经济发达城市的老年旅游市场极具开发潜力。全球朱子后裔和朱子文化学者及国内相关研究人员人数不少，各种相关研究会议也较多，加上其他方面的会议，也是一个较有潜力的市场。目前，单位组织职工休假旅游的越来越多，武夷山可凭借自身优势，向各大城市推出度假及休闲娱乐项目。

武夷山景区市场定位结合了资源特点、景区优势。上海至张家界乘飞机需两个多小时，而上海至武夷山只需一个小时。张家界属“自然”单遗产，而武夷山是“文化和自然”双遗产地。武夷山是朱子理学的摇篮、当今世界研究朱子理学的基地。朱子儒家的理学思想文化在中国影响深远，在日、韩及东南亚国家也占有极其重要的位置。有资料统计，居住在中国香港、韩国和日本的朱子后裔达 18 万人。这是朱熹故乡——武夷山——推崇朱子文化，举办修学旅游的一个得天独厚的潜在市场。

案例思考

上述案例中旅游景区市场细分所采用的标准是什么？武夷山景区在确定境外和国内的主要目标市场时的依据是什么？

(二)目标市场的选择

市场细分的目的在于发现市场机会,从一系列细分市场中选择出最适合旅游景区的市场组成部分。目标市场就是旅游景区决定要进入的市场。旅游景区在对整个市场进行细分之后,要对各细分市场进行评估,然后根据细分市场的市场潜力、竞争状况、旅游景区资源条件等多种因素,决定把哪一个或哪几个细分市场作为目标市场。

旅游景区的一切有效活动都是围绕目标市场进行的,选择和确定目标市场,明确旅游景区的具体服务对象,关系到旅游景区任务、旅游景区目标的落实,是旅游景区制定营销战略的首要内容。为了正确选择和确定目标市场,需要掌握评估和选择细分市场的一些行之有效的方法。

1. 评估细分市场

旅游景区在评估各种不同的细分市场时,必须考虑以下三个因素。

(1)有一定的市场规模和发展潜力

景区进行市场细分的目的就是要从中选出景区的目标市场,只有具有一定市场规模或者具有一定发展潜力的细分市场才可以作为景区的目标市场。景区通过规划设计开发一种旅游产品,一方面,是为了满足一定的市场需求;另一方面,则是要创造一定的收益,而创造收益的前提就是要保证景区产品的销售量,即一定规模的市场需求。当然,如果一个市场其当前规模比较小,但却具有相当大的发展潜力,同样可以考虑将其作为目标市场。

(2)细分市场(结构)具有良好的吸引力

细分市场的吸引力分析,就是对威胁旅游景区长期赢利的主要因素做出评估。根据迈克尔·波特在《竞争优势》中的五力模型,可以将这些因素划分为如下内容:细分市场内同行业之间是否存在激烈的竞争;细分市场是否会吸引新的竞争者;细分市场上是否存在替代产品;顾客讨价还价的能力是否增强;供应商的讨价还价能力是否加强。

(3)符合旅游景区的目标和资源能力

能够选为目标市场的细分市场,除了满足前述两个条件外,还必须与旅游景区的目标和资源能力相符合。某些细分市场虽然有较大的吸引力,但如果不符合旅游景区的长远目标，也只能放弃。因为这些细分市场不能推动旅游景区完成自己的目标，甚至会分散旅游景区的精力，影响主要目标的完成。

即使这个细分市场符合旅游景区的目标，旅游景区还必须考虑是否具备获取该细分市场所需要的技术和资源。如果旅游景区在该细分市场中的某些方面缺乏必要的能力，旅游景区也只有放弃这个细分市场。

如果旅游景区在各方面均已经具有在该细分市场获取成功所必须具备的技术及资源条件，还必须考虑这些能力和竞争者比较是否具有相对优势。如果旅游景区无法在该细分市场具有某种形式的相对优势，就意味着将在竞争中失利，这种细分市场就不宜选为目标市场。

2. 目标市场选择

通过对细分市场的评估，旅游景区将发现一个或几个值得进入的细分市场。考虑从中选取哪些和多少细分市场作为目标市场，这就是目标市场的确定问题。

选取目标市场时一般有五种可供考虑的市场覆盖模式：单一细分市场集中化、选择性专业化、产品专业化、市场专业化、市场全面覆盖；而以上选择目标市场的五种模式，按其覆盖面的大小来看，实际上又可以分为三种策略，即无差异市场营销策略、密集性市场营销策略和差异性市场营销策略。

（1）无差异市场营销策略

指景区只推出一种类型的旅游产品，或只用一套市场营销办法招徕游客。当景区营销人员经过市场分析发现各个细分市场之间的差异比较小的时候，景区就可以考虑采用这种市场营销策略。

这种策略实际上是景区把旅游者需求看成一个无差别的整体市场，认为到景区的旅游者都具有同样的旅游需求，只要景区保持现在的状况，即使只采用比较单一的营销组合也能满足整个市场的旅游需求。这种策略的优点在于不必对市场进行细分，可以降低景区的营销和管理成本，容易形成一定的品牌。其不足之处在于忽视了旅游者需求的差异性，不能适应旅游市场发展的需要，因为随着旅游业的发展，旅游消费需求的差异会越来越明显。无差异营销策略只能用于市场供不应求或竞争较弱的景区之间，目前这种情况即使在实际中出现也只能维持非常短暂的时间。

（2）密集性市场营销策略

指景区将一切市场营销努力集中于一个或少数几个有利的细分市场，采用不同的市场营销策略组合的过程。

这种策略对于经济实力不够强、处于市场开拓的初级阶段的景区更为实用。它的优点主要在于其占用景区的资金相对较少，资金周转相对较快，有利于提高景区的投资收益率和利润率；由于其市场针对性更强，景区可以更加深入地了解这部分旅游者的需求，从而在景区产品设计上能更好地、更有针对性地满足旅游市场的需求。由于景区将所有的市场营销的火力全都集中于少数的几个市场，使得景区可以充分发挥自身的优势，在这些市场上形成比较强劲的竞争力和比较高的市场占有率。但是这种策略由于过分依赖少数几个市场，景区将来的经营会比较脆弱，一旦这些市场出现什么危机，都会对景区造成致命的打击。

(3)差异性市场营销策略

指景区根据各个细分市场的特点，增加旅游产品的种类，或制订不同的营销计划和办法，以充分适应不同消费者的不同需求，吸引各种不同的购买者，从而扩大景区产品的销售量。

其优点是在产品设计或宣传推销上能有的放矢，分别满足不同地区消费者的需求，增加产品的总销售量，同时可使景区在细分市场上占有优势，从而提高市场占有率，在消费者中树立良好的景区形象，有利于降低景区的经营风险。由于景区同时经营多个细分市场，即使部分市场的旅游者消费偏好发生变化，也不会造成太大的损失。缺点是这种策略将增加景区的各种费用，如产品规划设计和开发的成本、管理费用等；另外，要同时满足不同细分市场的需求，总会在景区的经营过程中出现这样或那样的问题和矛盾，对景区的管理能力将会是一个非常大的考验，因此采用差异性市场营销策略的景区一般都是具有比较强的经济实力和比较丰富的管理经验的景区。

(三)市场定位

1. 市场定位的概念

市场定位应是通过识别旅游者需要，开发并向旅游者传播景区的优势旅游产品，使旅游者对该产品有更好的认知的过程。作为市场营销理论的重要概念和方法，市场定位是根据消费者对旅游景区特征的重视程度，努力塑造旅游景区产品与众不同的、给人印象鲜明的个性或形象，并把这种形象和个性特征生动地传递给目标顾客，使旅游景区在市场上确定强有力的竞争位置。市场定位是塑造旅游景区在市场上的位置，这种位置取决于消费者怎样认识旅游景区。

旅游景区在进行市场定位时，采用比较多的有以下一些思路：其一是从景区自身的角度思考，即以景区自我为中心的思路，从景区的旅游资源、旅游产品能满足的需要或能提供的利益方面对景区进行定位；其二是针对现有竞争者进行定位，通过对竞争对手旅游产品特色的了解，确定自身的定位，同时强调景区与竞争者的主要区别并标明景区在哪些方面克服了竞争对手一些不足和缺点；其三是针对景区所要满足的客源市场进行定位，通过对旅游市场进行市场细分，掌握细分市场的特征，并就此进行有针对性的市场定位。

2. 市场定位的过程

市场定位一般要经过五个过程，即确定市场定位的层次、明确景区产品的特征、确定景区定位的位置、通过评估确定景区最终定位以及对市场定位的实施。

(1)确定景区市场定位的层次

就是要回答景区到底要扮演一个什么样的角色的问题。对于旅游企业及旅游目的地而言，我们一般应考虑三个层次的定位：组织定位、产品组合定位以及单一产品定位。组织定位是指景区的整体市场定位，而且一般都是比较概括的或者是笼统的表述，既对景区总体市场定位的把握，又在一定程度上表明了景区的发展方向。组织定位往往与景区的长远发展战略紧密相关，短时间内很难发生改变。如某个景区可定位为环境最好的景区。产品组合定位是对景区某一项产品或服务的市场定位，但是在更多的情况下，景区会针对不同目标市场的组合开发不同的旅游产品，并为其定位。

(2)明确景区产品的特征

当市场定位的层次确定之后，就应根据目标市场的需要选定能够使旅游景区的产品和服务区别于竞争对手的产品特征；而消费者正是在不同景区的产品和服务的差异性评估的基础上进行购买决策的。

(3)确定景区定位的位置

通过以上对景区产品特征的确定，了解了景区与竞争对手的主要差异，接下来就应确定目前景区在市场定位上的相对位置，在哪些方面是领先的，在哪些方面是屈居人下的。营销人员可以根据判断来分析自己景区与其他景区的区别，从而更好地了解与其他景区的相似性和差异性，为景区制订相应的竞争战略提供重要依据。

(4)通过评估确定景区最终定位

最终的市场定位主要应从以下两个类型中选择：一种是强化与竞争对手的现有位置。此种定位方式主要可以避免面对面的定位冲突。另一种是回避定位。回避与目标市场上的竞争者直接对抗，将其位置确定于市场“空白点”，开发并销售目前市场上还没有的某种特色旅游产品，开拓新的市场领域。

在进行定位选择决策时，应充分考虑的因素：哪一种市场定位最能够把本景区同竞争对手区别开来；我们的竞争对手已经确立了什么样的市场定位；什么样的定位最能使目标市场感觉到景区的产品和服务最有价值；什么样的定位经常被竞争对手考虑;什么样的定位较少为竞争对手考虑等。

(5)市场定位的实施

市场定位的最终确立是通过景区与目标市场的互动过程完成的。这些互动过程包括景区各个部门、员工以及市场营销活动对目标市场的各种接触和作用。而景区的运营制度、内部的人力资源、财务政策等则直接影响着各部门、员工及市场营销活动对目标市场的接触和作用。因此,不但景区的市场营销活动和对顾客的服务过程,而且景区的内部制度及政策的制定也应反映并适应市场定位策略。因此,在市场定位战略的实施过程中,各种营销环节必须保持一致,以便最终向目标市场传达鲜明的定位形象。

3. 景区市场定位的方法

旅游景区要想在旅游市场中取得优势,就得在信息传递中把自己的特色突出地展现给广大消费者,并能牢牢抓住消费者,让自己的产品占据一定的市场地位,通过定位提升景区形象,树立景区品牌。在景区市场定位中比较常用的方法主要有以下几种。

(1)领先定位

一个景区在进行市场定位时,首先想到的应该是领先定位,但领先定位一般只适用于具有独一无二或无法替代的旅游资源的景区,这种独一无二或者是不可替代性还要区分一个市场范围的概念,即景区可能在世界市场范围内采取领先定位,可以在全国市场范围内选择领先定位,也可以在更小的区域市场范围内采用领先定位,这都要取决于景区旅游产品的某项特征在多大的市场范围内具有其领先的地位。目前,我国的4A级景区中采用这种方式的比例是比较高的,根据统计,在收集到的134个全国4A级景区中,采用领先定位确定形象口号的大约有37个。例如桂林、黄山、泰山、华山、故宫、千岛湖、婺源等都是采用领先定位确定形象口号的,且其中有些是世界范围的领先定位,而有些则是全国范围的领先定位。

(2)比附定位

比附定位是一种“借光”定位方法。它借用著名景区的市场影响来抬高自己,比如把三亚誉为“东方夏威夷”,把小浪底水库誉为“北方的千岛湖”,把大连庄河冰峪沟誉为“北方小桂林”。采用这种定位方法的景区并不是去占据比附对象的市场地位,与其发生正面冲突,而是以与比附对象有所不同的比较优势去争取比附对象潜在旅游者群。采用这种定位方法的景区在区位上不可与比附对象空间距离太近,因为这种定位是吸引比附对象景区的远途的潜在旅游者。另外,对于已出名的旅游景区和具有独特风格的旅游景区不能随便采用此种定位方法,这是景区经营之大忌。

(3)心理逆向定位

心理逆向定位是打破消费者一般思维模式,以相反的内容和形式塑造市场形象的过程,它所强调和宣传的定位对象一般是消费者心中第一形象的对立面和相反面,同时搭建了一个新的易于为旅游者接受的心理形象平台。例如宁夏镇北堡影视城推出的主题定位就是“出售荒凉”,出奇制胜,吸引了大量都市游客,取得了很好的经济效益。又如,深圳野生动物园一改传统模式,采取游客与动物对调的方式,人在车中,而让动物在外面自由活动。这种野生动物园的经营模式第一个打破了我国旅游者对动物园的惯性思维,从而取得了市场成功。

(4)差异定位

比附定位和心理逆向定位都要与游客心中原有的旅游形象阶梯相关联,而差异定位则是新开辟的一个形象阶梯。旅游点的形象定位更适于采用差异定位。差异定位的核心是树立一个与众不同并且从未有过的主题形象。例如:四川雅安的碧峰峡景区针对其面对的主体市场,推出了“天府之肺”的形象定位,生动形象,颇有亲近性和差异化,获得了市场的青睐。

(5)狭缝市场定位

狭缝市场定位是旅游景区不具有明显的特色优势,而利用被其他旅游景区遗忘的旅游市场角落来塑造自己旅游产品的市场形象。比如河南辉县有名的电影村郭亮村,本来是一个普普通通的太行山村,自从著名导演谢晋在此拍过一次电影后,山村开始走旅游发展道路。他们以洁净的山泉水、清新的空气、干净卫生的住房条件,用低价格策略去占领周边城市的休闲旅游市场和美术院校校外写生市场。

(6)变换市场定位

变换市场定位是一种不确定的定位方法。它主要针对那些已经变化的旅游市场或者根本就是一个易变的市场而言的。市场发生变化,景区的特色定位就要随之改变,并相应地设计不同的营销组合。比如,位于河北省香河县的“天下第一城”,建于1993年,1997年开始接待游客。它是一座外仿明清时期都城北京之风貌,内集华夏古今文化之精华的仿古建筑,分内城和外城两部分,占地面积为133万平方米。外围城墙长5千米,是按照明清时期北京城区形状和规模,在缩短了城墙长度的基础上,按原貌和1∶1的比例修建的。在“天下第一城”开业的前几年,它是作为简单的主题公园进行经营的,但是由于当时国内主题公园泛滥且呈现整体滑坡的趋势,“天下第一城”也没有摆脱亏损的命运,而且因其投资额巨大,亏损的状况也更加突出。后来经过观念的转变和景区的重新定位,以京津冀地区的会议旅游市场接待为特色,以周末度假、休闲娱乐、康体健身为补充,进一步丰富了产品结构，形成集吃、住、行、游、购、娱六大旅游元素于一体的大型综合旅游区，形势得以扭转。

案例1-5

位于四川省凉山彝族自治州盐源县与云南省丽江市宁蒗彝族自治县之间的泸沽湖景区，森林资源丰富，山清水秀，空气清新，景色迷人。泸沽湖沿岸现居住有摩梭人和彝、汉、纳西、藏、普米、白、壮等7个民族，约1.3万人，其中摩梭人约6 000人（四川泸沽湖沿岸摩梭人5 000余人）。景区以其典型的高原湖泊自然风光和独特的摩梭母系民族文化形成了特色突出的自然景观与人文景观，四川省于1993年将泸沽湖列为省级风景名胜区。目前，泸沽湖景区的主要卖点是泸沽湖以及摩梭人的走婚习俗。泸沽湖拥有独特的摩梭人文资源，成为景区定位的重要依据。

根据市场调查结果，目前泸沽湖的游客主要有三类：观光、猎奇型，度假型，生态、文化体验型。鉴于泸沽湖独特、脆弱的生态环境，景区确定的目标市场是：第一，以文化研究和文化体验为目的的高端顾客群；第二，以观赏自然风光、体验文化和休闲度假为目的的核心顾客群，主要有高端商务游客和高阶层人士等；第三，以观赏风光和了解异族文化为目的的国际游客；第四，对摩梭文化感兴趣的普通观光游客。在泸沽湖景区对目标市场进行分析后，确定了景区的市场定位——文化和生态旅游。

分析提示

泸沽湖景区在进行定位时首先确认了景区的潜在竞争优势，然后又准确选择了竞争优势，通过依据文化和生态旅游资源，并将其独特的竞争优势准确传播给目标顾客，从而强化了景区在游客中的形象。

案例思考

泸沽湖景区是如何进行定位的？

六、旅游景区产品开发

（一）旅游景区产品的概念和特点

1. 旅游景区产品的概念

旅游景区产品是指景区所能够提供给市场并被旅游者消费以满足旅游者某种需要的旅游产品、旅游项目或旅游服务，主要由景区的自然或人造景观、人文名胜、景区基础设施和服务设施、景区服务、景区旅游活动项目等构成。景区景观是景区有形吸引物和无形吸引物的组合，是景区旅游资源的重要载体。景区基础设施包括交通、水电、通信、公共环境卫生等设施，景区服务设施包括旅游接待设施、娱乐设施、旅游购物设施等，景区基础设施和服务设施是构成景区产品的硬性条件；景区服务主要是创造一种旅游者在体验景区吸引物和使用景区设施过程中的精神感受；而景区旅游活动项目是景区产品参与性的组成部分和重要保证。

2. 旅游景区产品特点

景区产品是一种特殊的旅游产品，虽然它属于旅游经济中一项产品类别，但又不能完全属于私人产品，本质上它是一种准公共产品，其特征表现为以下方面。

(1) 景区产品具有区域性

景区产品处于一定的地理区位，是一定地理环境的重要构成要素，景区产品的区域差异是客观存在的。不仅景区的有形吸引物存在区域差异，景区的无形旅游吸引物产品也同样存在区域差异。地理环境的区域分异规律制约着自然地理环境；同时也使人们在生存发展过程创造出具有区域特征的文化，且不可避免地带上一定的地域色彩。如景区内民居建筑特色的区域差异，民族服饰、饮食文化等的区域差异，都同区域分异有着十分密切的联系。

(2) 景区产品具有不可移动性

一方面，景区产品的区域性决定了景区吸引物和景区各种设施无法从旅游目的地运输到客源市场所在地提供给旅游者消费，而只能通过旅游信息的传递，通过景区和旅游中间商的促销活动将旅游者吸引到景区进行消费。另一方面，景区吸引物和景区设施等构成的景区产品是旅游者无法随身携带的，旅游者对景区产品的消费，只能取得对景区产品的一段时间的使用和体验，而无法实现所有权的转移。

(3) 景区服务产品具有无形性和生产消费的同步性

无形性和生产消费的同步性是服务性产品共有的特点。景区服务是一种活动或行为，不是一种有形的产品，它很多时候表现为给旅游者的一种感受。而且，只有当旅游者到达景区以后才能感受到景区服务的价值，景区服务只有面对具体的对象时才会提供，景区服务产品在生产与消费过程中具有一定的同步性。

(4) 景区产品所依托的资源具有独立性和垄断性

景区产品的区域差异及其不可移动性，决定了资源的可模仿性差，难以复制。很多主题公园仿制具有民族风情的建筑、服饰和民风，但它毕竟还是缺乏地域背景和周边环境的依托的，它带给游客的感受与游客在原汁原味的民族风情旅游区旅游所获得的感受也是存在较大差异的。同时，对于那些历史感比较强的资源，更是无法离开特定地理环境的历史背景，否则就失去了它本身的历史价值。黄山、泰山、长城等资源的特定地理环境，更是无法用人工力量来搬迁或异地再现，具有很强的垄断性。

(5)景区产品具有一定的季节性

季节的变化，会使景区产品的特性、旅游吸引力大小等发生一定的影响或变化，这种季节的变化主要表现在气候的变化上。如冰雪旅游，只能在北方天气比较冷的季节；避暑度假旅游，则只有在盛夏季节才有市场；很多少数民族的各种具有地方特色的节日，也只能出现在某些特定的时段。景区产品的这种季节性，会使景区呈现出一定的旺季和淡季，热点、温点和冷点的区别。因此，重视不同类型景区产品的组合，使景区"淡季不淡"或者延长景区旺季时段，也是相当重要的。

(6)文化属性是景区产品的内涵

正是景区产品深层次的文化内涵，才使它具有对游客的吸引力。旅游作为一种文化型的经济活动，文化是旅游活动的核心。但应指出的是，并不是具有文化的资源都能形成旅游吸引力，因为很多具有丰富文化的资源，由于它受到了人的文化修养和精神境界的制约，而难以被人们所接受，对这些资源就需要将其活化、体验化、形象化、娱乐化、可参与化，从而形成具有一定市场需求的旅游产品。

(7)部分景区产品具有不可再生性

景区产品，除人工可以栽培与繁殖的动植物外，很多都是不能再生的，如很多的古建筑、传统工艺、文化作品等，一旦破坏或丢失就将成为永远的遗憾。景区产品的这种不可再生性决定了对其保护开发的重要性。巨大的旅游需求推动了旅游产品的开发、销售，但对景区的很多不可再生资源也可能会造成很大的破坏。

(8)景区产品大多具有观赏性

景区产品与其他资源最主要的区别，就是它有美学特征，具有观赏价值。尽管旅游动机因人而异，旅游内容与形式多种多样，但观赏活动几乎是所有旅游过程都不可缺少的。从一定意义上说，缺乏观赏性，也就构不成景区产品。

(9)成熟的景区产品需要具有整体性

景区产品的整体性与景区所包含内容的多样性是密不可分的，单个景观往往很难作为一种景区产品加以开发利用。即使景观的品位很高，也很难形成对旅游者的吸引力，因为旅游者总是期望花最少的时间和财力，游览到尽可能多的景物。另外，在需求日益多样的旅游者面前，单个景观的吸引力必然具有一定的局限性，因此一个景区不同类型、不同层次的景观数量越多，比例越协调，联系越紧密，就越能显示出其旅游吸引力。

旅游景区产品的上述特点，也决定了旅游景区营销人员不同的工作重点，见表1-4。

表 1-4　旅游景区营销人员的营销工作重点

景区产品特点	营销工作重点
景区产品的区域性	准确进行市场细分，利用不同的旅游资源，为游客提供不同的产品
景区产品不可移动性（租借性）	在顾客“租借”旅游产品要素的过程中，为顾客提供高质量的体验
景区服务产品无形性和生产消费的同步性	旅游景区要开发和生产独具特色的旅游产品，重视对从业人员的培训，力求完美地为旅游者服务，不断变化和丰富旅游产品的内涵，提升旅游产品形象，强化旅游者的感受
景区产品所依托的资源具有独立性和垄断性	突出对景区形象和垄断性产品的宣传，提高品牌的知名度
景区产品具有一定的季节性	运用各种促销手段（淡季价格折扣），使之“淡季不淡，旺季更旺”
文化属性是景区产品的内涵	挖掘旅游产品的文化内涵，重视产品整体概念的开发，为游客提供满意的旅游产品
部分景区产品具有不可再生性	树立现代旅游市场营销观念，走可持续发展之路
景区产品大多具有观赏性	注重旅游产品的整体开发（品牌、包装旅游环境等）满足游客的精神需求
成熟的景区产品需要具有整体性	运用差异性营销策略，整体开发旅游产品

（二）旅游景区产品生命周期策略

1. 景区产品生命周期的概念

旅游产品生命周期理论是旅游学中的一个重要理论，它对于景区在激烈的市场竞争中，根据现代旅游消费的特点，有效利用旅游资源、开发具有特色的旅游产品、制定营销策略具有重要的指导意义。所以，对旅游产品生命周期理论的内涵必须有一个深刻的认识。

景区产品生命周期是指一种景区产品在市场上出现、发展到最后被淘汰的过程，它是景区产品的一种更新换代的经济现象。景区产品生命周期是景区产品的市场寿命、经济寿命，而不是指景区产品的使用寿命、自然寿命。

景区产品生命周期的长短有众多的影响因素，包括：景区产品本身的性质、特点，景区的自然环境与社会环境、旅游者需求的变化、市场竞争激烈程度，景区营销的努力程度、正确的经营策略和方针等。

景区产品生命周期可以分为四个阶段：引入期、成长期、成熟期与衰退期。其相应的销售和利润的生命周期也各不相同，如图 1-3 所示。

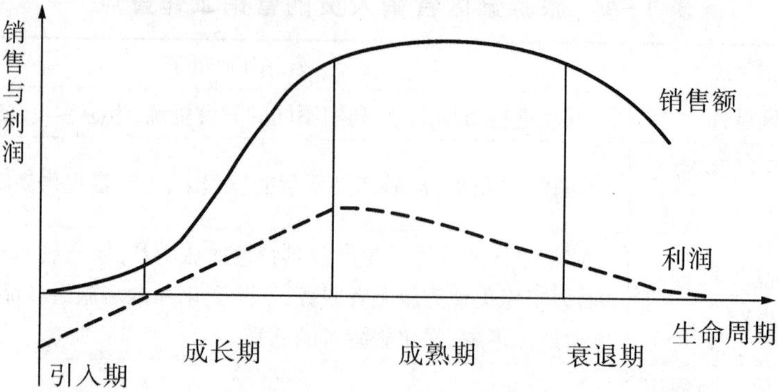

图 1-3　景区产品生命周期图

引入期。是指产品引入市场时销售缓慢增长的时期。在这一阶段，因为产品引入市场所支付的巨额费用所致，利润多为负数。

成长期。虽然还是新产品，但已被市场迅速接受，它的销售开始迅速增长，因为旅游者对景区了解得更多了。随着销售量的增加，利润由负变正并快速增长。由于几乎没有竞争的压力，所以在这个阶段产品可以创造它的最大利润。

成熟期。产品已被大多数的购买者接受并对产品变得非常熟悉。这时有许多竞争者加入进来。为了对抗竞争，营销费用日益增加。同时，为了保持产品竞争力并紧跟潮流，必须推出新型旅游项目。经过快速增长的销售额逐渐趋于稳定，利润增长出于停滞并开始下滑。

衰退期。随着技术的进步、需求的改变和生命周期的推进，产品开始衰老了。这时销售下降的趋势增加，利润不断下降，最终产品将被市场淘汰。

把景区产品生命周期划分成不同阶段，一方面，反映了景区产品在不同时期中存在着不同的特点；另一方面，说明了不同阶段应该采用不同的营销策略，这是研究景区产品生命周期的意义。

某一景区产品在不同市场中所处的生命周期阶段往往不同，它在 A 市场处于成熟期，而在 B 市场可能正处于引入期。某一景区产品的生命周期及其阶段的准确划分有待于景区产品退出市场之后，但这时已经没有营销意义了。为此，景区必须了解自己景区产品目前所处的阶段，并采取相应的营销策略。

2. 引入期的特点与营销策略

（1）引入期的特点

处于引入期的景区产品的销量小且销售额增长缓慢。其原因是：消费者对景区产品比较陌生，只有极少数求新者购买，多数人观望，或不知道新景区产品的出现等；景区暂时无能为力或为避免风险而不愿大规模投资开发；中间商对新景区产品销售前景不明，不想贸然经营等。

引入期景区产品的利润低甚至亏损。原因是这时必须分摊开发新景区产品的成本，促销费用大。只有完全创新的景区产品在引入期的竞争者才能较少甚至没有竞争者。

(2)引入期的营销策略

控制投资规模，待收益有明显增加时才逐步扩大投资；广泛收集顾客旅游后对景区的反馈信息，尽快修正新上马旅游项目的缺陷，保证旅游项目的质量；广告宣传可采用多种多样的促销方式、手段，重点放在建立初级需求、吸引潜在客源市场上；引入期景区产品的上市范围要根据景区条件和潜在市场对新景区产品的需求程度等具体情况而定，既可全面铺开，推向市场，也可先向区域市场推出，然后逐步扩大。

3.成长期的特点与营销策略

(1)成长期的特点

成长期景区产品的销售额迅速上升，是景区产品生命周期中销售增长率最高的阶段。这是因为早期旅游者喜欢这种景区产品，可能产生重复购买行为；而更重要的是他们的消费行为对潜在市场产生了巨大的影响，并促使销售额不断增长。

利润迅速增长。销售额的增加降低了景区产品的成本，也减少了促销费用的分摊，这时已不再分摊或少量分摊新景区产品的开发费用。

景区产品被消费者接受且销量显著增加吸引了竞争者，使他们看到了大规模生产和赢利的机会。因此，竞争者日渐增多是这一时期的主要特点。

(2)成长期的营销策略

景区新产品顺利进入成长期，说明这是一个成功的景区产品，它已摆脱了夭折的风险。但必须看到，这并不等于景区能成功地利用这一景区产品长期获利。为此，成长期景区产品的策略重点应放在创立品牌、提高知名度上。具体策略是：改进景区产品质量，赋予景区产品新的特性，使整体景区产品优于同类景区产品；进入新的细分市场，拓展销售渠道，扩大销售；在出现竞争对手的情况下，树立起本景区及其景区产品的良好形象；要重点宣传景区品牌，提高品牌的知名度与忠诚度，促使潜在顾客认牌购买。

4.成熟期的特点与营销策略

(1)成熟期的特点

成熟期景区产品的销售额大，达到整个景区产品生命周期的最高峰。

利润最高，是景区产品对景区贡献最大的时期，这与当时的销售收入相关，也与游客接待量的变化过程一致。

成熟期存在行业内生产过剩的威胁，迫使整个景区都采用最有效的竞争手段来维持市场占有率，导致最激烈的市场竞争。

（2）成熟期的营销策略

成熟期的营销策略重点应放在延长市场生命周期、提高竞争力上，通过获得竞争优势来维持大量的销售，从而使该景区从产品中获得尽可能多的利润。具体可以采用以下策略：

1）改进市场，使更多的人到景区旅游。

2）改进景区产品，它与改进市场相辅相成，并将更有效地改进市场。

3）改进营销组合，以适应激烈的市场竞争形势。景区产品进入成熟期后，必须重新设计营销因素组合方案，对景区产品因素及非景区产品因素（价格、渠道、促销）加以整合。总体而言，这一时期应采用竞争性价格策略或适当扩大分销渠道、增加促销费用等。

5. 衰退期的特点与营销策略

（1）衰退期的特点

当景区的效益明显下降或急剧下降时，说明这种景区产品已进入衰退期。效益的主要原因是出现了替代产品而使旅游者对景区不再感兴趣。

（2）衰退期的营销策略

这一阶段营销策略的重点是掌握时机，退出市场。判断衰退期景区产品并决定退出市场的方式和时机。

案例1-6

全国最大的雕塑公园——广州雕塑公园，因景点单调、配套滞后，面临游客日益减少、经营举步维艰的窘境。据《羊城晚报》消息，这个公园目前平均每天只能卖出120张票。

于1996年建成的广州雕塑公园是全国首家以雕塑为主题的专题类艺术公园。该公园占地46公顷，在全国各城市专题雕塑公园中面积最大，地理位置极其优越，位于广州市中心。

由于没有资金追加投入，按原规划分期建设的四大雕塑园区——羊城雕塑区、森林景区景点、中华史雕区和雕塑大观园——只有羊城雕塑区在1996年12月竣工，其他三个景区景点的建设迄今仍“躺”在规划图上。目前可供游客观赏的东西就是56件岭南派雕塑作品，三年不变，没有新鲜内容。

据统计，1997年，该公园曾接待游客37万人次，1998年下滑到23万人次，1999年又减至18万人次。

分析提示

广州雕塑公园主题鲜明，是一个典型的人造景区景点，但生命周期极短，还不到三年。失败的原因是多方面的，但没有投放新产品恐怕也是主要原因之一。

案例思考

广州雕塑公园失败的原因有哪些？

案例1-7

碧峰峡景区景点位于四川省雅安市8公里，距成都128公里，区内有两条呈V型的峡谷，海拔700～1 971米，有9 000亩森林，森林覆盖率90%，区内动植物资源丰富，瀑布流水随处可见，1986年被列入省级风景名胜区。碧峰峡景区景点资源与附近海螺沟国家森林公园、乐山大佛——峨眉山世界自然文化双重遗产、贡嘎山国家重点风景名胜区等国内外知名景区景点相比，资源级别不高，无优势可言。1993年，雅安市成立外事旅游局，并投资200万元开发碧峰峡，到1997年共投入580万元。但这些资金对开发中的碧峰峡来说只是杯水车薪，每年游客不及5 000人次。1998年雅安市与成都万贯集团签订碧峰峡景区景点经营权转让协议，由万贯集团在雅安市政府的监督下开发碧峰峡景区景点，期限为50年。万贯集团由此开创了1+1>2的碧峰峡模式，即在政府出资源的基础上，由企业在政府的监督之下，运用其独到的经营理念、开发思路、管理方式、资金优势等条件独家开发旅游资源，从而突破了我国旅游资源开发的体制障碍，解决了资源开发的资金、管理瓶颈，使旅游资源得以开发利用。万贯集团接手碧峰峡景区景点经营权后，首先委托权威机构对市场进行调查。调查结果表明：游客最希望在景区景点获得的是舒适快乐，居民最理想的、回访率高的景区景点是距离适中、消费一般、生态环境好、感觉不累的休闲度假型景区景点。根据调查结果，万贯集团确定了产品开发方向，即推出适合休闲度假特点的新型旅游产品。在没有能唤起旅游者购买欲望的产品的时候，在西南地区率先开发出“野生动物园”项目，仅两年多就收回1.6亿元的投资，靠这个主导产品收回了成本。但景区景点经营者清醒地意识到，该产品生命周期不长，至多三年时间，也就是说，从1999年开园，到2002年是它的自然生命周期。景区景点要持续发展必须开发出新的主导产品，2001年12月“重庆野生世界”开业，2002年12月“成都野生世界”开业，出现了两个竞争对手。早在2001年底，碧峰峡就已经在为推出中国第二个大熊猫研究基地而四处奔走。在“成都野生世界”开业前两天，碧峰峡大熊猫研究基地奠基并于2002年5月开园，林业部已经批准40只大熊猫入住碧峰峡，“野生动物园”已不再是碧峰峡的主导产品。现在，碧峰峡已经将它的营销做到了海外市场，同时，它已经在为第三次高峰增长策划，准备以女娲文化对景区景点进行全面包装，建设女娲生态欢乐剧场，因为碧峰峡所处地四川雅安号称“雨城”“西蜀漏天”，与女娲补天的神话传说有关联。

分析提示

碧峰峡景区经营者总是在旅游景区景点生命周期的快速增长期，推出新产品，树立新形象，使景区景点的生命周期大大延长，既有效地发挥了资源的效力，又保证了景区景点的可持续发展。

案例思考

在运用景区产品生命周期策略上，广州雕塑主题公园、都江堰风景名胜区、碧峰峡景区三者各有什么不同？

(三)旅游景区产品的设计开发与策划

1. 旅游景区产品设计开发与策划的原则

旅游景区产品设计开发与策划一般应遵循以下原则。

(1)市场导向原则

根据旅游市场的需求内容和变化规律，确定景区旅游产品开发的主题、规模等。在开发旅游产品之前先进行市场调研，准确掌握市场需求和竞争状况，结合景区旅游资源的特色，积极寻求相应的客源市场，确定目标市场。如当前个性化旅游的彰显要求景区开发出品种多样的、参与性强的旅游活动项目。

(2)独特性原则

要求景区旅游产品开发必须突出民族特色、地方特色、努力反映当地文化，尽可能保持资源的原始风貌。

(3)经济效益原则

旅游景区在充分了解旅游市场需求的基础上，对所开发的旅游产品进行可行性分析，即对其可进入性、投资规模、建设周期、对游客的吸引力、资金回收周期等进行分析。

(4)环境保护与社会效益原则

开发旅游产品的目的是为了更好地利用旅游资源，而生态环境则是旅游资源赖以存在的物质空间，因此，在开发景区旅游产品时要做到：第一，保护旅游资源本身在产品开发过程中不被破坏，正确处理开发与保护的关系；第二，要控制景区旅游产品开发后游客接待量在环境承载能力之内，以维持生态平衡，使旅游资源能够永续利用；第三，注重社会文化影响，必须遵守旅游政策法规。

（5）综合性开发原则

它是指景区旅游产品的开发应围绕重点项目，挖掘潜力，逐步形成系列产品和配套服务，延长游客旅游停留时间，建立健全吃、住、行、游、购、娱等配套服务和配套设施，提高旅游效益。

2. 旅游景区产品设计开发与策划的方法

旅游景区产品设计开发与策划一般可参考以下方法。

（1）文化差异与文化认同法

文化差异形成旅游吸引力，制造旅游动机，如深圳世界之窗主题公园的设计。文化认同是文化群体或文化成员承认群内新文化或群外异文化因素的价值效用符合传统文化价值标准的认可态度与方式，如寻根谒祖游等。

（2）典型集中法

将有特色的旅游产品和分散的旅游产品进行整合与包装，形成规模较大、水平较高的旅游产品。如北京欢乐谷设置了50余项主题景观、10余项主题表演、30余项主题游乐设施、20余项主题游戏及商业辅助设施，营造出一个神秘、梦幻的世界，可以满足不同人群的需要。

（3）逆向思维法

它是一种与旅游消费者的思维习惯逆向而行的策划方法。如全国第一家开放式动物园——深圳野生动物园，就是运用该方法成功策划的典型案例。

（4）借鉴与引进法

根据市场需求借鉴和引进一些旅游项目，如城市近郊的生态旅游项目。

（5）时空搜索法

从空间轴和时间轴两个向量上搜寻与本地区位、市场及资源条件匹配的最佳交叉点的方法。如深圳华侨城的创意策划就是运用时空搜索法，将其打造成集中国与世界、古代与现代、认同与差异、静态与动态、人文与自然一体的主题公园群。

（四）旅游景区主题产品策划

旅游是一种文化产业，旅游景区的持续发展需要进行各种主题产品的策划，突出景区的灵魂与主线。主题产品具有渲染娱乐气氛、促进游客参与、丰富游客经历、增强景区亲和力和强化景区产品的营销效果，能形成市场冲击力、营造商业卖点、推广旅游景区形象等优越性。因此，主题产品的策划取决于景区的地脉、文脉和人脉。旅游景区在主题产品策划过程中要以环境调查、提炼亮点、主题选择、主题项目策划为路径，确定旅游景区主题产品。

旅游景区的旅游活动主要有节庆活动、庆典活动、趣味活动、表演活动和综合性的主题旅游线路五大类，因此，相关主题产品策划可围绕上述五个方面展开。

1. 影响旅游景区主题产品策划的主要因素

景区的地脉、文脉和人脉往往成为影响主题产品策划的主要因素。

(1)景区的地脉

景区的地脉是景区的综合性自然地理背景，它代表着景区自然地理的地域性、季节性和整体性等显著特征，表现为时间变化上的动态性和空间分布上的系统性，包括地质地貌、气象气候、生物、水体和自然区位等。旅游活动的产生和发展总是在一定自然环境基础上形成的，因此，人们称自然环境为旅游的第一环境。300 多年前康熙在热河(今承德)这块神奇的风水宝地上大笔一挥，写下了“自有山川开北极，天然美景胜西湖”的诗句，集天下景物之美于一体的避暑山庄拔地而起，成为让人流连忘返的避暑胜地。这说明了避暑山庄之“美”缘于其“地脉”。

(2)景区的文脉

景区的文脉是指景区所在地域的人文地理背景，包括当地的历史、社会、经济文化等人文地理特征，它是一种综合性的、地域性的、历史性的和社会性的四维时空组合。文脉是旅游景区的内核，旅游景区的主题产品应依文脉而立，只有准确地把握旅游景区的文脉，挖掘特色卖点，提升文化质感，才能增强景区的吸引力。

(3)景区的人脉

景区的人脉是指景区目标市场上的不同层次消费者群体所组成的脉络系统和旅游消费者对旅游景区的认可程度。因此，旅游景区应有针对性地策划符合旅游目标市场消费心理和消费习惯的景区主题产品，为旅游消费者提供快乐的体验和享受的价值。

旅游景区主题产品策划与景区地脉、文脉、人脉之间的关系是：地脉是旅游景区主题产品策划的切入点，文脉是景区主题产品策划的核心，人脉则是旅游景区与旅游市场的和谐点。这几点既相辅相成，又统一构成了旅游景区主题产品策划经脉体系。

2. 旅游景区主题产品策划的原则

旅游景区主题产品策划必须要与景区性质协调一致，既突出景区资源特色，又适应旅游市场需求。

(1)与景区性质协调一致

旅游景区的性质是由构成旅游景区资源的类型与特征、旅游景区在区域旅游系统的地域分工决定的。旅游景区的主题产品策划必须与景区性质协调一致,这样不仅有利于突出景区旅游资源特色,而且可以避免近距离景区建设重复、雷同的现象。

(2)突出旅游景区资源特色

特色是旅游景区生命力、竞争力和吸引力的源泉。旅游景区主题策划要在深入挖掘其特色的基础上,根据景区资源特色确定景区开发的主题。

(3)适应旅游市场需求

旅游资源是旅游景区产品的主要原材料,其本身并不是旅游产品。在市场经济条件下,旅游资源的开发必须以市场为导向,去发现、挖掘、评价、筛选和开发旅游资源,提炼旅游景区开发主题,设计、制作和组合旅游产品,推向旅游市场,进而引导、开发旅游市场。

3.旅游景区主题产品策划的过程

旅游景区主题产品策划是在深入调查基础上,经过思维、创意形成旅游景区主题产品的活动过程,如图1-4所示。

图1-4　旅游景区主题产品策划的过程

(1)景区环境调研

要进行科学的景区主题产品策划,就必须通过景区环境调研,准确掌握景区的“三脉”,及时了解旅游市场动态变化信息,使策划建立在坚实可靠的基础之上。

(2)提炼景区亮点

旅游景区的主题产品策划要以旅游资源为基础。由于某些旅游资源具有普遍性和类似性,所以景区营销策划人员应根据景区的资源情况,寻找、挖掘其独特之处,找出最能反映当地历史和文化所积淀下来的资源特色,最终提炼出景区的亮点,形成了与其他地区的旅游景区之间的差异性,吸引旅游消费者。

(3)选择景区主题产品

每个旅游景区可能有多个较为鲜明的主题,而由于条件的限制,不可能同时开发,所以就要对存在的多个主题进行评价、筛选。选择主题产品是整个旅游景区主题产品策划的关键,它是资源配置的凝聚点、产品制作的创意点、市场营销的兴奋点。

(4)策划景区主题产品

根据旅游主题的功能要求和目标进行旅游产品的方案策划,其主要内容包括主题产品功能设计、选址建议、开发时序、策划依据、主题内容等五大方面。景区主题产品方案策划的好坏直接影响着主题产品的实施效果。

案例1-8

2011 年 9 月 28 日，“第八届中国国际美食旅游节”将在“成都国际非物质文化遗产博览园”绽放光彩，迎接海内外宾客品尝属于成都的特色美食。本次美食节共分为八大区域：

“世纪舞区域”兼具非物质文化遗产（以下简称“非遗”）常态博览、大型庆典活动、非遗创意产品销售等多重功能，同时也是园区游客集散地和游客中心所在地，世界、多彩非遗、世纪欢舞的文化主题。

“百家宴街区”以中华民族传统民间表演艺术、非遗美食文化为主题，将中国各地餐饮美食及其制作技艺的互动表演融为一体，再现中华民族多姿多彩的瞬间。

“时空旅区域”由儿童非遗体验中心“魔幻村”、非遗庆典娱乐空间“欢歌汇”和非遗时尚风情街“淘天下”三大功能区组成。

“西城事区域”由八个新现代中式院落组成的非遗文化体验区和一个多功能剧场构成，主题文化氛围与现代田园休闲理念结合，实现人在非遗之中，体味非遗之美。

“五洲情区域”以酒店度假、会议会展为主题，是非遗节核心展览和接待基地。

“非遗大道”是非遗博览园的主要游览干道。非遗大道南侧的景观带，以中国最具代表性的和纳入国家级非遗项目的传统节日春节、端午、七夕、中秋、重阳等为主题进行打造。

“帐篷体验区”被打造成美食节的新亮点帐篷体验区。

“开心偷菜区”的“天地耕”农业生态园集教育、生产、科研、互动体验、休闲旅游等多功能于一体，展现出田园城市的和谐格局。

计划、决策与实施

学习情境一	旅游景区营销与策划
工作任务 1	旅游景区产品开发
学生行为	各小组按教师的要求，制订完成任务的工作计划及任务分配方案，讨论计划的科学合理性，完善和做出最终决策；通过阅读知识链接内容，查阅其他相关资料，完成工作任务
教师行为	督导学生分组讨论，审核工作计划，提出修改建议，回答学生提问，引导学生做出正确的决策，对学生任务的完成进行全程督导，观察各小组在完成任务过程中的表现

续 表

<table>
<tr><td rowspan="11">计划、决策与实施</td><td>序号</td><td colspan="2">实施步骤</td><td colspan="2">使用资源</td></tr>
<tr><td>1</td><td colspan="2"></td><td colspan="2"></td></tr>
<tr><td>2</td><td colspan="2"></td><td colspan="2"></td></tr>
<tr><td>3</td><td colspan="2"></td><td colspan="2"></td></tr>
<tr><td>4</td><td colspan="2"></td><td colspan="2"></td></tr>
<tr><td>5</td><td colspan="2"></td><td colspan="2"></td></tr>
<tr><td>6</td><td colspan="2"></td><td colspan="2"></td></tr>
<tr><td>7</td><td colspan="2"></td><td colspan="2"></td></tr>
<tr><td>8</td><td colspan="2"></td><td colspan="2"></td></tr>
<tr><td>9</td><td colspan="2"></td><td colspan="2"></td></tr>
<tr><td>10</td><td colspan="2"></td><td colspan="2"></td></tr>
<tr><td>组长签字</td><td colspan="3"></td><td>组　别</td><td></td></tr>
<tr><td>教师签字</td><td colspan="3"></td><td>日　期</td><td></td></tr>
</table>

检查、评价与反馈

<table>
<tr><td>学习情境一</td><td colspan="5">旅游景区营销与策划</td></tr>
<tr><td>工作任务1</td><td colspan="5">旅游景区产品开发</td></tr>
<tr><td>教师行为</td><td colspan="5">听取学生成果汇报，检查学生学习任务的完成情况，并指出不足及修改建议，对学生的学习表现进行评价，通过学生的教学反馈意见总结本次教学中存在的问题，制订工作改进计划</td></tr>
<tr><td>学生行为</td><td colspan="5">1. 对工作任务完成情况进行检查和反思，填写检查单
2. 把学习成果制作成PPT进行汇报，总结学习中的收获与体会，进行自我评价，并对本小组的成员表现逐一进行评价，填写评价单和教学反馈单</td></tr>
<tr><td rowspan="9">检查</td><td>序号</td><td>检查项目</td><td>检查标准</td><td>学生自检</td><td>教师检查</td></tr>
<tr><td>1</td><td>目标认知</td><td>工作目标明确，工作计划周密，具有可操作性</td><td></td><td></td></tr>
<tr><td>2</td><td>理论知识</td><td>基础理论知识的全面掌握</td><td></td><td></td></tr>
<tr><td>3</td><td>基本技能</td><td>能够运用基本的理论进行实践思考、分析、解决问题</td><td></td><td></td></tr>
<tr><td>4</td><td>学习能力</td><td>能在教师指导下，全面掌握相关知识和技能</td><td></td><td></td></tr>
<tr><td>5</td><td>工作态度</td><td>主动参与，积极完成工作任务</td><td></td><td></td></tr>
<tr><td>6</td><td>团队合作</td><td>积极与他人合作，共同完成任务</td><td></td><td></td></tr>
<tr><td>7</td><td>工具运用</td><td>熟练利用资料自学，利用网络进行资料查询</td><td></td><td></td></tr>
<tr><td>8</td><td>任务完成</td><td>保质保量完成任务</td><td></td><td></td></tr>
</table>

续 表

<table>
<tr><td rowspan="18">评价</td><td>评价类别</td><td>项目</td><td>子项目</td><td>个人评价（30%）</td><td>组内互评（30%）</td><td>教师评价（40%）</td></tr>
<tr><td rowspan="13">专业能力(60%)</td><td rowspan="2">资讯（10%）</td><td>搜集信息(5%)</td><td></td><td></td><td></td></tr>
<tr><td>引导问题回答(5%)</td><td></td><td></td><td></td></tr>
<tr><td rowspan="2">计划（10%）</td><td>计划可执行性(5%)</td><td></td><td></td><td></td></tr>
<tr><td>资源的安排合理(5%)</td><td></td><td></td><td></td></tr>
<tr><td rowspan="4">实施（15%）</td><td>工作步骤执行情况(3%)</td><td></td><td></td><td></td></tr>
<tr><td>可交付成果的完成(5%)</td><td></td><td></td><td></td></tr>
<tr><td>可交付成果完成质量(5%)</td><td></td><td></td><td></td></tr>
<tr><td>工作效率(2%)</td><td></td><td></td><td></td></tr>
<tr><td rowspan="2">检查（10%）</td><td>全面性、准确性(5%)</td><td></td><td></td><td></td></tr>
<tr><td>创新性、可行性(5%)</td><td></td><td></td><td></td></tr>
<tr><td rowspan="2">过程（5%）</td><td>过程规范性(3%)</td><td></td><td></td><td></td></tr>
<tr><td>反思与调控水平(2%)</td><td></td><td></td><td></td></tr>
<tr><td>结果（10%）</td><td>结果质量(10%)</td><td></td><td></td><td></td></tr>
<tr><td rowspan="4">社会能力（20%）</td><td rowspan="2">团结协作（10%）</td><td>对小组的贡献(5%)</td><td></td><td></td><td></td></tr>
<tr><td>小组合作配合情况(5%)</td><td></td><td></td><td></td></tr>
<tr><td rowspan="2">敬业精神（10%）</td><td>吃苦耐劳精神(5%)</td><td></td><td></td><td></td></tr>
<tr><td>学习纪律性(5%)</td><td></td><td></td><td></td></tr>
<tr><td></td><td rowspan="2">决策能力（20%）</td><td>计划能力（10%）</td><td>考虑全面、细致有序(10%)</td><td></td><td></td><td></td></tr>
<tr><td></td><td>决策能力（10%）</td><td>决策果断、选择合理(10%)</td><td></td><td></td><td></td></tr>
<tr><td>教学反馈</td><td colspan="6">你对本次学习的意见或建议：</td></tr>
<tr><td>组长签字</td><td colspan="3"></td><td>组　别</td><td colspan="2"></td></tr>
<tr><td>教师签字</td><td colspan="3"></td><td>日　期</td><td colspan="2"></td></tr>
</table>

<<< 工作任务2　旅游景区产品定价 >>>

任务布置

<table>
<tr><td>学习情境一</td><td colspan="2">旅游景区营销与策划</td></tr>
<tr><td>工作任务2</td><td colspan="2">旅游景区产品定价</td></tr>
<tr><td>学生行为</td><td colspan="2">学生在教师的引导下，明确学习任务及要求，分组学习知识链接的内容，并查阅相关资料和文献，找出资讯问题的答案，初步掌握学习内容</td></tr>
<tr><td>教师行为</td><td colspan="2">1. 教师向学生介绍工作任务的内容、要求、关键点及注意事项，引导学生熟悉工作任务内容，并随机对学生进行分组
2. 教师向学生讲解或引导学生学习资讯内容，并随时解答学生的相关问题</td></tr>
<tr><td>任务描述</td><td colspan="2">学生5～6人为一小组，各小组运用所学的景区产品定价的相关内容，为本小组设计开发的旅游景区产品制定合理的价格</td></tr>
<tr><td rowspan="6">资讯</td><td rowspan="5">资讯问题</td><td>1. 景区产品价格的概念是什么？</td></tr>
<tr><td>2. 什么是旅游差价和旅游优惠价？</td></tr>
<tr><td>3. 影响旅游景区产品定价的因素有哪些？</td></tr>
<tr><td>4. 旅游景区产品的定价方法有哪些？</td></tr>
<tr><td>5. 旅游景区产品的定价策略有哪些？</td></tr>
<tr><td>资讯引导</td><td>以上资讯问题请查阅本书知识链接，同时参考以下书籍和网页：
1.《旅游景区营销》刘锋，董四化著，中国旅游出版社，2006。
2.《旅游景区景点营销》禹贡，胡丽芳编著，旅游教育出版社，2005。
3.《旅游景区市场营销》李红，郝振文编著，旅游教育出版社，2006。
4.《旅游营销基础》王媛，纪文静主编，江苏科学技术出版社，2009。
5. http://www.aatrip.com/中国旅游营销网</td></tr>
</table>

知识链接

价格是杠杆，也是营销的利器！高价未必唬人，低价未必诱人，足智的价格策略才最能打动“上帝”！

一、景区产品价格的概念

景区旅游产品价格，是旅游者对景区提供旅游产品所愿意承受的价格，它是由景区产品的内在价值和旅游者附着在景区产品上的心理价值组成的。

为景区产品制定价格是景区的重要任务。定价是否合理,是否为旅游者接受,决定着景区利润的高低,影响着其他营销组合的效果,进而决定整个营销策略的成败。

景区出于扩大客源或刺激旅游者消费等原因,往往还在一般旅游价格的基础上,采取特殊的旅游产品价格形式,在旅游市场营销活动中,主要有旅游差价和旅游优惠价两种表现形式。

旅游差价是指景区产品由于时间、地点或其他原因而引起的不同价格。一般情况下,旅游差价主要有地区差价、季节差价、质量差价、机会差价和批零差价五种。旅游产品生产经营者在不同的时间、设施、环境等条件下,提供的旅游产品质量、特殊吸引力等会有着显著的差异,而旅游消费者的需求在不同的时间、空间也各不相同,因而反映旅游市场供求关系的旅游价格应有一定的区别,以便利用价格的升降调节市场供求关系,更好地满足旅游消费者的不同需要。

旅游优惠价是指在景区旅游产品的基本价格基础上,给予旅游产品购买者一定的折扣价格。一般情况下,旅游优惠价主要有对象优惠价、老顾客优惠价、支付优惠价和购买量优惠价四种。景区实行旅游优惠价的目的是为了吸引旅游产品购买者,争取客源市场,努力使景区的经营状况保持相对的稳定。

二、影响景区产品价格决策的因素

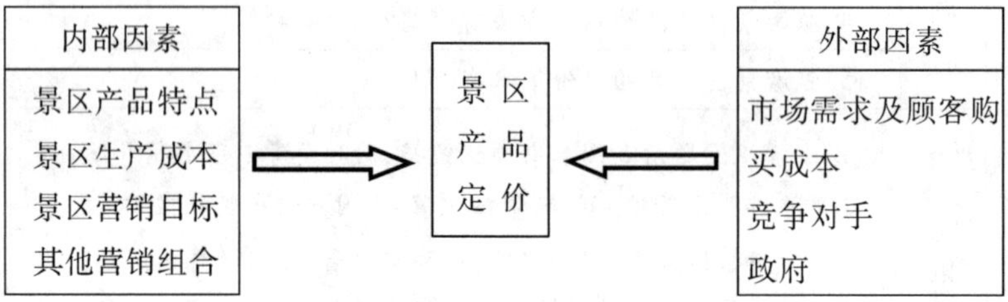

图 1-5　影响景区价格决策的因素

(一)影响景区价格决策的内部因素

1. 景区产品的特点

如果景区产品具有比较强的垄断性,就可以采取比较刚性的价格策略;如果在同一区域范围内,同类旅游产品并存,则旅游者对这类旅游产品需求的价格弹性也相应增大,为实现增加销售的目的,景区就有可能实行削价竞争。

2. 景区生产成本

成本是定价的基础。景区首先要确定收支平衡点在哪里,这是确定可接受范围的最低点,以及定价范围的下限。景区可以根据销售预测和当前价格估算一下能否达到收支平衡，或者能比收支平衡点高出多少。

3. **景区营销目标**

景区营销目标是营销景区定价的一个重要因素。不同景区的营销目标，或者同一景区不同时间的营销目标多种多样，通常有求生存、求目标投资收益率、求市场占有率、求景区产品的特色、阻止新的竞争者加入等。

4. **其他营销组合因素**

影响景区价格决定的其他营销组合因素包括景区产品的独特性、考虑中间商的利益和促销费用。

（二）影响景区价格决策的外部因素

1. **市场需求及购买成本**

成本是制定价格的下限，而市场和需求却是制定价格的上限。在市场营销过程中，旅游者购买时，不仅注重景区产品的价格，还要考虑景区提供的服务质量、旅游者获得的额外利益等因素。因此，景区为实现较高价格的销售，一般都要施之以较高水平的服务，使旅游产品的价格和相应的服务一致，使旅游者加深对旅游产品价格的理解、认可；同时，景区还应向旅游者尽可能提供一些额外免费的服务项目，减少旅游者的购买成本，使旅游者认为是购买了旅游产品后而带来的额外利益，从而增强对购买较高价格的旅游产品的信心。

2. **竞争对手**

景区定价必须考虑竞争者的成本、价格以及对景区本身价格变动可能做出的反应。另外，景区所处的价格环境不同，其可能对价格的控制程度也不同，如市场控制价格、景区控制价格、政府控制价格等。

3. **政府**

政府对价格决策的影响主要体现在各种有关价格禁止的法规上。

三、景区产品定价目标与定价方法

（一）景区产品定价目标

景区在定价之前必须首先确定定价目标。定价目标是景区营销目标的基础，是景区选择定价方法和制定价格策略的依据。由于景区营销目标多种多样，景区产品的定价目标也多种多样。

1. 景区生存的需要

如果景区面临生产力过剩或剧烈竞争或要改变消费者的需求时，他们要把维持生存作为其主要目标。比如，有些地区各景区之间进行低级的削价竞争，在景区产品同质性较高、产品竞争激烈、旅游需求变动较大、行业整体不景气且没有完善的市场机制进行规范的情况下，景区一般会选择这种目标。

2. 实现景区最大当期利润

许多景区想制定一个能达到最大当期利润的价格。这种定价目标一般适用于景区产品在一定时间段内具有绝对的竞争优势，价格弹性具有一定的刚性，销售量不会随着价格的升高发生比较大的变动，而且，只有那些具有较强的经济实力和应变能力的景区经营者才会以此为景区定价的目标。

3. 实现景区最高当期收入

有些景区建立一个最高销售收入的价格，制定这种价格主要是为了巩固和提高景区的市场占有率，维持和扩大景区产品的销售量。这种目标对于景区的产品与竞争对手之间具有一定的同质性，产品价格弹性比较高的情况更加适合，可以采取的措施包括降价、折扣价、招徕价等。

4. 形成景区产品鲜明的特色

景区通过定价可以在一定程度上树立起景区在市场上比较具有特色的形象。比如，定价的高低可以反映出景区所服务的主要消费群体是高端旅游消费者，还是中高端旅游消费者；其提供的景区产品是大众的普通旅游消费品，还是比较高档的奢侈旅游消费品等。

（二）景区产品定价方法

在进行景区产品定价时，一般遵循的原则是：成本是价格的最下限，竞争对手与替代品是定价的出发点，顾客对景区产品特有的评价是价格的上限。因此就形成了成本导向、需求导向、竞争导向三种最基本的定价方法。

1. 成本导向定价法

成本导向定价法是一种以成本为中心的定价法，也是传统的、运用得较普遍的一种定价方法，具体做法是按景区产品成本加一定的利润定价，也称为“成本加成定价法”。这种方法的优点是所定价格如能被接受，则可保证景区全部成本得到补偿；计算方便；在成本没有多大波动的情况下，有利于价格的稳定。缺点是其不能反映市场需求状况和竞争状况。

(1)完全成本加成法

完全成本加成法即以景区的完全成本为计算基础,加上一定的利润和税金来制定价格。用公式表示为

单位产品价格=(总成本+预期总利润)/预期产品产量
=单位产品成本+单位产品预期利润

(2)边际成本加成法

边际成本加成方法是短期决策的常用方法。

边际成本=(增加一单位景区产品后的总成本-原来的总成本)/(增加一单位景区产品后的产量-原来的产量)
=总成本增量/产量增量

进一步计算景区产品定价为

单位景区产品价格=[(原景区产品产量×原销售价格)+边际成本]/现定生产量

2.需求导向定价法

需求导向定价法是以旅游者的需求为中心的定价方法,即根据旅游者对景区产品的需求强度和其对景区产品价值的认识程度来制定景区价格。主要有两种方法:

(1)理解价值定价法

理解价值定价法即景区按照旅游者对景区产品的认识程度和感觉定价。为了实现这种定价,景区经营者一般会利用市场营销组合中的景区质量介绍、景区形象宣传、广告及其他销售促进策略等来影响和诱导旅游者,使他们在消费景区产品之前就对景区产品的质量、档次有一个大致的心理定位,然后再来确定景区的价格。这种定价方式的关键是,经过这样一系列的宣传之后,旅游者对景区的理解价值到底有多大,对于这一点,景区经营者要有一个比较准确的估计,只有这样才会有比较合适的定价。

(2)区分需求定价法

区分需求定价法又称差别定价法,是在特定条件下,根据需求中的某些差异而使价格有所差别的定价方法。具体差别表现在对不同的消费者制定不同的价格和采用不同的价格方式,以及在不同的时间采用不同的价格。

3.竞争导向定价法

竞争导向定价法是以竞争为中心、以竞争对手的定价为依据的定价方法。这种定价方法主要是以竞争为中心,同时结合自身的经济实力、经营实力和发展战略等因素来确定价格,其具体做法有以下几种。

(1)率先定价法

率先定价法即景区率先确定其价格，确定在市场上新价位的形象，以便达到参与市场价格竞争、排除竞争对手的目的。

(2)追随定价法

追随定价法即景区以同行业主导景区的价格为标准制定本景区的商品价格。

(3)随行就市定价法

随行就市定介法即景区根据行业的平均价格为标准制定本景区产品的价格。在竞争激烈的情况下，是一种与同行和平共处、比较稳妥的定价方法，可避免风险。

四、景区产品价格策略

景区产品的定价，需要以科学的理论和方法为指导，同时由于竞争和旅游消费者的需要，还必须有高明的定价策略和技巧。景区的定价策略就是根据旅游市场的具体情况，从定价目标出发，灵活运用价格手段，使其适应市场的不同情况，实现景区的营销目标。一般来说，景区产品的定价策略主要有新产品价格策略、心理价格策略、折扣价格策略、招徕价格策略和区分需求价格策略等。

(一)新产品的价格策略

任何景区产品都有自己的生命周期。由于景区产品生命周期各阶段的特点不同，景区就应从市场需要和产品寿命周期的变化要求出发，有针对性地进行价格调整。新的景区产品能否获得旅游消费者的欢迎，其定价策略起着十分重要的作用。

1. 撇脂定价策略

撇脂定价策略是一种高价格策略，即在新产品上市初期，价格定得很高，目的在于在短时间内获取高额利润。

撇脂价格策略不仅能在短期内获取大量利润，而且可以在竞争加剧时采取降价手段，既可限制竞争者的加入，又符合于旅游消费者对待价格从高到低的客观心理反应。应用这种定价策略，要具备相应的条件：目前市场需求较高；制定高价，不会刺激更多竞争者进入市场，有助于形成新产品优质的形象；虽然有可能销售量不大且单位成本较高，但景区仍能获得高额利润。

2. 渗透价格策略

渗透价格策略是一种低价格策略，即在旅游新产品投入市场时，以较低的价格吸引消费者，从而很快打开市场。

这种价格策略由于价格偏低，有利于迅速打开景区产品的销路，扩大市场销量,增加赢利,还能阻止竞争对手介入,易于景区自己控制市场。但是,一般来说,在旅游市场中运用渗透价格策略,也有可能导致投资回收期较长,产品若不能迅速打开市场或遇到强有力的竞争对手时,会遭受重大损失等问题。因而,这种价格策略的运用要具备相应的条件:市场对价格高度敏感,低价有助于市场扩展;随着销量增加和经验的积累,企业能降低单位成本;可阻止竞争者进入市场。

3. 满意价格策略

满意价格策略是一种折中价格策略,它吸取上述两种定价策略的长处,采取比撇脂价格低但比渗透价格高的适中价格,既能保证景区获取一定的初期利润,又能为旅游消费者接受,因而这种价格策略确定的价格称为满意价格。

(二)心理定价策略

旅游消费者尤其是对价格较为敏感的消费者,对景区产品或服务是否认可、购买,主要是通过价格因素来判断的,因而就可以在定价中利用旅游消费者对价格的心理反应,刺激消费者购买景区产品或服务。

1. 分等级定价策略

分等级定价策略是指一些旅游消费者有时不大会感觉到价格的细微差别,消费者对许多景区产品的需求曲线呈阶梯形状,因而景区就可把产品分为几档,每一档定一个价格,这样标价就可使消费者觉得各种价格反映了产品质量上的差别,并可简化其选购过程。

2. 声望定价策略

声望定价策略是指针对旅游消费者"价高质必优"的心理,对在消费者心目中有信誉的产品制定较高价格。

这是因为价格档次常被当做景区产品质量直观的反映,特别是旅游消费者在知名景区时,这种心理意识尤为强烈。因此,高价与独具特色的景区比较协调,更易显示出景区产品的特色,使景区产品给旅游者留下优质的印象或使旅游者感到购买这种产品可以提高自己的声望。当然,运用这种价格策略必须慎重,一般性的景区产品不宜采用。

(三)折扣价格策略

折扣价格策略是一种在景区产品或服务的交易过程中,景区的基本标价不变,而通过对实际价格的调整,把一部分价格转让给购买者,鼓励旅游者购买自己的产品或服务的价格策略。

1. 数量折扣

数量折扣是指景区为了鼓励旅游者或中间商购买,根据购买者所购买的数量给予一定的折扣。

2. 季节折扣

季节折扣是指景区在淡季时给予旅游者或中间商的折扣优惠。由于在淡季时,景区普遍出现客源不足、服务设施闲置的情况,因而为吸引旅游者,增加消费,往往此时景区就制定低于旺季时的景区产品或服务价格以刺激旅游消费者的消费欲望。但是,这种折扣价格的最低优惠度不应低于景区产品或服务的成本。

(四)招徕价格策略

招徕价格策略实质上是发挥促销导向的作用,以特殊价格吸引旅游消费者,从整体上提高景区的销售收入和赢利。

1. 亏损价格

景区在自己的产品或服务结构中,把某些产品或服务的价格定得很低,甚至亏损,以价格低廉迎合旅游消费者的"求廉"心态而招徕顾客,借机带动和扩大其他产品的销售。

2. 特殊事件价格

景区在某些节日和季节或在本地区举行特殊活动的时候,适度降低景区产品或服务的价格以刺激旅游消费者,招徕生意,增加销售。这种定价策略往往在旅游淡季时受到景区的重视。一般来说,采用这种策略必须要有相应的广告宣传配合,才可能将这一特殊事件和信息传递给广大的旅游消费者。

(五)区分需求价格策略

景区产品以不同的价格出售的策略,其目的是通过形成数个局部的旅游市场而扩大销售,增加景区的赢利来源。

1. 地理差价策略

地理差价策略是景区以不同的价格策略在不同地区营销同一景区产品或服务,以形成同一产品或服务在不同空间的横向价格策略组合。这种差价的最主要原因是由于不同地区的旅游消费者具有不同的爱好和习惯,因而各地旅游市场就具有不同的需求曲线和需求弹性。

2. 时间差价策略

时间差价策略是景区对相同的景区产品或服务,按旅游者需求的时间不同而制定不同的价格。采用这种定价策略,有利于鼓励旅游中间商和消费者增加购买的频率和力度,尤其是在淡季时更为明显。通常这种定价策略在不同时间的需求存在差异时使用。

3. 对象差价策略

景区针对不同旅游者或中间商的需要和购买的数量等因素,对同一景区产品或服务实行不同的价格。采用这种定价策略,目的在于稳定客源,维持景区基本的销售收入,有时为了开拓新的市场,增加销售收入也常常应用这种策略。

案例1-9

新闻回放:中原大佛景区免两年门票

2010 年 3 月底,最让旅游爱好者兴奋的事儿,莫过于"中原大佛景区两年内免门票"。

这个景区位于鲁山之中,群山环抱、环境优美、人文景观与自然景观荟萃,拥有世界第一佛、世界第一钟、大陆第一汤、伏牛山区第一寺等丰富的旅游文化资源。历经十多年的建设,现已有牌坊、佛泉寺、愿心台、福慧大道、礼佛坛、八宝广场、中原大佛、天瑞吉祥钟及钟楼等景点景观。近年,进福门、过福海、登福坛、点福香、撞福钟,充满灵气和福运的中原大佛渐成人们祈福宝地。

3 月 30 日,中原大佛景区通过媒体发布消息:2010 年 3 月 27 日至 2012 年 3 月 26 日,中原大佛景区免费向公众开放,两年期间到景区旅游观光的游客,均可享受免收门票的优惠。这一旨在回馈游客之举,一推出就在社会上引起巨大反响。

记者调查:大批景点免费活动悄然启幕

记者在采访时发现,阳春三月,通过免门票让利消费者的景区,不只中原大佛一家。

3 月 24 日,"春到鹰城、近悦远来"平顶山市旅游景区新闻发布会就在鹰城举行。发布会现场,平顶山市旅游局局长张风岭宣布,从 4 月 1 日至 30 日,平顶山市尧山、画眉谷、昭平湖、二郎山、叶县县衙、三苏园、怪坡 7 个 A 级景区和中原大佛、六羊山、龙潭峡、好运谷、知青园、十八垛、航展馆、林丰庄园、灯台架、祥龙谷、香山寺、风穴寺等共 19 个景区相互搭配,实行错峰免费迎客。错峰免费游活动,将使平顶山诸景区让出约 3 000 万元的门票收入。并且 5 月 1 日至 3 日小黄金周期间,三苏园、叶县县衙、风穴寺、香山寺、怪坡、知青园还将全部免费开放。

读者热议:如何看待"免门票"得与失

其实,上周二,郑州晚报《第一旅游》也在第一时间关注"中原大佛景区免门票"一事。消息见报当天,报社《第一旅游》热线电话就没停过。来电读者从语气上能听出来，都很兴奋。来电中95%的读者对此举持肯定态度，但也有读者表示出了担忧：好事归好事，但终究是权宜之计，免不了有为吸引眼球而做秀的嫌疑。而更多网友也加入讨论的行列，有网友留言说，听了这个消息，自己很后悔，因为“我上星期去的，两个人门票200多元，现在免门票，真郁闷”。

网友风儿说，希望郑州的景区也能学习一下，推几个免费景区，让大家周末放假有个好去处。

市民孙建伟的工作和旅游关联度高，以他对旅游的了解，现在虽然多数景区门票价格都在一路高涨，但其中不乏免门票者。最有名的当数杭州西湖景区，这个全国唯一一家不收门票的5A级景区，早在2003年就向市民和游客免费开放。虽然西湖每年损失上千万元的门票，但最初两年的统计数据就显示，去西湖游览的游客增加6倍以上，由此给西湖带来的间接效益有几百亿元，可以说是舍小钱得大钱。所以说，平顶山诸景区免门票是聪明之举，赚了眼球，吸引了游客，“堤内损失堤外补”，最终还是大赢家。

景区放言：想做旅游大省建设的领跑者

针对读者的热议，负责大佛景区经营的天瑞集团旅游公司副总经理石保森在接受记者采访时表示：“中原大佛景区目前还在进一步建设中，免两年门票，一是为了答谢社会各界的关心和支持，回馈社会，希望有更多的游客，特别是农村游客都能来参观；二是想引起更多省外游客关注，借两年免票活动拉动市场。”

石保森说，中原大佛景区1997年开始筹建，极受各级领导关注，佛学泰斗赵朴初生前就对中原大佛的修建非常重视和关注，曾亲笔题字予以支持。中原大佛落成中原圣地，圆了他一生期待的五方五佛汇聚中华的心愿。本次长达两年的免票活动，将是河南旅游景区中规模最大的一次。“免两年门票，虽然损失估计会有6 000万至1亿元，但一想到吸引数百万的游客，就觉得值。想做河南旅游大省建设的领跑者，就得有领跑者的姿态。”

专家点评：积极迎接全民休闲时代的到来

景区免门票是否预示“门票经济”走到尽头？读者所希望的景区免门票能否铺展开来？河南旅游研究所所长、河南财经学院旅游与会展学院院长袁绍斌认为，景区门票即使在发达国家也不是全免，但免门票有利于资源整合，有利于社会和谐，肯定是一个趋势，我们应该提倡更多的旅游资源向公众开放。当旅游产业链不断完善、门票收入不再是景区的经济支柱时，免门票时代或许才会到来。

河南省旅游局局长苏福功早在去年平顶山五一推出免门票举措时就说，在平顶山乃至全省更大范围内实现经常性的免费，还有一段很长的路要走。从长远看，要建立起景区、宾馆、饭店、旅行社利益协调机制，景区门票的损失由其他相关企业承担，或推进企业重组并购，成立大型旅游企业集团，实现景区、宾馆、饭店一体化经营，以免除门票为手段，推动相关行业增长，提高整体利润。

四川旅游发展研究中心顾问陈兴中教授是免门票的坚决支持者。他说，旅游景区免门票，这在国际上有很多成熟的案例，国内也有许多地方在尝试。免门票可以让吃、住、行、游、娱、购等要素均衡发展。游客逗留的时间长了，住宿、购物、交通、饮食上的花销也增加了。景点门票收入的减少，完全可以通过对旅游以及相关产业的带动。将这部分损失补回来。相反，如果紧紧抱住"门票经济"不放，就会成为旅游市场发展中的一个严重问题和发展瓶颈，并扼杀当地旅游业的发展。

陈兴中认为，休闲旅游已成为世界旅游市场的主流发展趋势，旅游业应走出"门票经济"圈子，做好准备着手迎接全民休闲旅游时代的到来。

分析提示

从中原大佛景区免门票价格来看，对旅游景区的门票收入有很大打击，但相应带来的游客增加和逗留时间延长，却使平顶山市内的餐饮、旅馆、零售等整体行业均获得了新的发展空间。政府也能够由此获取更多的财政收益。对于游客来说取消景区门票对他们是一种吸引力，不知不觉中会用省下来的门票钱在景区消费。同样是花钱，但这样更舒心。这样也就达到了景区免票的目的。从这里可以看出，平顶山市的旅游管理者创新意识非常强烈，能够认识到旅游景区所具有的社会公共产品性质，在门票管理上趋向了淡化，同时将自己提升到了服务经济层面，在旅游服务要素上做文章，善于发现需求、满足需求，提供外延服务，通过延伸自己的服务链、产品链、价值链，使服务收益通过税收渠道成为景区的主要收入。同时，由于采用了门票免费做法，还给自己造成了巨大的新闻效应，由于众多媒体的采访和报道，等于在全国范围内做了不花钱的广告，增加了美誉度，扩大了知名度，吸引了更高的人气，由此步入真正的良性循环。

计划、决策与实施

学习情境一	旅游景区营销与策划
工作任务2	旅游景区产品定价
学生行为	各小组按教师的要求，制订完成任务的工作计划及任务分配方案，讨论计划的科学合理性，完善和做出最终决策；通过阅读知识链接内容，查阅其他相关资料，完成工作任务
教师行为	督导学生分组讨论，审核工作计划，提出修改建议，回答学生提问，引导学生做出正确的决策，对学生任务的完成进行全程督导，观察各小组在完成任务过程中的表现

续 表

<table>
<tr><td rowspan="11">计划、决策与实施</td><td>序号</td><td colspan="2">实施步骤</td><td colspan="2">使用资源</td></tr>
<tr><td>1</td><td colspan="2"></td><td colspan="2"></td></tr>
<tr><td>2</td><td colspan="2"></td><td colspan="2"></td></tr>
<tr><td>3</td><td colspan="2"></td><td colspan="2"></td></tr>
<tr><td>4</td><td colspan="2"></td><td colspan="2"></td></tr>
<tr><td>5</td><td colspan="2"></td><td colspan="2"></td></tr>
<tr><td>6</td><td colspan="2"></td><td colspan="2"></td></tr>
<tr><td>7</td><td colspan="2"></td><td colspan="2"></td></tr>
<tr><td>8</td><td colspan="2"></td><td colspan="2"></td></tr>
<tr><td>9</td><td colspan="2"></td><td colspan="2"></td></tr>
<tr><td>10</td><td colspan="2"></td><td colspan="2"></td></tr>
<tr><td>组长签字</td><td colspan="3"></td><td>组 别</td><td></td></tr>
<tr><td>教师签字</td><td colspan="3"></td><td>日 期</td><td></td></tr>
</table>

检查、评价与反馈

<table>
<tr><td>学习情境一</td><td colspan="5">旅游景区营销与策划</td></tr>
<tr><td>工作任务2</td><td colspan="5">旅游景区产品定价</td></tr>
<tr><td>教师行为</td><td colspan="5">听取学生成果汇报，检查学生学习任务的完成情况，并指出不足及修改建议，对学生的学习表现进行评价，通过学生的教学反馈意见总结本次教学中存在的问题，制定工作改进计划</td></tr>
<tr><td>学生行为</td><td colspan="5">1. 对工作任务完成情况进行检查和反思，填写检查单
2. 把学习成果制作成 PPT 进行汇报，总结学习中的收获与体会，进行自我评价，并对本小组的成员表现逐一进行评价，填写评价单和教学反馈单</td></tr>
<tr><td rowspan="9">检查</td><td>序号</td><td>检查项目</td><td>检查标准</td><td>学生自检</td><td>教师检查</td></tr>
<tr><td>1</td><td>目标认知</td><td>工作目标明确，工作计划周密，具有可操作性</td><td></td><td></td></tr>
<tr><td>2</td><td>理论知识</td><td>基础理论知识的全面掌握</td><td></td><td></td></tr>
<tr><td>3</td><td>基本技能</td><td>能够运用基本的理论进行实践思考、分析、解决问题</td><td></td><td></td></tr>
<tr><td>4</td><td>学习能力</td><td>能在教师指导下，全面掌握相关知识和技能</td><td></td><td></td></tr>
<tr><td>5</td><td>工作态度</td><td>主动参与，积极完成工作任务</td><td></td><td></td></tr>
<tr><td>6</td><td>团队合作</td><td>积极与他人合作，共同完成任务</td><td></td><td></td></tr>
<tr><td>7</td><td>工具运用</td><td>熟练利用资料自学，利用网络进行资料查询</td><td></td><td></td></tr>
<tr><td>8</td><td>任务完成</td><td>保质保量完成任务</td><td></td><td></td></tr>
</table>

续　表

<table>
<tr><td rowspan="20">评价</td><td>评价类别</td><td>项目</td><td>子项目</td><td>个人评价（30%）</td><td>组内互评（30%）</td><td>教师评价（40%）</td></tr>
<tr><td rowspan="13">专业能力（60%）</td><td rowspan="2">资讯（10%）</td><td>搜集信息（5%）</td><td></td><td></td><td></td></tr>
<tr><td>引导问题回答（5%）</td><td></td><td></td><td></td></tr>
<tr><td rowspan="2">计划（10%）</td><td>计划可执行性（5%）</td><td></td><td></td><td></td></tr>
<tr><td>资源的安排合理（5%）</td><td></td><td></td><td></td></tr>
<tr><td rowspan="4">实施（15%）</td><td>工作步骤执行情况（3%）</td><td></td><td></td><td></td></tr>
<tr><td>可交付成果的完成（5%）</td><td></td><td></td><td></td></tr>
<tr><td>可交付成果完成质量（5%）</td><td></td><td></td><td></td></tr>
<tr><td>工作效率（2%）</td><td></td><td></td><td></td></tr>
<tr><td rowspan="2">检查（10%）</td><td>全面性、准确性（5%）</td><td></td><td></td><td></td></tr>
<tr><td>创新性、可行性（5%）</td><td></td><td></td><td></td></tr>
<tr><td rowspan="2">过程（5%）</td><td>过程规范性（3%）</td><td></td><td></td><td></td></tr>
<tr><td>反思与调控水平（2%）</td><td></td><td></td><td></td></tr>
<tr><td>结果（10%）</td><td>结果质量（10%）</td><td></td><td></td><td></td></tr>
<tr><td rowspan="4">社会能力（20%）</td><td rowspan="2">团结协作（10%）</td><td>对小组的贡献（5%）</td><td></td><td></td><td></td></tr>
<tr><td>小组合作配合情况（5%）</td><td></td><td></td><td></td></tr>
<tr><td rowspan="2">敬业精神（10%）</td><td>吃苦耐劳精神（5%）</td><td></td><td></td><td></td></tr>
<tr><td>学习纪律性（5%）</td><td></td><td></td><td></td></tr>
<tr><td rowspan="2">决策能力（20%）</td><td>计划能力（10%）</td><td>考虑全面、细致有序（10%）</td><td></td><td></td><td></td></tr>
<tr><td>决策能力（10%）</td><td>决策果断、选择合理（10%）</td><td></td><td></td><td></td></tr>
<tr><td>教学反馈</td><td colspan="6">你对本次学习的意见或建议：</td></tr>
<tr><td>组长签字</td><td colspan="3"></td><td>组　别</td><td colspan="2"></td></tr>
<tr><td>教师签字</td><td colspan="3"></td><td>日　期</td><td colspan="2"></td></tr>
</table>

<<< 工作任务3　旅游景区产品促销 >>>

任务布置

<table>
<tr><td>学习情境一</td><td colspan="2">旅游景区营销与策划</td></tr>
<tr><td>工作任务3</td><td colspan="2">旅游景区产品促销</td></tr>
<tr><td>学生行为</td><td colspan="2">学生在教师的引导下,明确学习任务及要求,分组学习知识链接的内容,并查阅相关资料和文献,找出资讯问题的答案,初步掌握学习内容</td></tr>
<tr><td>教师行为</td><td colspan="2">1. 教师向学生介绍工作任务的内容、要求、关键点及注意事项,引导学生熟悉工作任务内容,并随机对学生进行分组
2. 教师向学生讲解或引导学生学习资讯内容,并随时解答学生的相关问题</td></tr>
<tr><td>任务描述</td><td colspan="2">学生5~6人为一小组,各小组运用所学的景区产品促销的相关内容,为某一熟悉的旅游景区制作一个景区促销策划方案</td></tr>
<tr><td rowspan="7">资讯</td><td rowspan="6">资讯问题</td><td>1. 景区促销的概念</td></tr>
<tr><td>2. 景区促销组合的概念</td></tr>
<tr><td>3. 景区人员推销策略</td></tr>
<tr><td>4. 景区广告促销策略</td></tr>
<tr><td>5. 景区销售促进策略</td></tr>
<tr><td>6. 景区公共关系策略</td></tr>
<tr><td>资讯引导</td><td>以上资讯问题请查阅本书知识链接,同时参考以下书籍和网页:
1.《旅游景区营销》刘锋,董四化著,中国旅游出版社,2006。
2.《旅游景区市场营销》李红,郝振文编著,旅游教育出版社,2006。
3.《旅游景区景点营销》禹贡,胡丽芳编著,旅游教育出版社,2005。
4.《旅游景区服务与管理》王昆欣主编,中国物资出版社,2005。
5. http://www.aatrip.com/中国旅游营销网</td></tr>
</table>

知识链接

景美也怕藏深闺！景区要敢吹,会吹,经得起吹！景区营销要解决的主要问题就是:吹什么？向谁吹？怎么吹？景区要针对不同产品、不同市场、不同阶段设计不同的促销策略和组合。

一、旅游景区促销的基本原理

(一)景区促销与景区促销组合

1. 景区促销概念

景区促销是营销者将有关景区产品的信息通过各种方式传递给旅游者,促进

其了解信赖并购买景区产品,达到扩大销售的过程。从这个概念不难看出,促销具有以下含义:

(1)景区促销工作的核心是与旅游者沟通信息并与其建立更加长期而稳固的关系

景区与旅游者之间实现旅游产品交易的基本条件就是信息沟通,一个沟通模式一般要回答五个问题:谁说;说什么;用什么渠道说;对谁说;有何效果。充分的沟通是与旅游者建立长期稳定关系的前提,是实现长期拥有客户的目标的重要保证。

(2)促销的目的是引发、刺激旅游者产生购买行为

在旅游者可支配收入既定的条件下,旅游者是否产生购买行为主要取决于旅游者的购买欲望,而旅游者购买欲望又与外界的刺激、诱导密不可分。景区促销正是针对这一特点,通过各种传播方式把景区产品有关信息传递给旅游者,以激发其购买欲望,使其产生购买行为。

2. 景区促销组合的概念

景区进行产品促销有时要迎合偏好,重点突破;有时又要采取漫天撒网,实施地毯式轰炸!景区促销手段主要包括人员促销和非人员促销两类。人员促销,亦称直接促销或人员推销,是景区运用推销人员向旅游者推销景区产品的一种促销活动,它主要适合于旅游者数量少、比较集中的情况下进行促销。非人员促销,又称间接促销或非人员推销,是景区通过一定的媒体传递景区产品等有关信息。以促使消费者产生购买欲望、发生购买行为的一系列促销活动,包括广告、公关和营业推广等,它适合于旅游者数量多、比较分散的情况下进行促销。

由于各种促销方式都有其优点和缺点,在促销过程中,景区常常将多种促销方式同时并用。所谓促销组合,就是景区根据产品的特点和营销目标,综合各种影响因素,对各种不同促销手段的组合和搭配。促销组合是促销策略的前提,在促销组合的基础上,才能制定相应的促销策略。因此,促销策略也称促销组合策略。针对不同的市场,其促销组合策略也有所不同。

(二)景区营销信息沟通的过程

1. 确定目标群体

营销信息的传播者必须一开始就要在心中有明确的目标群体,目标群体可能是景区产品的潜在购买者、现有购买者、购买决策者和影响者,可能是个人、小组、特殊公众或一般公众。目标群体将会极大地影响信息传播者的决策,如准备说什么、如何说、什么时候说、在什么地方说、谁来说等。

2. 确定信息传播所要达到的目标

当确认了目标市场群体及其特点后，景区营销信息传播者必须确定寻求什么样的反应，需要知道如何把目标群体所处的位置推向更高的准备购买阶段。营销人员可能要寻求目标群体的认知、感情和行为反应；换言之，营销人员要向旅游者头脑里灌输某些东西来改变旅游者的态度，或者使旅游者产生购买行为。

3. 设计信息

期望群体的反应明确以后，信息传播者就应进而设计制定有效的信息。最理想状态下，信息应能引起注意，提起兴趣，唤起欲望，导致行动。制定信息一般需要解决四个问题：叙述什么（信息内容）、如何合乎逻辑地叙述（信息结构）、以什么符号进行叙述（信息格式）及谁来叙述（信息源）。

4. 选择传播渠道

信息传播者必须选择有效的信息传播渠道来传递信息。信息传播渠道可分为两大类：

一类是人员的信息传播渠道，包括两个或更多人相互之间直接进行信息传播。人员信息传播渠道由提倡者渠道、专家渠道及社会渠道组成。景区可以采取的刺激人员影响渠道的措施有：确定有影响力的个人和景区，向他们提供额外工作；以优惠条件提供某些意见带头人；通过有影响的社会团体进行工作，如节目主持人等；在广告中使用有影响的人物所写的见证广告；采用具有较高“谈论价值”的广告；发展口碑渠道来建立业务；建立电子论坛等。

另一类是非人员信息传播渠道，包括媒体、气氛和事件。大众信息传播通过两步法的信息流程来影响人们的态度和行为：概念常常从电台和印刷物映入意见带头人的脑中；再由此映入较少主动性的那部分人的脑中。

5. 编制景区促销预算

景区面临的最困难的营销决策之一，是在景区促销方面应投入多少费用。其常用方法有。

（1）量入为出法

在估量本景区所能承担的能力后再安排景区促销预算。

（2）销售百分比法

以一个特定的销售或销售价（现行或预测）百分比来安排他们的景区促销费用。

（3）竞争对等法

按部分对手的大致费用来决定自己的景区促销费用。

(4)目标和任务法

经营人员要明确自己特定的目标,确定达到这一目标而必须完成的任务以及完成这些任务所需要的费用。

6. 决定景区促销组合

景区面临着把总的景区促销预算分摊到广告、销售促进、直接营销、公共关系和销售队伍等景区促销工具上去的任务。同时,景区在设计景区促销组合时,也要考虑诸多因素:一方面是景区促销工具:广告、销售促进、公共关系与宣传、人员推销与直接营销。另一方面要确定景区促销组合应考虑的因素:景区产品市场类型、采用推动还是拉引战略、消费者购买行为阶段、景区产品在景区产品生命周期中所处的阶段、景区的市场地位等。

7. 衡量景区促销成果

景区促销计划贯彻执行后,信息传播者必须衡量它对目标受众的影响。其主要方式是询问目标受众及收集受众反应的行为数据。

8. 管理和协调整合营销传播过程

对以上环节进行动态的综合分析和监控,不断进行反馈和调整优化,以实现最佳结果。

二、人员推销策略

(一)人员推销概念

景区通过派出销售人员,与一个或一个以上可能成为购买者的人交谈,做口头陈述,以推销旅游产品,促进和扩大销售。在人员推销活动中,推销人员、推销对象和推销品是三个基本要素。其中前两者是推销活动的主体,后者是推销活动的客体。景区人员推销过程中,推销人员是景区与旅游者之间沟通的桥梁,也是景区的代表和象征,推销人员的工作任务就是要为景区创造满意的销售额,培养与中间商和旅游者的感情联系,并收集一切与景区营销相关联的市场信息。

(二)人员推销的内容

1. 人员推销的特点

人员推销与非人员推销相比,既有优点又有缺点,其优点表现在四个方面:其一,有利于实现景区营销工作人员与旅游者之间更加有效的双向沟通;其二,人员推销的反应更加及时,推销人员可以根据当时消费者的反应直接做出回应;其三,人员推销在展开营销后具体运作的弹性较大,推销人员可以根据顾客的特点选择不同的推销方式;其四,人员推销的目的性更强,这是由于人员推销需要面对面与顾客进行沟通,所以在覆盖面上会有一定的局限性,因此必须要更有针对性地开展促销活动。人员推销的缺点主要在于其成本一般都比较高。

2.优秀推销人员必备的素质

人员推销是一个综合的复杂的过程。它既是信息沟通过程,也是商品交换过程,又是技术服务过程。推销人员的素质,决定了人员推销活动的成败。推销人员一般应具备如下素质:精力异常充沛;充满自信;态度热忱,勇于进取;求知欲强,知识广博;文明礼貌,善于表达;富于应变,技巧娴熟。

3.销售员的类型

(1)事不关己型

推销员无明确工作目的,缺乏强烈的成就感,对旅游者的实际需要漠不关心,对景区的经营业绩也不在乎。

(2)顾客导向型

只知道关心旅游者,不关心景区的销售状况,十分重视推销工作中的人际关系,自认为是顾客的好朋友。处处顺着旅游者的心意,与旅游者保持良好的主顾关系。他们把建立和保持良好的人际关系作为自己推销工作的首要目标,为达此目标,可以不考虑推销工作本身的效果。

(3)强力推销型

只关心推销效果,不管旅游者的实际需要和购买心理。

(4)推销技术型

既不一味取悦于顾客,也不一味地强行向旅游者推销,往往采用一种比较可行的推销战术,稳扎稳打,力求成交。

(5)解决问题型

比较了解旅游者,既知道所推销的东西有何用途,也知道顾客到底需要什么样的东西;工作既积极主动,又不强加于人。善于研究旅游者的消费心理,能够发现旅游者的真实需求,然后展开有针对性的推销。

4.推销人员的激励

人员激励是增强推销人员积极性的主要途径,激励的方式也是千变万化的,而每一种激励方式对于每个人的激励作用又是各不相同的。但目前景区所采用的激励方式无外乎就是物质激励和精神激励,当然这也是笼统的一种划分。对于营销人员的物质激励方式主要有佣金制度、销售竞赛(金钱、奖品)等;精神激励方式则主要有奖牌、荣誉称号、颁奖(发新闻)、VIP俱乐部等。

(三)人员推销的形式、对象与策略

1. 人员推销的基本形式

一般说来,人员推销有以下三种基本形式:

(1)上门推销

上门推销是最常见的人员推销形式。它是由景区推销人员携带景区产品的宣传工具以推销景区产品,在景区营销过程中一般较少采用这种形式。

(2)柜台推销

又称门市推销,是指景区在适当地点设置固定的门市,通过门市推销景区产品。

(3)会议推销

指景区利用各种会议向与会人员宣传和介绍景区旅游产品的一种推销方式。

2. 人员推销的推销对象

推销对象是人员推销活动中接受推销的主体,是推销人员说服的对象。景区推销对象一般分为旅游者个人、旅游者团体和旅游中间商三类。

3. 人员推销的基本策略

(1)试探性策略

试探性策略是在景区推销人员对旅游者不是很了解的情况下,运用刺激性手段引发顾客产生购买行为的策略。推销人员事先设计好能引起顾客兴趣、能刺激顾客购买欲望的推销语言,通过渗透性交谈进行刺激,然后根据其反应采取相应的对策,诱发购买动机,引导产生旅游购买行为。

(2)针对性策略

景区推销人员在基本了解旅游者某些情况的前提下,有针对性地对其进行宣传、介绍,以引起顾客的兴趣和好感,从而达到成交的目的。

(3)诱导性策略

诱导性策略是一种创造性推销策略,它对推销人员要求较高,要求推销人员能因势利导,诱发、唤起顾客的需求,并能不失时机地宣传介绍和推荐所推销的产品。

三、广告促销策略

"广告"一词源于拉丁语,有"注意""诱导"之意。广告作为一种传递信息的

方式，它在景区促销活动中占有重要的地位。景区广告是由景区或景区管理部门发起的，通过向媒体公开支付费用，以非人员的任何形式，进行景区旅游项目和景区形象等向公众传达的过程。广告促销一般包括广告目标的确定、广告的预算决策、广告的媒体选择和广告效果评价等内容。

（一）广告目标的确定

1. 通知性广告

主要用于一种景区产品的开拓阶段，其目的在于促发初级需求。由于新开发的旅游景区缺乏知名度，旅游者对其缺乏了解，所以应该着重介绍新开发的旅游景区的资源特色，旅游产品能够满足旅游者的哪些需求，旅游产品的独特卖点在哪里，有哪些是比较新的旅游项目等，以此来激发旅游者的消费欲望。

2. 说服性广告

在竞争阶段十分重要。这里，景区的目的在于建立对某一特定品牌的选择性需求。大多数广告属于这一类型。这种广告应着重介绍景区旅游资源和旅游项目的主要功能、价格以及旅游景区的知名度，以此提高景区的声誉并吸引更多的旅游者。

3. 提醒性广告

在景区产品的成熟期十分重要，目的是保持旅游者对景区产品的记忆。景区进入成熟期后，市场竞争更加激烈，旅游者开始出现比较严重的分流现象，这时，景区的广告宣传应突出景区旅游资源、旅游项目的差异性，着重介绍景区旅游项目的特色、长处、优越性和价格对比优势，以刺激旅游者的选择性需求，开拓和挖掘现实和潜在的旅游市场需求。

（二）广告的预算决策

广告预算决策是确定景区在广告促销策略实施过程中的总花费。它应该重点考虑以下一些相关因素：

1）考虑景区产品生命周期阶段。新景区产品一般需花费大量广告预算以便建立知晓度和取得旅游者的认同。

2）考虑市场份额和旅游市场基础。市场份额高的景区，只求维持其市场份额，因此其广告预算在销售额中所占的百分比通常较低。而通过增加市场销售或从竞争者手中夺取份额来提高市场份额，则需要大量的广告费用。

3）考虑竞争与干扰。在一个有很多竞争者和广告开支很大的市场上，景区必须大力宣扬，以便高过市场的干扰声使人们听见。

4）考虑广告频率。把景区信息传达到顾客需要的重复次数，也会决定广告预算的大小。

5）景区产品替代性。在同一市场中，如果景区之间的差异性较小，就需要做大量广告，以树立有差别的形象。当景区可提供独特的旅游产品时，广告也有重要的作用。

（三）广告的媒体决策

景区广告决策是为景区的广告信息选择适当的载体和工具。它主要包括以下内容：广告信息的选择；决定预期的接触面、频率和影响；选择主要媒体类型；选择具体传播媒介工具；决定传播时间和决定地理媒体的分配。

（1）广告信息的选择

广告活动的有效性远比广告花费的金额更为重要。一个广告只有获得注意才能增加景区的知名度。景区广告信息的内容主要包括：广告信息的产生；广告信息的评价和选择；广告信息的表达；广告信息的社会责任观点。

（2）决定触及面、频率和影响

媒体选择就是有关寻找向目标市场群体传达预期展露次数的成本效益最佳的途径问题。

（3）在主要的媒体类型中选择

景区必须了解各类主要媒体在触及面、频率和影响等方面所具备的能力。

（4）选择具体的媒体工具

媒体计划者要选择一个具体的成本效益最佳的媒体工具。媒体计划者在如此众多的媒体种类中如何选择呢？对目标受众群体的规模有几种可行的衡量尺度：其一，发行量——登载广告的实体物体的数量；其二，目标受众：接触到媒体的人数；其三有效目标受众——接触媒体的具有目标特点的目标受众人数；其四接触广告的有效目标受众——实际看到广告的具有目标特点的人们。

（5）决定媒体时间安排

为了决策应用哪种媒体，广告主要面临着一个总体安排问题和一个具体安排问题。总体安排问题必须决定如何根据季节变化和预期的经济发展来安排全年的广告。最有效的形式取决于景区产品性质、目标顾客、分配渠道以及其他与营销因素有关的广告传播目标。

（6）决定在地理位置上的媒体分配

景区在决策怎样分配它的广告预算时，必须考虑空间和时间问题。

（四）广告效果评价

良好的广告计划和控制在很大程度上取决于对广告效果的衡量。一个好的广告，一般要遵循真实性、社会性、针对性和艺术性等原则。

四、销售促进策略

景区销售促进包括各种多数属于短期性的刺激工具，用以刺激旅游者或旅行社较迅速地购买景区产品和服务。它是与人员推销、广告、公共关系相并列的四种促销方式之一，是构成景区促销组合的一个重要方面。

（一）销售促进的主要决策

1. 确定景区促销目标

景区销售促进的具体目标一定要根据目标市场类型的变化而变化。就旅游者而言，目标是鼓励旅游者更多地购买景区产品；就旅行社而言，目标是吸引和鼓励旅行社在旅游淡季销售景区产品，抵消竞争性的旅行社促销影响，建立旅行社的品牌忠诚；就销售队伍而言，目标是鼓励他们在淡季大力推销景区产品。

2. 选择景区促销工具

许多景区促销工具可用以实现这些目标。景区促销计划者应该把市场的类型、景区促销目标、竞争情况以及每一种景区促销工具的成本效益考虑进去。

（1）用于旅游者市场的销售促进工具

在景区营销实践中，用于旅游者的销售促进工具一般有门票优惠、部分免费、普遍免费和馈赠等。门票优惠就是景区在一些特殊的时间段或者景区举办特殊的活动时采取的让利销售的一种形式；部分免费包括了对旅游者中部分特殊群体免费和在部分旅游项目上实行免费；普遍免费一般出现在新开发的景区，他们主要是为了尽快扩大景区影响，迅速打开市场而在一定时间段对所有旅游者实行的免费措施；馈赠则是当旅游者购买景区产品以后，景区赠予其一定价值的物品予以鼓励。

（2）用于中间商的销售促进工具

景区为了取得中间商的合作，一般会采取购买折让、广告宣传折让、推销费用等销售促进工具。购买折让是景区给予中间商一定金额的折扣以鼓励中间商购买的方法；广告宣传折让是景区针对中间商为景区所做的宣传推广的费用补偿，以刺激中间商宣传景区产品的积极性；推销费用是景区对部分推销景区产品业绩比较突出的中间商所给予的奖励。

(3)用于推销人员的销售促进工具

对推销人员大多是采用销售提成,有些是通过举行销售竞赛对优胜者给予一定的奖励,还有些则是为推销人员提供学习培训的机会作为对其业绩的奖励。

(二)制定景区销售促进方案

1.确定所提供刺激的大小

销售促进的关键就是利用各种刺激的手段对消费者和相关的能刺激消费者消费的群体进行奖励,以提高景区产品销售和景区收益。因此,刺激的大小就显得尤为重要,销售促进必须要有一定的刺激才能使促销活动引起足够的注意并取得预计的效果。但也并不是说刺激越大越好,它还要考虑景区的营销成本问题,考虑因促销活动造成的游客过多可能对景区带来的环境承载力问题,以及当刺激超过一定限度以后,这种刺激所引起的销售增加可能就没有那么明显了。

刺激一定要适度,要通过促销费用与销售量增加的关系的分析确定一个最佳的奖励程度。

2.选择一个分发的途径

首先是确定所要实施的销售促进策略是针对哪些群体的,销售促进不可能面面俱到,一般应该选择那些对景区销售量的提供有比较重要营销的消费群体。另外,就是如何将拟订的景区销售促进方案向目标消费群体贯彻,每一种传递方式的覆盖面和成本都是有所不同的,景区营销人员要根据销售促进的目标确定最合适的分发途径。

3.决定景区促销的持续时间

景区促销持续的时间长短一般要根据景区促销的目标、旅游者的购买习惯、竞争者策略等因素来确定。如果促销持续时间太短,就不利于旅游者实施购买计划,如果持续时间太长,旅游者就可能认为是长期降价,从而使促销失去作用,甚至使旅游者对景区产品质量产生怀疑,适得其反。

4.决定景区促销时机

通常由景区营销部门根据景区的整体营销战略选择促销时机。

5.确定景区促销总预算

景区促销总预算主要还是根据景区促销活动的内容、所使用的销售促进方式以及相应的成本费用来确定。当然,还要考虑景区整个营销活动的成本效益问题。

(三)实施和控制销售促进方案

促销方案确定以后,要预试销售促进方案,并对其做出评价,确定所制定的促销方案是否可行,其实际效果如何。在这个过程中,如果发现促销方案内容的某个方面或是执行促销方案的某个环节存在问题,就要对其进行相应的调整,然后再进一步实施,这种过程要周而复始地进行。一旦在后面实施的过程中再出现其他问题,仍然要及时做出调整。

五、公共关系策略

在市场经济条件下,景区间的竞争非常激烈,景区要想在市场竞争中取胜,除了要依靠资源竞争、产品质量竞争、价格竞争和服务竞争等手段以外,还要依靠信息竞争。谁能在公众中取得良好的信誉,谁就能获得竞争的主动权。景区必须通过公共关系,树立其良好形象和信誉,大力提高景区及其产品品牌的知名度,赢得社会公众的赞许。

(一)公共关系的概念与内涵

公共关系是景区在进行景区市场营销活动过程中正确处理景区与社会公众的关系,通过树立良好的景区形象促进景区产品销售的活动过程。公众是任何一组群体,它对景区达到其目标的能力具有实际的或潜在的兴趣或影响力,因此,景区公共关系策略的覆盖面也比较广,有利于改善景区景点的形象、拓展市场空间、提高景区的美誉度并最终达到促销的目的。公共关系是一种社会关系,但又不同于一般社会关系。公共关系的内涵主要表现在以下几方面。

(1)公共关系是景区与相关社会公众之间的相互关系

1)公关活动的主体是景区。

2)公关活动的对象,既包括景区外部的顾客、竞争者、新闻界、金融界、政府各有关部门及其他社会公众,又包括景区内部职工、股东。这些对象构成了景区公关活动的客体。景区与公关对象关系的好坏直接或间接地影响景区的发展。

3)公共关系是景区与其相关的社会公众之间的一种信息交流活动。公关活动能沟通景区上下、内外的信息,建立相互间的理解、信任与支持,协调和改善景区的社会关系环境。

4)公关活动的媒介是各种信息沟通工具和大众传播渠道。作为公关主体的景区,借此与客体进行沟通和联系。

(2)景区公共关系的目标是创造良好的景区形象和社会声誉

一个景区的形象和声誉是其无形的财富。良好的形象和声誉是景区富有生命力的表现,也是景区进行公共关系促销的真正目的。

(3)公共关系活动应以真诚合作、平等互利、共同发展为基本原则

公共关系以一定的利益关系为基础,这就决定了景区与公关客体之间必须有诚意,平等互利,并且要协调、兼顾景区利益和公众利益。这样,才能满足双方的需求,以维护和发展良好的关系。

(4)公共关系是一种长期活动

公共关系的效果不是急功近利的短期行为所能达到的,景区需要连续的、有计划的努力,并着眼于景区长远的发展。

(二)公共关系的作用

公共关系是一门经营管理的艺术,是一项与景区生存发展密切相关的事业。其作用主要表现在以下几个方面。

1. 协助景区产品定位及开发

景区开发新产品之前首先要进行市场需求调查。公共关系的"信息"功能在这一阶段经常能发挥重要的作用,景区的公关人员常常能为新产品的开发工作提供许多有益而且及时的建议。同时这种"信息"功能,对于协助成熟期景区产品的再定位、保护已出现公众问题的景区产品等也具有重要的参考价值。

2. 影响特定的目标群体

景区营销人员往往过于相信和依靠广告的力量,但是这样的推销常常并不能取得理想的效果。大多数情况下,消费者只有对景区产品有了足够了解之后才会对推销产生反映。而公共关系在市场宣传教育方面所起的作用,主要就是要把公众的不良反映转变为良好的印象。在市场营销活动中,特别是在新产品刚刚打入市场的时候,有计划的、带有公关性质的市场宣传活动常常比昂贵的广告要有效得多。一般情况下,景区市场宣传的方式通常是印刷一些精美的小册子免费送给消费者和经销商,或者是参加产品展览会等。

3. 建立有利于表现景区产品特点的景区形象

在景区产品形象和景区形象确定方面,公关部门一般都可以提出一些非常有价值的建议,他们是景区内部能够最清楚地了解景区形象可能产生的各种有利和不利影响的人。景区产品形象和景区形象的确定或改变,会在社会各方面产生影响,如景区员工、旅游者、中间商和新闻媒介等,这时就需要公关部门形成对这些影响的反馈,并努力处理好与各个方面之间可能出现的一些问题。而公关部门在这方面的经验和建议,对于景区的决策者和市场营销人员都有非常宝贵的意义。

4. 处理好与中间商的关系

景区营销中经常会出现这种情况:由于中间商对景区的产品缺乏了解、缺乏信心,所以在销售中也缺乏足够的热情。这对于产品的销售是极为不利的。因此,公关部门的重要目标和任务之一就是使中间商增加对景区产品知识的了解,增进对景区的理解,增强对景区和产品的信心。公关部门可以使用诸多公关手段,与中间商建立良好的合作关系。这些手段主要包括面向中间商的景区产品展览、及时向中间商提供产品信息资料以及参加中间商的促销活动等。

(三)公共关系的主要决策

1. 建立营销目标

公共关系对实现下述目标发挥重要作用:首先,树立景区的知名度和可信性。这是景区公共关系的主要任务之一,公关部门通过向社会宣传景区及景区的产品,积极参加社会公益活动,密切联系社会公众和团体,可以在社会上扩大景区的影响,提高景区产品的知名度,从而为景区树立良好的形象和信誉。其次,是联系社会各个方面并及时反馈有关信息。公共关系是景区联系社会的桥梁,景区通过公关部门与社会有关团体、政府部门、旅游消费者以及新闻媒体保持经常性的联系,听取他们的意见,密切与他们的联系,了解和掌握社会团体、舆论界及消费者对景区的认识、态度和反映,将这些情况综合整理,及时地向景区经营管理和决策人员提供准确的信息,这对于景区制订和调整市场营销计划、创造更好的产品和景区信誉将起到积极的促进作用。景区公关部门有时还要接待公众或旅游消费者的来访,听取他们对景区及产品的意见,解答他们的疑问,消除他们的不满。最后,景区还要通过营销公关进行景区公关活动方案的布置并向景区决策机构提供建议。景区公关活动是积极的、主动的、富有预见性和创造性的工作。它应根据景区的营销总目标,制定和布置公关活动方案,协调景区与社会各方面的关系。同时,还应在调查和分析公众舆论与态度的基础上,向景区的有关部门提供建设性意见,避免景区的某些行为引起公众的不满,损害景区的形象和信誉。

2. 选择公共信息和载体

景区目前所采用的公共信息和载体主要有新闻宣传、印刷品宣传、影视宣传和专题活动宣传,等等。

3. 执行营销公关计划

景区为了使社会公众充分地了解景区,提高景区及产品的社会知名度,赢得社会信任与合作,需要在景区公共关系计划的执行方面,着重宣传景区的宗旨、形象和经营方针，引导和更新人们的旅游消费观念，并使旅游消费者对景区及产品留下深刻的印象。公共关系计划在构思和制作中必须讲究技巧和艺术性。公共关系相对于其他促销手段高明的重要原因之一，就在于它通过巧妙的构思，通过与公众进行特殊的感情交流，使社会大众在不知不觉中心甘情愿地对景区及其产品产生一种好感，从而吸引更多的旅游消费者购买本景区的产品。

4. 评估公共关系的效果

由于公共关系常与其他景区促销工具一起使用，故其使用效果很重要。公共关系最常用的三种衡量方法是展露度、知名度及销售额和利润贡献。

案例1-10

金石滩是国内知名的国家级旅游度假区。1992 年经国务院批准，金石滩成为全国 12 个国家旅游度假区之一，经过 10 多年的开发建设，金石滩发展成为具有一定特色和影响力的旅游品牌，2003 年接待游客 200 多万人次。金石滩的成功与其有声有色的促销活动分不开。

其一，金石滩非常注重与各方力量合作，抓住机会，举办大型节庆活动带动销售。金石滩举办的“2003 快轨金石旅游年”系列活动，每到周末，到金石滩赏石、观海、登山、游泳，成了一些市民的习惯。其推出的快轨套票、免费午餐等也有很大的吸引力。在举办各项活动时，金石滩非常注重自我宣传，金石发展公司与大连晚报社合作，推出“2004 华文溢彩金石滩”游记大奖赛活动，征集以金石滩的自然和人文景观为主题背景的游记作品，活动时间长(9 个月)，评比方式巧妙(分为周评、月评、年评)，活动影响大(大连晚报社负责征集稿件，每周一次在《大连晚报·大旅游》专刊上刊登不少于 2 篇优秀作品)，奖励方式与金石滩旅游相关(包括金石滩旅游套票、金石滩一日游、金石滩——水上人间两日游等)。在 2004 中国国内旅游交易会上，金石滩旅游度假区以促销沙滩文化节为主，现场发放沙滩节资料万余份，交换名片 500 余张。此外，还有香港艺人和大陆一线明星组成的豪华阵容出演以金石滩为题材的现代青春偶像剧——《金石滩的爱情童话》。

其二，金石滩的旅游主题定位顺应市场需求，既注重对外促销，也重视市民市场。2003 年 4 月，金石滩国家旅游度假区首次采用越野车队出征的新式旅游促销形式，全年出征 3 次，分赴山东、河南、河北及京津、东北等地，行程万里，采用新闻发布、过市“招摇”、广场促销和登门拜访等形式开展逐城逐市地毯式促销，取得了丰硕的成果，万里征程带回游客 10 万余人。2004 年又开展了新一轮“金石滩旅游促销万里行”，开赴山东烟台、济南，河南郑州、开封、洛阳，河北保定、石家庄及天津等地宣传促销金石滩乃至大连旅游，沿途推广形象，并销售旅游套票。与此同时，金石滩根据统计发现，度假区2003年接待的200多万游客中，有半数以上是本市市民，而以家庭为单位的游客已超过全年游客总数的15%，自助式、小团队、个性化的“家庭游”正在逐步代替大规模团队式旅游成为市场主体。为了顺应这种发展趋势，金石滩将2004旅游主题定位为“健身休闲游度假年”，在大型节庆活动中，也将“家庭型”“市民化”活动作为主体。

其三，金石滩的公关宣传活动层出不穷。金石滩推出许多优惠活动，如优惠月，六一儿童免费参观等，并由此获得媒体宣传机会。“非典”期间，汽车公司、旅行社联合金石滩旅游发展公司组织了一场免费“乘坐奔驰大巴，畅游金石风光”的一日游大型公益活动，凡从事抗非典一线工作的医务工作者及其直系亲属、2002年至今市级以上劳模、“五一”劳动奖章获得者及其直系亲属、公安战线干警及其直系亲属、2003年参加高考的高中应届毕业生都可报名参加。

分析提示

景区景点促销工具多种多样，关键在于灵活运用。金石滩根据景区的特色以及市场环境的特征，组织了丰富多彩的促销活动。金石滩首次采用越野车队出征的旅游促销形式，以“新”吸引媒体和游客的关注，取得了丰硕的成果。此外，公众是健忘的，不要以为宣传一次就可以一劳永逸，只有不断唤起公众对景区景点的感知，才能不断获得游客。从上述案例中还可以看出，金石滩虽然运用了多种促销工具，开展了多种促销活动，但其宣传金石滩旅游的主题是非常鲜明的。

案例思考

金石滩旅游度假区在促销过程中运用了哪些促销工具？分析金石滩旅游度假区选择这些促销工具的原因。

计划、决策与实施

学习情境一	旅游景区营销与策划
工作任务3	旅游景区产品促销
学生行为	各小组按教师的要求，制订完成任务的工作计划及任务分配方案，讨论计划的科学合理性，完善和做出最终决策；通过阅读知识链接内容，查阅其他相关资料，完成工作任务
教师行为	督导学生分组讨论，审核工作计划，提出修改建议，回答学生提问，引导学生做出正确的决策，对学生任务的完成进行全程督导，观察各小组在完成任务过程中的表现

续 表

<table>
<tr><td rowspan="11">计划、决策与实施</td><td>序号</td><td colspan="2">实施步骤</td><td colspan="2">使用资源</td></tr>
<tr><td>1</td><td colspan="2"></td><td colspan="2"></td></tr>
<tr><td>2</td><td colspan="2"></td><td colspan="2"></td></tr>
<tr><td>3</td><td colspan="2"></td><td colspan="2"></td></tr>
<tr><td>4</td><td colspan="2"></td><td colspan="2"></td></tr>
<tr><td>5</td><td colspan="2"></td><td colspan="2"></td></tr>
<tr><td>6</td><td colspan="2"></td><td colspan="2"></td></tr>
<tr><td>7</td><td colspan="2"></td><td colspan="2"></td></tr>
<tr><td>8</td><td colspan="2"></td><td colspan="2"></td></tr>
<tr><td>9</td><td colspan="2"></td><td colspan="2"></td></tr>
<tr><td>10</td><td colspan="2"></td><td colspan="2"></td></tr>
<tr><td>组长签字</td><td colspan="3"></td><td>组　别</td><td></td></tr>
<tr><td>教师签字</td><td colspan="3"></td><td>日　期</td><td></td></tr>
</table>

检查、评价与反馈

<table>
<tr><td>学习情境一</td><td colspan="5">旅游景区营销与策划</td></tr>
<tr><td>工作任务3</td><td colspan="5">旅游景区产品促销</td></tr>
<tr><td>教师行为</td><td colspan="5">听取学生成果汇报，检查学生学习任务的完成情况，并指出不足及修改建议，对学生的学习表现进行评价，通过学生的教学反馈意见总结本次教学中存在的问题，制定工作改进计划。</td></tr>
<tr><td>学生行为</td><td colspan="5">1. 对工作任务完成情况进行检查和反思，填写检查单
2. 把学习成果制作成PPT进行汇报，总结学习中的收获与体会，进行自我评价，并对本小组的成员表现逐一进行评价，填写评价单和教学反馈单</td></tr>
<tr><td rowspan="9">检查</td><td>序号</td><td>检查项目</td><td>检查标准</td><td>学生自检</td><td>教师检查</td></tr>
<tr><td>1</td><td>目标认知</td><td>工作目标明确，工作计划周密，具有可操作性</td><td></td><td></td></tr>
<tr><td>2</td><td>理论知识</td><td>基础理论知识的全面掌握</td><td></td><td></td></tr>
<tr><td>3</td><td>基本技能</td><td>能够运用基本的理论进行实践思考、分析、解决问题</td><td></td><td></td></tr>
<tr><td>4</td><td>学习能力</td><td>能在教师指导下，全面掌握相关知识和技能</td><td></td><td></td></tr>
<tr><td>5</td><td>工作态度</td><td>主动参与，积极完成工作任务</td><td></td><td></td></tr>
<tr><td>6</td><td>团队合作</td><td>积极与他人合作，共同完成任务</td><td></td><td></td></tr>
<tr><td>7</td><td>工具运用</td><td>熟练利用资料自学，利用网络进行资料查询</td><td></td><td></td></tr>
<tr><td>8</td><td>任务完成</td><td>保质保量完成任务</td><td></td><td></td></tr>
</table>

续 表

<table>
<tr><td rowspan="20">评价</td><td>评价类别</td><td>项目</td><td>子项目</td><td>个人评价(30%)</td><td>组内互评(30%)</td><td>教师评价(40%)</td></tr>
<tr><td rowspan="13">专业能力(60%)</td><td rowspan="2">资讯(10%)</td><td>搜集信息(5%)</td><td></td><td></td><td></td></tr>
<tr><td>引导问题回答(5%)</td><td></td><td></td><td></td></tr>
<tr><td rowspan="2">计划(10%)</td><td>计划可执行性(5%)</td><td></td><td></td><td></td></tr>
<tr><td>资源的安排合理(5%)</td><td></td><td></td><td></td></tr>
<tr><td rowspan="4">实施(15%)</td><td>工作步骤执行情况(3%)</td><td></td><td></td><td></td></tr>
<tr><td>可交付成果的完成(5%)</td><td></td><td></td><td></td></tr>
<tr><td>可交付成果完成质量(5%)</td><td></td><td></td><td></td></tr>
<tr><td>工作效率(2%)</td><td></td><td></td><td></td></tr>
<tr><td rowspan="2">检查(10%)</td><td>全面性、准确性(5%)</td><td></td><td></td><td></td></tr>
<tr><td>创新性、可行性(5%)</td><td></td><td></td><td></td></tr>
<tr><td rowspan="2">过程(5%)</td><td>过程规范性(3%)</td><td></td><td></td><td></td></tr>
<tr><td>反思与调控水平(2%)</td><td></td><td></td><td></td></tr>
<tr><td>结果(10%)</td><td>结果质量(10%)</td><td></td><td></td><td></td></tr>
<tr><td rowspan="4">社会能力(20%)</td><td rowspan="2">团结协作(10%)</td><td>对小组的贡献(5%)</td><td></td><td></td><td></td></tr>
<tr><td>小组合作配合情况(5%)</td><td></td><td></td><td></td></tr>
<tr><td rowspan="2">敬业精神(10%)</td><td>吃苦耐劳精神(5%)</td><td></td><td></td><td></td></tr>
<tr><td>学习纪律性(5%)</td><td></td><td></td><td></td></tr>
<tr><td rowspan="2">决策能力(20%)</td><td>计划能力(10%)</td><td>考虑全面、细致有序(10%)</td><td></td><td></td><td></td></tr>
<tr><td>决策能力(10%)</td><td>决策果断、选择合理(10%)</td><td></td><td></td><td></td></tr>
<tr><td>教学反馈</td><td colspan="6">你对本次学习的意见或建议:</td></tr>
<tr><td>组长签字</td><td colspan="3"></td><td>组 别</td><td colspan="2"></td></tr>
<tr><td>教师签字</td><td colspan="3"></td><td>日 期</td><td colspan="2"></td></tr>
</table>

学习情境二

旅游酒店营销与策划

情境描述

能够有效地将酒店的产品展示给宾客,并运用有关市场营销原理、方法及综合的营销组合手段,能够进行团队、散客、会议及长期租住四个旅游酒店市场的开发和拓展;能够利用关系市场营销和CRM的有关原理,做好客户关系管理工作,建立、保持并发展与客户的关系。

学习目标

专业能力目标:酒店企业环境分析的能力;熟悉酒店相关市场(顾客)的能力;开发不同市场(顾客)的能力;较强的市场拓展与销售能力;客户关系管理和客户服务能力;酒店促销策划与实施的能力。

方法能力目标:洞察和分析环境要素的能力;搜集、处理和运用市场信息的能力;SWOT方法分析能力;建立、维持并发展客户关系的能力。

社会能力目标:良好的职业道德及责任心,对企业忠诚;具有长远的、全局性的眼光,关注市场变化,提前把握商机;广泛、良好的人际关系;良好的沟通和语言表达能力;处理和谐人际关系的能力。

<<< 工作任务1 酒店产品有形要素展示 >>>

任务布置

学习情境二	旅游酒店营销与策划
工作任务1	酒店产品有形要素展示

续 表

<table>
<tr><td>学生行为</td><td colspan="2">学生在教师的引导下,明确学习任务及要求,分组学习知识链接的内容,并查阅相关资料和文献,找出资讯问题的答案,初步掌握学习内容</td></tr>
<tr><td>教师行为</td><td colspan="2">1. 教师向学生介绍工作任务的内容、要求、关键点及注意事项,引导学生熟悉工作任务内容,并随机对学生进行分组
2. 教师向学生讲解或引导学生学习资讯内容,并随时解答学生的相关问题</td></tr>
<tr><td>任务描述</td><td colspan="2">学生5~6人为一小组,各小组重点选择1~2家本地酒店进行现场观察,说明其有形展示的内容、作用并进行相应的点评</td></tr>
<tr><td rowspan="5">资讯</td><td rowspan="4">资讯问题</td><td>1. 酒店产品的概念</td></tr>
<tr><td>2. 酒店产品的特征</td></tr>
<tr><td>3. 酒店产品有形展示的要素包括哪些?</td></tr>
<tr><td>4. 有形要素展示在酒店营销中的作用?</td></tr>
<tr><td>资讯引导</td><td>以上资讯问题请查阅本书知识链接,同时参考以下书籍和网页:
1.《酒店营销与策划》伍剑琴主编,中国轻工业出版社,2011。
2.《酒店市场营销管理与实务》李伟清等编著,上海交通大学出版社,2010。
3.《旅游市场营销与策划理论、实务、案例、实训》李学芝,宋素红主编,东北财经大学出版社,2012。
4.《酒店服务与管理》郑向敏,谢朝武主编,机械工业出版社,2004。
5.《服务营销管理》安贺新主编,化学工业出版社,2011。
6. http://bbs.chinahotel.com/中国酒店论坛</td></tr>
</table>

知识链接

旅游酒店是给客人提供住宿和饮食的场所。具体地说,它是以一定的建筑物为依托,通过出售客房、餐饮及综合服务设施等酒店产品向客人提供服务,从而获得经济收益的组织。

一、酒店产品的概念

酒店产品是指宾客在酒店期间,酒店出售的能满足宾客需求的有形物品和无形服务的使用价值的总和。从酒店产品的整体观念来看,酒店产品的概念包含三个层次的含义。

(一)核心产品

酒店核心产品是酒店产品整体观念中最基本、最主要的部分,是指宾客从酒店中得到的最根本利益。这种根本利益表现在宾客在入住酒店过程中希望由酒店解决的各种基本问题，它是宾客需求的中心内容。

解决酒店核心产品这一问题时，要注意不同的宾客购买酒店产品所要解决的基本问题是不同的。如经济型和中低档商务客人对酒店的主要需求是便宜、清洁，而豪华和高档宾客追求的是舒适和享受。这是由于酒店经营管理者善于发现不同宾客对酒店核心产品的不同需求，才会出现各种不同类型、不同功能的酒店。

（二）形式产品

酒店形式产品是酒店产品的外在表现形式，它既可表现为实体产品，又可表现为无形的服务。酒店建筑、地理位置、周围环境、店内氛围、价格等均是形式产品。借助于形式产品，宾客可更直观、清晰地了解酒店产品核心利益所在。因此，在一定程度上，影响宾客购买的是形式产品。

酒店营销应利用形式产品突出酒店产品的特色，创造一种独特的气氛。如圣诞期间，酒店可以通过冬雪、圣诞老人、圣诞树、马车、袜袋、白雪公主等“形式产品”突出圣诞节酒店服务产品的核心利益，吸引顾客的注意。

（三）延伸产品

酒店延伸产品是指酒店在宾客购买实际产品和服务时所提供的附加利益。这种附加利益对宾客来说并不是必需的，但它能给宾客带来更多的实际利益和更大的心理满足。因此，酒店延伸产品体现着一种超值享受，对宾客购买实体产品和服务具有一定的影响力，如长住客奖励计划、免费停车场、机场班车等。

二、酒店产品的特征

酒店产品具有不同于一般产品的特征，主要包括以下方面。

（一）综合性

随着酒店业的发展，宾客需求日益多样化、个性化。从综合性特征角度出发，酒店应尽可能满足宾客不同时间、不同空间的多方面需求和物质、感官、心理等多方面的享受。因此，酒店不仅要为宾客提供食宿产品和服务，还要提供行、游、购、娱等多种产品和服务。

（二）季节性

旅游受季节、气候等自然条件和各国休假制度的影响较大。在国际上，各国的休假时间大多在夏季或秋季，因此酒店产品的销售具有明显的季节性。淡旺季宾客数量相差很大,造成宾客住店数量有大起大落的差异。

(三)同步性

同步性是指生产和消费的同步性。一般商品由生产到消费要经过商业各个流通环节才能到消费者手中。商品的生产过程与宾客的销售过程是分离的,宾客看到的和感受到的只是最终产品。所以,一般产品是先生产后消费,不受宾客即时需要的限制。而酒店出售的产品却不存在这样"独立"的生产过程,它要受宾客即时需要的制约,其生产和消费过程几乎是同步进行的。只有当宾客购买并在现场消费时,酒店的服务和设施相结合才能成为酒店产品。

(四)脆弱性

脆弱性也称敏感性。国家政局、经济发展、汇率变动、签证方式、自然灾害、社会安全等每个因素都能对旅游业和酒店业产生重大影响,从而使酒店产品的销售产生较大的波动,这就是酒店产品的脆弱性。

(五)无专利性

通常情况下,酒店无法为所创新的客房、餐饮以及服务方式申请专利,唯一能申请专利的是酒店的名称及标志。其结果是新产品及服务方式被竞相模仿,使创新者失去竞争优势,各酒店的产品趋于雷同,这就造成了一般宾客缺乏固定在一家酒店消费的动力。而且,顾客具有追新求异的消费心理,换一家新酒店可能会为宾客带来满足感。这就要求酒店管理者要充分理解宾客需求,在酒店过程中能够不断创新,保持酒店产品的竞争优势,提高宾客的品牌忠诚度。

(六)不可储存性

酒店产品具有不可储存性,即酒店产品如果在规定时间销售不出去,其产品价值就会丧失,并且永远无法弥补。这就要求酒店管理者必须十分关注酒店产品的使用率,运用灵活的价格策略,采取有效的激励手段和激励措施,扩大酒店产品的销售量,以获取更大的收益。

(七)对信息的依赖性

许多酒店的客源主要来自外地,甚至国外,因此酒店需要事先向宾客提供各种准确、及时的酒店信息,才有可能促进酒店产品的销售。酒店还应加强宣传,通过提高自己的形象和声誉,给每位来消费的宾客留下美好的回忆,创造良好的口碑。

（八）质量的不稳定性

酒店产品的质量很大程度上取决于服务人员为宾客提供的面对面服务的优劣，而人会有情绪波动，所以同一项服务，不同的人提供的服务质量会有不同。酒店管理者应通过制定并执行严格的质量标准，对员工进行职业培训，推行以人为中心的管理方式，通过培养良好的企业精神和激励员工士气等重要途径，稳定和提高酒店服务质量。

三、旅游酒店有形要素展示

酒店是一个集中为社会提供服务产品的公共场所，酒店提供的产品主要是服务，而服务是无形的，所以酒店通常会非常注重无形产品的质量，力求使客人有一个满意的消费经历。但从营销角度讲，有形产品是无形服务中不可或缺的，酒店产品中的有形要素能够给客人创造一种很强烈的价值感，快速强化酒店的市场地位，加深客人对酒店的认可。特别是当销售人员向一位不了解酒店的客户推销时，或者酒店接待初次入住的客人时，有形要素是决定酒店能否被客人选择的首要因素。因此，酒店的良性运作既依赖于服务员高效率的服务行为，同时又必须建立在酒店的物质设备的基础上。

（一）旅游酒店有形要素展示

1. 酒店的地理位置

被人们誉为酒店大师的美国酒店管理之父——埃尔斯沃思·密尔顿·斯塔特勒认为："对任何酒店来说，取得成功的三个最重要的因素是地点、地点、地点。"随着旅游业的飞速发展，处于优势地理位置的酒店在日趋激烈的市场竞争中会显示出较强的竞争力和影响力。地理位置不仅是酒店产品的一部分，而且对酒店经营成功与否起着十分重要的作用。一般来说，通常位于市中心的酒店给人的感觉是商务型酒店，而位于风景区的酒店会被认为是度假型酒店。酒店周围环境越繁华、交通越便利，就越能增强酒店的市场定位，对酒店的入住率、房价、餐饮销售等都会产生有利的影响。

2. 建筑风格

酒店建筑风格往往成为酒店最好的、重要的广告标志，在一定程度上代表着酒店的形象。同时，酒店建筑风格越来越多地被赋予了文化内涵，能够形成独特的审美空间，反映了旅游目的地的文明和当地的文化传统，现代旅游酒店的建筑本身往往就是旅游目的地景观中的一道靓丽的风景。因此,酒店建筑对酒店的经营有着至关重要的作用。同时,建筑主题鲜明,外观造型独具一格,有助于所在地建筑形象与所在地的历史、文化、自然环境相结合,恰到好处地表现和烘托其主题氛围,让来宾光临酒店时,有一种归宿感、自豪感和安全感。

3. 助销产品

酒店为客人在提供主要产品(服务)的同时,还有一些助销产品也在向客人传递着酒店的品质信息。例如大堂饼屋的蛋糕陈列、印制精美的酒店宣传资料、赠送客人的礼品、公共区域的标识牌等。

4. 服务环境

服务环境是有形产品的派生物,它是由有形产品发生综合作用而形成的一种感受。比如空间的温度、湿度,周围的声音、气味,环境的整洁度,顾客和服务人员的数量、外表、行为等都决定着客人是否愿意在此逗留。

5. 价格

价格是酒店营销活动中重要的组成部分,价格的高低直接影响着顾客对酒店的认知和选择。因为价格提供了酒店档次和质量的信息,高价位能提高顾客对产品和服务的信任感和期望值,低价位会使顾客怀疑服务的水准和降低感觉中的服务价值。

6. 酒店员工

酒店服务质量的核心因素是“人”。具备专业服务素质且对酒店满意度高的“人”(酒店员工)服务于酒店的顾客就会产生“顾客满意度”。例如,训练有素的餐厅服务员、仪表端庄的接待人员、稳重而彬彬有礼的管理人员等都会给顾客营造一种可信度高的氛围。

7. 顾客

定位于商务型的酒店,若接待大量的旅游团队,必使商务客人感觉不适;以接待外宾为主的酒店,若同时接待大量的会议人员,就会导致高档客人流失。

8. 服务设备

现代酒店为适应人们日益增长的需求,已不再是仅仅提供住宿的场所,而是从衣、食、住、行,视听娱乐,到运动健身、商务购物、医疗美容等应有尽有,设备设施日趋完善。一个现代化的酒店设备设施费用已占总价的1/3还多,如商务中心、贵重物品寄存处、健身室及各种健身设备和器材、桑拿浴、按摩室及各种配套设施、酒店的接待用车、大堂的行李车、餐厅的桌椅等都为客人推测酒店的档次和质量提供了证据。

9. **装饰布置**

酒店装饰布置包括室内外装饰、陈设和环境绿化等诸多方面。如照明的确定和灯具的布置，家具的配备、选择和摆放，帘幔的配置和管理，地毯及其他装饰织物的铺放，室内观赏品、绿化饰品的陈设等。酒店装饰布置除了以上基本内容外，还有许多应变性的成分，如宴会布置、节庆布置、广告宣传等。随着旅游业的发展、酒店设施的不断更新和人们对生活服务要求的不断提高，酒店装饰布置越发显示出它的重要性，如装饰典雅别致的大堂酒吧会促进客人的消费，温馨典雅并有着宽大床垫的客房能提高客人的回头率入住等。

10. **店徽、商标**

酒店店徽、商标能够将本酒店与竞争对手区别开来，使客人联想到其服务特色，刺激客人的购买欲望，提高酒店的营销效果。例如有着"你今天对客人微笑了吗"座右铭的美国旅馆业巨头希尔顿酒店，其在国际旅游消费者眼里是首选的酒店。

（二）有形要素在酒店营销中的作用

在酒店营销中，应切实做好有形要素的管理工作，以便能有效地向客人传递产品信息，吸引目标客源。

1. **塑造酒店优秀的市场形象**

酒店通过巧妙地使用各种有形要素展示，向客人生动、具体地宣传了自己的形象，为塑造酒店优秀的市场形象奠定了坚实的基础。

2. **为客人营造美好享受的氛围**

酒店优美的建筑物艺术风格和建筑物内部装饰布置，会给予客人某种特殊的美感；酒店良好的服务环境、服务设备、员工的仪表和服务态度等使客人享受到优质服务。

3. **给客人留下深刻的印象**

通过酒店有形要素的展示，能使客人尤其是初次入住的客人，根据酒店的有形要素来判断酒店的服务质量。因此，酒店应充分利用有形要素的展示使客人对酒店产生深刻的印象，进而提高回头率和形成口碑宣传。

4. **使客人信任酒店**

初次入住酒店的客人，在入住酒店之前很难全面了解酒店的服务质量，为促使客人入住，酒店应向客人进行有形要素展示，使客人更多地了解酒店的服务情况，增强对酒店的信任感。

5. **提高客人感觉中的服务质量**

在酒店为客人提供服务的过程中，客人不仅会根据酒店员工的行为，而且还会根据酒店各种有形要素的展示来评估酒店的服务质量。因此，酒店应做好每一项基本服务工作和有形要素展示的管理工作，为客人创造出良好的消费环境，提高客人感觉中的服务质量。

6. **促使酒店提供更优质的服务**

酒店通过有形要素的展示，不仅为客人创造良好的消费环境，而且也为员工创造良好的工作环境，使员工掌握更多的服务知识和更好的服务技能，满足客人的需求，为客人提供更优质的服务。

案例2-1

贵阳华美达神奇大酒店位于中国第一避暑胜地，同时也有着中国西南之“高原明珠”之称的贵州省——贵阳市，它是全球最大的国际酒店管理集团之一的华美达酒店集团旗下在贵州省的第一家连锁品牌酒店，并按国际酒店的硬件标准精心打造，是商务之需和会议活动的理想酒店。酒店坐落于交通便捷的北京路，距龙洞堡国际机场 12 公里，距火车站 7 公里，距娱乐购物中心步行仅 10 分钟。

酒店拥有精心打造的各式经典客房和套房，其中别具一格的日式套房、为女宾特设的女士房、商务行政楼层、无烟楼层以及省内独有的复式套房，是为顾客的不同需求而专设，不仅满足其对舒适和时尚的追求，还提供了最大限度的便利。酒店所有客房及套房均配有双层隔音窗、高速上网宽频接口、多频道卫星电视、国际/国内直拨电话、密码保险箱及迷你酒吧。华美达行政楼层设有专属的行政酒廊，其装修风格古朴典雅，以古典中国为基调并融入了优雅及时尚文化元素；其专业的服务团队为入住行政楼层的客人提供贴心服务，可以享受：快速办理入住及离店手续、免费享用欧式自助早餐、全天免费享用茶/咖啡；傍晚的欢乐时光还可免费享用饮料及开胃小点心。酒店除考虑到商务客人的需求外，也体贴休闲旅游的家族朋友，特别设有连通房，在家庭氛围中蕴涵了相对独立的私人领域。

环境优雅的奥罗马餐厅，拥有开放式厨房，儿童游戏房，并且聘请了经验丰富，厨艺精湛的厨师以创新的技法烹制色香味俱全的各种国际及亚洲美食！不论是菜单上令人目不暇接的美式烧烤，还是丰盛的欧式菜肴，或是随意的小点心，都令人回味悠长，津津乐道！

福满苑中餐厅采用精湛的技艺，专事传统粤式佳肴、海鲜美味，鱼翅，鲍鱼宴等，以及本地特色菜式及点心，令人流连忘返。

静溢典雅的露娜大堂酒廊是商务洽谈、休闲会友的最佳场所，供应特色咖啡、创意小食及果汁。

富有时尚风格的美食亭，面街的西饼店，每日提供款式多样新鲜的蛋糕和面包等。

贵阳华美达神奇大酒店有形要素分析如下：

(1)酒店的地理位置。贵阳华美达神奇大酒店位于中国第一避暑胜地贵阳，同时也位于有着中国西南之“高原明珠”之称的贵州省贵阳市云岩区的商业区，即贵阳市中心地区，给客人的感觉是商务型酒店。

(2)建筑风格华丽。像高耸入云的上海金茂凯悦大饭店、依山傍水、环境独特的杭州香格里拉饭店一样，都给人以豪华型酒店的印象。

(3)助销产品。如：大堂饼屋的蛋糕陈列，印制精美的酒店宣传资料，赠送客户的礼品，公共区域的标识牌等都在时时刻刻地向客人传递着酒店的品质信息。

(4)服务环境。服务环境是有形产品的派生物，它是有形产品综合作用而形成的一种感受，如空间的温度、湿度、周围的声音、气味、环境的整洁度，顾客和服务人员的数量、外表、行为等都决定着客人是否愿意在此逗留。

(5)价格。价格体现了酒店档次和质量的信息。高价格能提高客人对产品和服务的信任感和期望值，低价格会使客人怀疑服务的水准和降低感觉中的服务价值。

(6)酒店员工。训练有素的餐厅服务员、仪表端庄的接待人员、稳重而彬彬有礼的管理人员等都给客人营造了一种可信度。

(7)顾客。定位商务型的酒店，若接待大量的旅游团队，必使商务客人感觉不适；接待外宾为主的酒店，若同时接待近郊村办会议就会导致高档客人流失。

(8)服务设备。服务设备如酒店的接待用车，大堂的行李车等。

(9)装饰布置。装饰布置如装饰典雅别致的大堂酒吧会促进客人的消费，温馨典雅并有着宽大床垫的客房能提高客人的回头率。

(10)店徽、商标。能够将本酒店与竞争对手区别开来，使客人联想到其服务特色，刺激客人的消费欲望，提高酒店的营销效果。如麦当劳、肯德基的牌号给人提供了品质一致的市场形象。

计划、决策与实施

<table>
<tr><td>学习情境二</td><td colspan="4">旅游酒店营销与策划</td></tr>
<tr><td>工作任务1</td><td colspan="4">酒店产品有形要素展示</td></tr>
<tr><td>学生行为</td><td colspan="4">各小组按教师的要求,制订完成任务的工作计划及任务分配方案,讨论计划的科学合理性,完善和做出最终决策;通过阅读知识链接内容,查阅其他相关资料,完成工作任务</td></tr>
<tr><td>教师行为</td><td colspan="4">督导学生分组讨论,审核工作计划,提出修改建议,回答学生提问,引导学生做出正确的决策,对学生任务的完成进行全程督导,观察各小组在完成任务过程中的表现</td></tr>
<tr><td rowspan="11">计划、决策与实施</td><td>序号</td><td>实施步骤</td><td colspan="2">使用资源</td></tr>
<tr><td>1</td><td></td><td colspan="2"></td></tr>
<tr><td>2</td><td></td><td colspan="2"></td></tr>
<tr><td>3</td><td></td><td colspan="2"></td></tr>
<tr><td>4</td><td></td><td colspan="2"></td></tr>
<tr><td>5</td><td></td><td colspan="2"></td></tr>
<tr><td>6</td><td></td><td colspan="2"></td></tr>
<tr><td>7</td><td></td><td colspan="2"></td></tr>
<tr><td>8</td><td></td><td colspan="2"></td></tr>
<tr><td>9</td><td></td><td colspan="2"></td></tr>
<tr><td>10</td><td></td><td colspan="2"></td></tr>
<tr><td>组长签字</td><td colspan="2"></td><td>组　别</td><td></td></tr>
<tr><td>教师签字</td><td colspan="2"></td><td>日　期</td><td></td></tr>
</table>

检查、评价与反馈

学习情境二	旅游酒店营销与策划
工作任务1	酒店产品有形要素展示
教师行为	听取学生成果汇报,检查学生学习任务的完成情况,并指出不足及修改建议,对学生的学习表现进行评价,通过学生的教学反馈意见总结本次教学中存在的问题,制定工作改进计划
学生行为	1. 对工作任务完成情况进行检查和反思,填写检查单 2. 把学习成果制作成PPT进行汇报,总结学习中的收获与体会,进行自我评价,并对本小组的成员表现逐一进行评价,填写评价单和教学反馈单

续　表

<table>
<tr><td rowspan="9">检查</td><td>序号</td><td>检查项目</td><td colspan="2">检查标准</td><td>学生自检</td><td>教师检查</td></tr>
<tr><td>1</td><td>目标认知</td><td colspan="2">工作目标明确，工作计划周密，具有可操作性</td><td></td><td></td></tr>
<tr><td>2</td><td>理论知识</td><td colspan="2">基础理论知识的全面掌握</td><td></td><td></td></tr>
<tr><td>3</td><td>基本技能</td><td colspan="2">能够运用基本的理论进行实践思考、分析、解决问题</td><td></td><td></td></tr>
<tr><td>4</td><td>学习能力</td><td colspan="2">能在教师指导下，全面掌握相关知识和技能</td><td></td><td></td></tr>
<tr><td>5</td><td>工作态度</td><td colspan="2">主动参与，积极完成工作任务</td><td></td><td></td></tr>
<tr><td>6</td><td>团队合作</td><td colspan="2">积极与他人合作，共同完成任务</td><td></td><td></td></tr>
<tr><td>7</td><td>工具运用</td><td colspan="2">熟练利用资料自学，利用网络进行资料查询</td><td></td><td></td></tr>
<tr><td>8</td><td>任务完成</td><td colspan="2">保质保量完成任务</td><td></td><td></td></tr>
<tr><td rowspan="21">评价</td><td>评价类别</td><td>项目</td><td>子项目</td><td>个人评价（30%）</td><td>组内互评（30%）</td><td>教师评价（40%）</td></tr>
<tr><td rowspan="12">专业能力（60%）</td><td rowspan="2">资讯（10%）</td><td>搜集信息（5%）</td><td></td><td></td><td></td></tr>
<tr><td>引导问题回答（5%）</td><td></td><td></td><td></td></tr>
<tr><td rowspan="2">计划（10%）</td><td>计划可执行性（5%）</td><td></td><td></td><td></td></tr>
<tr><td>资源的安排合理（5%）</td><td></td><td></td><td></td></tr>
<tr><td rowspan="4">实施（15%）</td><td>工作步骤执行情况（3%）</td><td></td><td></td><td></td></tr>
<tr><td>可交付成果的完成（5%）</td><td></td><td></td><td></td></tr>
<tr><td>可交付成果完成质量（5%）</td><td></td><td></td><td></td></tr>
<tr><td>工作效率（2%）</td><td></td><td></td><td></td></tr>
<tr><td rowspan="2">检查（10%）</td><td>全面性、准确性（5%）</td><td></td><td></td><td></td></tr>
<tr><td>创新性、可行性（5%）</td><td></td><td></td><td></td></tr>
<tr><td rowspan="2">过程（5%）</td><td>过程规范性（3%）</td><td></td><td></td><td></td></tr>
<tr><td>反思与调控水平（2%）</td><td></td><td></td><td></td></tr>
<tr><td>结果（10%）</td><td>结果质量（10%）</td><td></td><td></td><td></td></tr>
<tr><td rowspan="4">社会能力（20%）</td><td rowspan="2">团结协作（10%）</td><td>对小组的贡献（5%）</td><td></td><td></td><td></td></tr>
<tr><td>小组合作配合情况（5%）</td><td></td><td></td><td></td></tr>
<tr><td rowspan="2">敬业精神（10%）</td><td>吃苦耐劳精神（5%）</td><td></td><td></td><td></td></tr>
<tr><td>学习纪律性（5%）</td><td></td><td></td><td></td></tr>
<tr><td rowspan="2">决策能力（20%）</td><td>计划能力（10%）</td><td>考虑全面、细致有序（10%）</td><td></td><td></td><td></td></tr>
<tr><td>决策能力（10%）</td><td>决策果断、选择合理（10%）</td><td></td><td></td><td></td></tr>
<tr><td>教学反馈</td><td colspan="6">你对本次学习的意见或建议：</td></tr>
<tr><td>组长签字</td><td colspan="3"></td><td>组　别</td><td colspan="2"></td></tr>
<tr><td>教师签字</td><td colspan="3"></td><td>日　期</td><td colspan="2"></td></tr>
</table>

<<< 工作任务2　酒店客源市场开发 >>>

任务布置

<table>
<tr><td>学习情境二</td><td colspan="2">旅游酒店营销与策划</td></tr>
<tr><td>工作任务2</td><td colspan="2">酒店客源市场开发</td></tr>
<tr><td>学生行为</td><td colspan="2">学生在教师的引导下,明确学习任务及要求,分组学习知识链接的内容,并查阅相关资料和文献,找出资讯问题的答案,初步掌握学习内容</td></tr>
<tr><td>教师行为</td><td colspan="2">1. 教师向学生介绍工作任务的内容、要求、关键点及注意事项,引导学生熟悉工作任务内容,并随机对学生进行分组
2. 教师向学生讲解或引导学生学习资讯内容,并随时解答学生的相关问题</td></tr>
<tr><td>任务描述</td><td colspan="2">学生5~6人为一小组,各小组运用所学内容,选择某一熟悉的酒店进行客源市场分析,并为酒店制定吸引各客源群的营销策略</td></tr>
<tr><td rowspan="12">资讯</td><td rowspan="11">资讯问题</td><td>1. 旅游酒店的主要客源市场包括哪几类?</td></tr>
<tr><td>2. 酒店开发协议客户和公司类客户市场的原因?针对协议客户和公司类客户酒店可采取何种营销策略?</td></tr>
<tr><td>3. 酒店开发会议旅游者市场的原因?针对会议旅游者市场酒店可采取何种营销策略?</td></tr>
<tr><td>4. 酒店开发旅游团市场的原因?针对旅游团市场酒店可采取何种营销策略?</td></tr>
<tr><td>5. 酒店开发体育代表团市场的原因?针对体育代表团市场酒店可采取何种营销策略?</td></tr>
<tr><td>6. 酒店开发航空机组与空乘人员市场的原因?针对航空机组与空乘人员市场酒店可采取何种营销策略?</td></tr>
<tr><td>7. 商务类散客的特点及需求。酒店如何吸引商务散客?</td></tr>
<tr><td>8. 个人旅游者的特点及需求。酒店如何吸引个人旅游者?</td></tr>
<tr><td>9. 酒店如何吸引包价客人?</td></tr>
<tr><td>10. 酒店如何为优惠与折扣客人提供服务?</td></tr>
<tr><td>11. 什么是长住客?酒店如何为长住客提供服务?</td></tr>
<tr><td>资讯引导</td><td>以上资讯问题请查阅本书知识链接,同时参考以下书籍和网页:
1.《酒店营销与策划》伍剑琴主编,中国轻工业出版社,2011。
2.《酒店市场营销管理与实务》李伟清等编著,上海交通大学出版社,2010。
3.《现代酒店成功营销十讲》张洪山编著,内蒙古人民出版社,2009。
4.《饭店营销原理与实务》贺学良著,上海人民出版社,2007。
5. http://bbs.chinahotel.com/中国酒店论坛
6. http://www.aatrip.com/中国旅游营销网</td></tr>
</table>

知识链接

旅游酒店的主要客源市场包括以下几类。

一、团队市场

(一)协议客户、公司类客户

协议客户和公司类客户是酒店的顶梁柱,很多旅游酒店的主要收入来源是单位协议客户。这部分客户主要是当地重要的大型企业、跨国公司以及政府部门,而这部分客源也是各家酒店争夺的焦点。

1.酒店开发协议客户、公司类客户市场的原因

1)协议类及公司类客户入住酒店没有季节性,能给酒店带来常年稳定的生意。

2)相较于其他市场,公司类市场取消预订率低。

3)由于业务关系,一旦对酒店形成良好印象,这类顾客便有可能成为酒店的回头客或常客。

4)公司类客人信誉良好,极少出现欠款或跑账现象。

5)除合同约定外,公司类客户通常不需给予其他优惠或折扣。

2.酒店营销人员针对协议客户、公司类客户的营销策略

酒店营销人员应积极主动配合客户,并维持关系;增强酒店的公关能力;提高酒店自身的品质和口碑。由此可见,酒店除提高自身服务水平外,在日常营销工作中,应把主要精力和工作重心放在大型协议客户上,以拉新客户为主、维持老客户关系为辅。

(二)会议旅游者

会议旅游者即MICE市场,包括Meeting(会议)、Incentive(奖励旅游)、Conference(大型企业会议)、Exhibition(活动展览)。会议业在发达国家已经成为比较成熟的产业,会议旅游也成为国际旅游业中发展最快的市场之一,我国会议旅游市场正以每年20%的速度增长。

1.酒店开发会议旅游者市场的原因

1)市场量大,许多大型会议参加人数众多,加上新闻记者和随行人员,能给酒店提供客满的机会。

2)由于会议分布在全年各个时间段,接待会议能给酒店带来常年的生意,能够弥补淡季生意冷清的状况。

3)会议旅游者平均住宿时间较其他客人长且房价较高,加上人数多,对食品、饮料等其他产品需求量也大,能够带动酒店其他产品线产品的销售。

4)一些有影响的会议,往往会有大量的传播媒介进行报道,对酒店而言是难得的扩大声誉的机会。

2.酒店营销人员针对会议旅游者的营销策略

通过各种渠道尽快获取会议信息(如各级政府部门会议、行业企业会议);弄清会议召开的时间及筹备时间、会议规模、会议要求、会议决策者;根据会议要求分析本酒店的接待能力;注意建立和管理客户档案。

(三)旅游团

其包括各种旅游批发商、旅行社、航空公司售票处以及接团社等在内的订房客人。酒店客源的相当数量是旅行社组织的,有些饭店几乎完全由旅行社组织客源。酒店和旅行社之间的关系随着旅游业的发展更加紧密,它们相互依赖、相互促进、共同发展。

1.酒店开发旅游团市场的原因

1)能为酒店带来生意旺季和高峰,使酒店资源达到最高使用率以及最高收益。

2)由于旅行团人数众多,可为酒店带来一次性大批量预订。

3)由于旅行社通常与酒店有合约关系,往往可为酒店带来众多回头生意以及连续的出租率。但旅游团取消率较高,有时会给酒店带来麻烦。

4)旅游团通常不需要使用会议场所及其他设施,可节省酒店在这方面的投入。

2.酒店营销人员针对旅游团客户的营销策略

1)旅游酒店应经常与长期良好合作的旅行社沟通。

2)诚信为本,坦诚相见。

3)如遇特殊情况,应积极联系协助安排解决旅行社的用房要求。

4)采取多种营销方式开发旅游团类客户。

5)在与旅行社签订合作协议时,应对特殊时期如节假日期间的房价作出特别说明。

(四)体育代表团

体育代表团包括各种体育活动的组织者、教练、运动员、经纪人等。

1. 酒店开发体育代表团市场的原因

1)是新闻的焦点和社会关注的热点。

2)是提高酒店知名度和扩大市场影响力的有利时机。

3)体育代表团还可以吸引其他客源,因此市场容量极大。

2. 酒店营销人员针对体育代表团客户的营销策略

1)酒店应为他们准备好会议室和储藏室,提供及时联络、安全保卫、新闻发布以及宗教服务等帮助,以保证运动员人身和财务安全,并使体育明星免受干扰。

2)酒店为他们提供丰富的娱乐设施、方便的购物、多样化的餐饮服务。

(五)航空机组与空乘人员

这主要指与酒店签订年度或其他方式长期合同的航空公司的机组与空乘人员。这类客人也是许多酒店尤其是机场酒店等的重要客源。

1. 酒店开发航空机组与空乘人员市场的原因

1)这类客人通常停留时间长,人数多,用餐量大。

2)由于航班固定,全年出租率均衡,付款及时,极少出现拖欠款现象,因此这类客人通常能给酒店带来持续稳定的客源。

2. 酒店营销人员针对航空机组与空乘人员的营销策略

酒店应该针对这类客人的特点有针对性地开展服务,如保障机组人员安全、注意日程保密、提供24小时全天候服务等。

二、一般散客

散客是指一次性订房数量少于10间的客人。散客与团队客人最大的区别在于订房数量上的差异。由于散客一次性订房量小,酒店通常不给予价格上的折扣和优惠,而是采用门市价格出售。旅游酒店的一般散客主要有以下几种类型。

(一)商务散客

商务散客是指以公务为目的而单独进行旅行的旅游者,他们是酒店的"面包与黄油"客人。这类客人住店没有季节性,是酒店的常年顾客。商务散客一般具有房价较高、回头率高、人均消费水平高的特点。

商务散客是十分成熟的旅游市场,他们大都下榻过好多家酒店,对酒店的服务和设施等十分讲究甚至挑剔。他们要求酒店有良好的位置、便利的交通；具备高效的系统并能为其迅速办理入住和离店手续；早餐服务要求快捷并有送餐服务；他们对商务中心有特别要求，往往要求酒店能够收发传真、良好的通信、邮件送达、互联网接入等。酒店还应提供小型会议室，供商务散客在酒店会见客户和进行其他商务洽谈活动。

(二)个人旅游者

个人旅游者是指到酒店所在地从事私人活动和休闲观光为目的的单个和零星旅游者，这类客人是酒店重要的旺季客源。个人旅游者较多地使用酒店的各种娱乐设施和服务设施，如游泳池、游艺室、健身房等。个人旅游者不同于旅游团队客人，他们喜欢自由自在、无拘无束的旅行气氛和生活，他们愿意下榻在交通便利、环境宜人的小型酒店和度假型酒店。在国外，许多个人旅游者自己开车或从机场、火车站租车进行旅游，因此需要酒店具有免费停车场。由于个人旅游者大都为个人付款，他们对酒店的价格是非常敏感的。另外，他们希望酒店的服务热情周到、亲切自然。

(三)包价客人

包价客人是指购买酒店各种特殊包价、参与酒店促销活动的客人。这类客人能够弥补酒店淡季或其他营业时期客源不足的状况。酒店采取包价方式，如三日两夜的周末包价、一周包价等，可以促进酒店其他服务设施和项目的销售。通过包价销售，可以帮助酒店改变平淡单调的形象，在客人和公众心目中树立起丰富多彩的形象。采用包价形式，可以更多地促进本地居民到酒店消费，从而扩大酒店的社会功能。

参加包价的客人大多是以家庭、情侣、朋友居多，通常自己付款，对价格、服务内容、质量等非常注意。他们十分关心通过包价能给自身带来相应的收益。因此，酒店推出包价必须能够满足其物质和精神上的期望与需要。由于参加酒店包价的客人大多是本地居民，因而包价必须有足够的吸引力才能促使他们前来酒店下榻和就餐或进行其他消费。

(四)优惠和折扣客人

对某些重要客人，在下榻酒店时可享受价格折扣。吸引这类客人能够帮助酒店打开难以推销的市场，也可弥补酒店因淡季或其他原因造成的出租率不足，因此对享受折扣的客人不能因此而降低对其服务质量的要求。

三、长住客

长住客是指与酒店签订合同，并且至少留住一个月的客人。长住客人一般包括外国公司、商社设在我国的办事机构及其工作人员，应聘在我国厂矿、公司、学校及其他组织的外国专家、学者等，也包括国内各企业、公司及其他驻外办事机构的工作人员。他们在酒店居住几个月甚至一年以上，对酒店的服务要求也不同于一般客人。他们要求酒店提供舒适方便的居住条件，卫生间尤其重要，应当宽敞明亮、设施齐全；在饮食方面，尽可能丰富多样，以避免单调乏味；对商务设施和健身设施使用频率也较高，酒店应根据长住客的特点开展细致入微的服务，使客人有宾至如归的感觉。

酒店在接待长住客时应注意：当长住客人抵达饭店时，按照 VIP 客人接待程序和标准进行接待，前台接待人员即刻将所有信息输入电脑，为客人提供优质服务的同时建立客人档案。

案例2-2

华都饭店位于陕西省西安市西郊，交通便利，是一家有 10 多年经营历史的国有四星级饭店。华都饭店的规模较大，共有客房603 间。除客房外，华都饭店其他营业设施有咖啡厅、中餐厅、多功能厅、商场，也拥有较完善的娱乐设施，如酒吧、游泳池、桑拿、健身房等。其多功能厅面积较大，可容纳 300 ~ 500 人在此举行会议。

该饭店 2000 年营业收入总额为近 5 000 万元，获得毛利 1 500 多万元。2000 年，其营业收入总额在全西安市饭店营业收入排行榜中名列第七。客房收入仍是该饭店的主要收入来源。

一、近年客房销售情况分析

1. 按客源地，分析客源的构成情况

华都饭店 2000 年共接待住店客人 16 万人，其中接待海外客人 6.6 万人，国内客人近 10 万人，即海外和国内客源市场分别占到 41% 和 59%。这里的本地指的是本地企业或单位介绍来的客人。由此，内宾主要来自本地介绍的客源。

2. 按客源性质，分析饭店的客源构成情况

华都饭店按照客源的组织方式，将客源分成团队、散客、会议、长住四类，1999—2000 年饭店各市场销售收入分析对比情况。

从所反映的绝对数来看，除长住客人外，各客源市场2000年均比上年增加。1999和2000年，散客所占销售收入基本持平，约1/3多；团队销售收入比例略有增加，已接近1/3；会议客人有了一定的增加，但长住客人收入有了明显的减少。这里的长住客人指的是长期租住该饭店写字间或客房的商务客人。这部分客源的萎缩可能会持续下去。由于西安市近年来房地产发展较快，也有大量的写字楼、公寓等楼花，商务客人日趋将办公地点迁往专门的写字楼等，整个西安市饭店内的写字间市场将萎缩。这部分市场未来的发展是，商务客人办公地点在写字楼，但饭店依靠其专业化、多元化的服务优势，吸引这部分客人住在酒店，使其转变为长住客人。

二、华都饭店竞争情况的综合分析

1）华都与西安市其他四星级饭店相比，其房价基本居中，服务质量虽不是最佳，但也得到了广泛的认可，在四星级饭店中，具有"价位适宜、质量较好"的形象；

2）华都的传统客源市场和优势还是在旅游团队、中档商务散客、中档会议。但这几个市场都面临来自高星级和低星级饭店的激烈竞争；

3）华都接待最适宜的会议是规模在500人以下的中型会议，但缺乏先进的会议设施，如同声翻译、网络等。

4）接待商务客人的优势不突出，尤其是硬件，如房间里无电脑、不是所有的房间都有Internet接口，没有专门的商务楼层等。

三、华都饭店市场营销的SWOT分析

1.优势

1）饭店知名度较高，有一定品牌优势，且是老饭店，服务质量、管理较稳定；

2）截止到2001年2月底，已完成大部分客房装修，饭店已有70%～80%的房间重新装修过；

3）饭店拥有一批高素质和稳定的员工队伍，具有软件优势；

4）饭店占地面积大，有较大的室外活动空间，内部环境优美，尤其是在夏、秋两季；

5）拥有一批忠实的老客户，饭店营业收入约60%来自老客户。

2.劣势

1）客房空调设施老化，是营业上最大的制约；

2）饭店外观、部分客房、公用设施已显陈旧，如咖啡厅不少的座椅、餐桌上已有疤痕，中餐厅也显得灰暗、陈旧；

3）目前接待会议主要是在多功能厅，没有标准、规范的会议接待设施；

4)饭店客房数大于餐位数,客房数与整体餐位数不匹配;

5)无自己的国际预定网络。

3. 机会

1)西部大开发给西部地区带来了巨大商机,西部开发政策正逐步实施、层层深入,外部经营环境有利;

2)国家政治、经济平稳向上;

3)西安市的海外客源虽然在近几年内不会有大幅增长,但国内游客将会有大幅的增长,尤其是假日经济的旅游热潮将给饭店带来重要商机;

4)华都所在的西安西郊房地产逐渐升温,商务公司增加,也为本饭店带来一定的商机。

4. 威胁

1)西安市中高档饭店供大于求,整体市场环境不容乐观;

2)曲江宾馆、南洋大酒店具备良好的综合会议设施,分割了会议市场;

3)已开业和即将开业的三星级以上饭店,尤其是以商务市场为主的饭店,将重新塑造西安商务市场格局;

4)顾客、中间商的选择面加大,砍价能力增加。

四、华都饭店2001年的营销计划和营销策略

在前述市场环境、竞争对手等综合分析的基础上,华都饭店确定未来市场营销的整体思路是发挥优势,扬长避短,适应市场,抓住机会,利用机会,扩大市场。

1. 明确经营目标,最大限度地保持和扩大饭店的市场占有率;

2. 紧扣市场脉搏,不断调整销售策略,确保预算完成;

3. 在保持老客户,稳定现有市场的同时,不断开发新客户(如同新的旅行社、公司合作)、新市场,保证经营的持续性。

针对上述总体思路,华都饭店制定了以下营销计划和销售策略:

1. 客房销售收入保持一定的增长率,出租率、房价力争比上年有所提高。

具体地说,2001年度客房部总体的经营目标是,全年实现销售收入4 100万元,出租率70%,平均房价250元,客房部实现日均收入11万元。

2. 2001年各客源市场销售计划是,团队销售收入比上年要略有增长,会议市场扣除上年年初的非正常因素外,与往年相比略有增加,散客比例基本持平,但长住客的比例下降。

3. 2001年各细分市场的销售计划如下:

(1)散客市场。散客市场将是华都2001年度重点开拓的市场之一,散客市场

面临着西安各大饭店的激烈竞争。2001年散客计划实现客房销售收入1 640万元，占全年客房销售收入的40%，主要促销计划如下：

1)进一步加强同主要客户的联系。对长期与饭店合作的单位、公司实行散客优惠价，以保持长期良好的合作关系和稳定的散客来源。

2)加强同长住公司的联系，按淡、平、旺季分别给长住公司优惠散客价，争取长住公司给饭店带来较多的散客。

3)扩大与西安、外省各大公司的联系，扩大饭店的协议公司。

4)按季节及时推出商务散客特价，吸引商务及旅游散客。

5)加强并扩大同各订房中心、网络公司的合作，增加网络订房数量。目前已同上海、北京、南京等地的32家订房中心签订了订房协议。其中与14家订房中心有良好的合作。2001年将扩大合作范围，建立广东、成都、重庆、武汉、上海等地订房业务。

6)加强同外地一些饭店销售部的合作，建立互相介绍客源的业务。

(2)会议市场。2001年会议市场计划实现销售收入328万元，占全年客房销售收入的8%，主要促销计划是：

1)抓市场信息，拜访1999年、2000年在饭店开会的老客户。

2)充分利用现有销售渠道，各商务公司、旅行社都有可能是会议的组织者、承办者。

3)及时反馈信息，了解市场价格，把握市场动态，不断调整销售策略，争取吸引更多的会议入住。

(3)旅行社团队市场。2001年团队市场计划实现销售收入1 476万元，占全年客房销售收入的36%，主要促销计划是：

1)2001年将调整团队价，新增4、5月为旺季价，4、5、9、10月团队房价比上年平均上调7~9美元。

2)在保证系列团的基础上，尽可能争取更多的团队，以提高客房出租率。

3)利用参加博览会及外地促销的机会，广泛促销，扩大饭店知名度。2001年计划参加中国昆明国际旅游博览会和澳大利亚、新西兰两次大的促销活动。

4)在客源结构上，保持现有以欧美客人为主的格局，争取增加日本团、韩国团来补充饭店的客源量。

(4)长住公司。由于西安写字楼的增加，且写字楼房价低，办公条件好，长住公司在饭店的租房率不断下降。2001年力争保持上年数量。2001年该市场计划实现销售收入656万元，占全年客房销售收入的16%。

计划、决策与实施

<table>
<tr><td>学习情境二</td><td colspan="4">旅游酒店营销与策划</td></tr>
<tr><td>工作任务2</td><td colspan="4">酒店客源市场开发</td></tr>
<tr><td>学生行为</td><td colspan="4">各小组按教师的要求,制订完成任务的工作计划及任务分配方案,讨论计划的科学合理性,完善和做出最终决策;通过阅读知识链接内容,查阅其他相关资料,完成工作任务</td></tr>
<tr><td>教师行为</td><td colspan="4">督导学生分组讨论,审核工作计划,提出修改建议,回答学生提问,引导学生做出正确的决策,对学生任务的完成进行全程督导,观察各小组在完成任务过程中的表现</td></tr>
<tr><td rowspan="11">计划、决策与实施</td><td>序号</td><td>实施步骤</td><td colspan="2">使用资源</td></tr>
<tr><td>1</td><td></td><td colspan="2"></td></tr>
<tr><td>2</td><td></td><td colspan="2"></td></tr>
<tr><td>3</td><td></td><td colspan="2"></td></tr>
<tr><td>4</td><td></td><td colspan="2"></td></tr>
<tr><td>5</td><td></td><td colspan="2"></td></tr>
<tr><td>6</td><td></td><td colspan="2"></td></tr>
<tr><td>7</td><td></td><td colspan="2"></td></tr>
<tr><td>8</td><td></td><td colspan="2"></td></tr>
<tr><td>9</td><td></td><td colspan="2"></td></tr>
<tr><td>10</td><td></td><td colspan="2"></td></tr>
<tr><td>组长签字</td><td colspan="2"></td><td>组　别</td><td></td></tr>
<tr><td>教师签字</td><td colspan="2"></td><td>日　期</td><td></td></tr>
</table>

检查、评价与反馈

<table>
<tr><td>学习情境二</td><td>旅游酒店营销与策划</td></tr>
<tr><td>工作任务2</td><td>酒店客源市场开发</td></tr>
<tr><td>教师行为</td><td>听取学生成果汇报,检查学生学习任务的完成情况,并指出不足及修改建议,对学生的学习表现进行评价,通过学生的教学反馈意见总结本次教学中存在的问题,制定工作改进计划</td></tr>
<tr><td>学生行为</td><td>1. 对工作任务完成情况进行检查和反思,填写检查单
2. 把学习成果制作成PPT进行汇报,总结学习中的收获与体会,进行自我评价,并对本小组的成员表现逐一进行评价,填写评价单和教学反馈单</td></tr>
</table>

续 表

<table>
<tr><td rowspan="9">检查</td><td>序号</td><td>检查项目</td><td colspan="2">检查标准</td><td>学生自检</td><td>教师检查</td></tr>
<tr><td>1</td><td>目标认知</td><td colspan="2">工作目标明确,工作计划周密,具有可操作性</td><td></td><td></td></tr>
<tr><td>2</td><td>理论知识</td><td colspan="2">基础理论知识的全面掌握</td><td></td><td></td></tr>
<tr><td>3</td><td>基本技能</td><td colspan="2">能够运用基本的理论进行实践思考、分析、解决问题</td><td></td><td></td></tr>
<tr><td>4</td><td>学习能力</td><td colspan="2">能在教师指导下,全面掌握相关知识和技能</td><td></td><td></td></tr>
<tr><td>5</td><td>工作态度</td><td colspan="2">主动参与,积极完成工作任务</td><td></td><td></td></tr>
<tr><td>6</td><td>团队合作</td><td colspan="2">积极与他人合作,共同完成任务</td><td></td><td></td></tr>
<tr><td>7</td><td>工具运用</td><td colspan="2">熟练利用资料自学,利用网络进行资料查询</td><td></td><td></td></tr>
<tr><td>8</td><td>任务完成</td><td colspan="2">保质保量完成任务</td><td></td><td></td></tr>
<tr><td rowspan="20">评价</td><td>评价类别</td><td>项目</td><td>子项目</td><td>个人评价(30%)</td><td>组内互评(30%)</td><td>教师评价(40%)</td></tr>
<tr><td rowspan="13">专业能力(60%)</td><td rowspan="2">资讯(10%)</td><td>搜集信息(5%)</td><td></td><td></td><td></td></tr>
<tr><td>引导问题回答(5%)</td><td></td><td></td><td></td></tr>
<tr><td rowspan="2">计划(10%)</td><td>计划可执行性(5%)</td><td></td><td></td><td></td></tr>
<tr><td>资源的安排合理(5%)</td><td></td><td></td><td></td></tr>
<tr><td rowspan="4">实施(15%)</td><td>工作步骤执行情况(3%)</td><td></td><td></td><td></td></tr>
<tr><td>可交付成果的完成(5%)</td><td></td><td></td><td></td></tr>
<tr><td>可交付成果完成质量(5%)</td><td></td><td></td><td></td></tr>
<tr><td>工作效率(2%)</td><td></td><td></td><td></td></tr>
<tr><td rowspan="2">检查(10%)</td><td>全面性、准确性(5%)</td><td></td><td></td><td></td></tr>
<tr><td>创新性、可行性(5%)</td><td></td><td></td><td></td></tr>
<tr><td rowspan="2">过程(5%)</td><td>过程规范性(3%)</td><td></td><td></td><td></td></tr>
<tr><td>反思与调控水平(2%)</td><td></td><td></td><td></td></tr>
<tr><td>结果(10%)</td><td>结果质量(10%)</td><td></td><td></td><td></td></tr>
<tr><td rowspan="4">社会能力(20%)</td><td rowspan="2">团结协作(10%)</td><td>对小组的贡献(5%)</td><td></td><td></td><td></td></tr>
<tr><td>小组合作配合情况(5%)</td><td></td><td></td><td></td></tr>
<tr><td rowspan="2">敬业精神(10%)</td><td>吃苦耐劳精神(5%)</td><td></td><td></td><td></td></tr>
<tr><td>学习纪律性(5%)</td><td></td><td></td><td></td></tr>
<tr><td rowspan="2">决策能力(20%)</td><td>计划能力(10%)</td><td>考虑全面、细致有序(10%)</td><td></td><td></td><td></td></tr>
<tr><td>决策能力(10%)</td><td>决策果断、选择合理(10%)</td><td></td><td></td><td></td></tr>
<tr><td>教学反馈</td><td colspan="6">你对本次学习的意见或建议:</td></tr>
<tr><td>组长签字</td><td colspan="3"></td><td>组 别</td><td colspan="2"></td></tr>
<tr><td>教师签字</td><td colspan="3"></td><td>日 期</td><td colspan="2"></td></tr>
</table>

<<< 工作任务3　酒店客户关系管理 >>>

任务布置

<table>
<tr><td>学习情境二</td><td colspan="2">旅游酒店营销与策划</td></tr>
<tr><td>工作任务3</td><td colspan="2">酒店客户关系管理</td></tr>
<tr><td>学生行为</td><td colspan="2">学生在教师的引导下,明确学习任务及要求,分组学习知识链接的内容,并查阅相关资料和文献,找出资讯问题的答案,初步掌握学习内容</td></tr>
<tr><td>教师行为</td><td colspan="2">1. 教师向学生介绍工作任务的内容、要求、关键点及注意事项,引导学生熟悉工作任务内容,并随机对学生进行分组
2. 教师向学生讲解或引导学生学习资讯内容,并随时解答学生的相关问题</td></tr>
<tr><td>任务描述</td><td colspan="2">学生5~6人为一小组,各小组分别搜集整理世界著名酒店集团客户忠诚计划,并为你所熟悉的目标酒店制定一个可行的顾客忠诚计划</td></tr>
<tr><td rowspan="5">资讯</td><td rowspan="4">资讯问题</td><td>1. 酒店客户关系管理的含义</td></tr>
<tr><td>2. 酒店如何对客户进行分类?</td></tr>
<tr><td>3. 酒店客户关系管理的原则与方法</td></tr>
<tr><td>4. 酒店如何做好客户关系管理?</td></tr>
<tr><td>资讯引导</td><td>以上资讯问题请查阅本书知识链接,同时参考以下书籍:
1.《酒店营销与策划》伍剑琴主编,中国轻工业出版社,2011。
2.《酒店市场营销管理与实务》李伟清等编著,上海交通大学出版社,2010。
3.《酒店管理概论》冯文昌主编,科学出版社,2009。
4.《酒店市场营销》刘剑飞主编,湖南大学出版社,2010。
5. http://www.aatrip.com/中国旅游营销网
6. http://bbs.chinahotel.com/中国酒店论坛</td></tr>
</table>

知识链接

管理大师迈克尔·哈默说:“今天的时代是客户经济时代。”如今,酒店营销的商业环境正从以产品为中心转向以客户为中心,从规模市场转向规模用户,从产品导向转向客户导向。如何留住客户,如何增强客户的满意度,客户关系管理可以解决这些问题。

一、酒店客户关系管理概述

客户关系管理(Customer Relation Management,CRM)作为一种酒店管理理论起源于20世纪80年代初期的以收集整理客户与酒店联系的所有信息的“接触管理”(Contact Management)理论,到90年代初则演化为包括电话服务中心与支援资料分析的客户关怀(Customer Care)。经过20多年的发展,目前它不仅成为一种具有可操作性的管理方法和管理技能,而且更成为了一种酒店战略管理理念。为了提高“客户满意度”酒店必须要完整掌握客户信息,准确把握客户需求,快速响应个性化需求,提供便捷的、良好的服务和经常性的客户关怀等。

(一)酒店客户关系管理的含义

简单地说,客户关系管理指的是以客户为中心,及时提供产品和服务,提高客户的满意程度,最大限度地减少客户的流失,保持较高的市场竞争能力和盈利能力,实现客户和酒店双方获利的一种管理方法。我们可以从“客户”“客户关系”“客户关系管理”三个层面来理解这一概念。

1. 客户

客户已被更多地看作是有着鲜明需求的个体而不是一个数字符号,他们正在将需求反馈给企业。每个酒店在成长的过程中,都有几百、几千甚至更多的不同需求的客户,然而永远会有准备与你长期合作的客户,会有忠诚的客户,也会有不满意的客户。这些客户是否能够为酒店创造价值(利润)、能创造多大的价值(多大的利润)是每个酒店都在思考的;同时,每个酒店都期望追求利益最大化。所以,我们就要考虑如何把潜在客户与现实客户挖掘并培养成为最有价值的客户。

2. 客户关系

“关系”指的是两个人或两组人之间其中的一方对另一方的行为方式以及感觉状态。一个关系同时具有行为和感觉两种特性,对于光有某种行为而没有感觉或光有感觉而没有适当的行为,应该说是“欠缺的关系”。企业同客户的行为和感觉是相互的,关系的双方无所谓谁大谁小的问题。客户对企业有好的感觉便更有可能触发相应的购买行为,相互强化和促进之后便可以产生良好的客户关系。如果客户对企业有购买行为,但具有很坏的感觉,那么就有可能停止未来的购买行为,从而导致“关系破裂”或“关系消失”的结果,只有回到产品供不应求的时代才有可能维持这种“无奈的关系”。因此,全面提升客户满意度、树立酒店品牌形象、建立忠诚的客户群、形成战略型的伙伴关系是成功酒店发展的必然趋势。

3. 客户关系管理

酒店的发展离不开管理,客户的发展也离不开管理,因为只有管理才能规范化,管理才能出效益,管理才能实现客户价值,给酒店带来利润最大化。所以,管理是实现客户价值和酒店利润最大化的体现。

客户关系管理的概念还可以从理论和实践两个层面来理解。

从理论上讲，“客户关系管理是酒店处理其经营业务的态度、倾向、价值观。”格鲁厄姆说。客户关系管理就是一种现代化的经营理念，其核心思想是将酒店的客户（包括终端客户、分销商和合作伙伴）作为最重要的酒店资源，通过深入的客户分析和完善的客户服务来满足客户的需求，保证实现客户的最大价值。对于具体酒店来说，客户关系管理是一种新型管理机制。其目的在改善客户与酒店之间的关系，体现于酒店的每个部门和经营环节，通过向酒店的销售、市场和客户服务人员提供全面的、专业的客户资料，并强化跟踪服务、提高信息分析的能力，以提供更快捷、更周到的优质服务，提高客户满意度和忠诚度，从而提高酒店的效率和利润水平。

也就是说，客户关系管理是一种在酒店和客户之间达到“双赢”的管理意识，其核心就是发现客户的价值观念，满足客户的需要，通过开发客户的潜在价值实现顾客利益和酒店利润的最大化。客户关系管理强调通过与客户的互动来减少销售环节，降低酒店成本。

从实际操作上说，客户关系管理意味着一套应用软件系统。它将最佳的商业实践与数据挖掘、数据仓库、一对一营销、销售自动化以及其他信息技术紧密结合在一起，为酒店的销售、客户服务和决策支持提供一个业务自动化的解决方案，使酒店有一个基于电子商务的面向客户的平台，从而顺利实现由传统酒店模式向以电子商务为基础的现代酒店模式的转换。也就是说，客户关系管理系统是“e 时代”酒店竞争的一把利器，它既能节约成本又能提高收入，是酒店生存和发展不可缺少的工具。

（二）酒店客户的分类

客户关系管理的对象是客户，主体是企业与客户，稳定的客户关系是客户关系管理的出发点，这是客户关系管理的第一个目标。与客户建立稳定的关系的前提是确认谁是企业的合适客户，谁是关键客户，谁是一般客户和应淘汰的客户；与所有的客户建立稳定的关系是企业的良好愿望，事实上企业永远做不到，也没有必要这样做，因为有一部分客户永远都是一种交易型的客户，他们只会关心商品的价格，在他们购买东西之前，他们会首先比较哪家商店的价格更便宜；在他们过一段时间再要购买某一商品时，他们还是会作同样的比较，然后选择价格最低的那家。他们不会对哪一家企业忠诚，因此企业无法与他们建立稳定的关系。

建立客户关系管理系统首先应当寻找到合适的客户，与他们建立稳定的关系。

同时还要从合适的客户中分析：

1)那些能够带来10%或20%销售额的客户是谁,他们是客户关系管理的首要目标。

2)占企业40%～50%销售额的客户是谁,他们是企业稳定销售的基础,是企业花费时间和精力最多的部分。

3)那些虽然能够给企业带来利润,却正在失去价值的客户是谁,对于他们,只要做好最低维护就行了。

4)每一类客户的行为特征是什么,需求价值取向是什么,成本收益是多少,这些都是企业进行营销决策的重要依据。

客户永远处于动态过程中。客户关系管理虽然在企业留住老客户和培育客户信任方面起不可代替的作用,但当企业的发展与客户定位不一致时,或者老客户背离企业时,客户关系管理就应为企业的客户服务提供决策支持,帮助企业妥善处理好客户背离给企业带来的负面影响,这样才能发挥客户关系管理的效用价值。

任何企业都不能企图满足市场上所有客户的全部需求。每一个客户对企业的贡献率相差很大,很多情况下,企业80%的营销费用花在只产生20%的效益的客户群身上,而对创造了80%的效益的客户却只为他们投入了20%的营销资源。很多企业的促销活动往往只对价格敏感型的非忠诚客户起了作用,而忘记了对持续贡献的老客户进行相应的回馈。这样做不仅浪费了宝贵的营销资源,而且极大地损害了老客户的满意度和忠诚度,长期下去将侵蚀企业的市场基础,使企业失去对未来市场的竞争优势。

经济学统计数字显示:80%的生意是同20%的客户做的,80%的收入来自20%的客户。这是著名的帕雷多80/20原理,它的营销管理的意义就是将客户按其对业务的重要性可分为战略客户、大客户、一般客户、准客户、潜在客户五类。这样在营销实践中就要善于区分关键的少数和一般的多数,合理地分配营销投入力量和资源而不是平均使力、全面出击,同时要关注、影响客户类别向有利的方向层面转化。

对客户进行差异化分析的方法,即所谓的RFMD模型:

R(Recent)——客户最近一次购买的情况。对客户最近一次购买情况的信息的收集和跟踪,用以分析客户在沟通之后是否能够持续购买的概率,可利用这一工具了解提供的即时商品与服务是否有所反映,与客户建立长期关系而不是卖东西,维持企业与客户的良好关系。

F(Frequent)——购买频率。购买频率即在测试期间的购买次数,高消费频率意味着更大的市场感召力,如果该信息与最近一次购买情况和花费金额相参照,能够准确地判断一定区域和时期内的合适客户和关键客户，从而使企业的营销策略更具针对性。

M(Monetary)——花费金额。它能够为企业提供客户在一定时期的需求量信息，如果该信息与其他信息相参考，可以准确地预测一定时期、一定区域内的销售量、市场占有率等信息，从消费金额中确定哪些人花费了高金额，原因是什么？为供应链上的企业生产、采购和制定营销企划方案等提供准确依据。

D(Demographic and Lifestyle Append)——人口统计资料和生活方式。这一信息是对前三种信息的补充，它为企业提供的是一定领域内的人文环境信息，属于制定客户化营销方案的人文信息。

对客户进行差异化分析的主要内容如下：

1)能否识别企业的关键客户和合适客户？

2)去年最大的客户是否今年也订了不少的产品？

3)是否有些客户从你的企业只订购一两种产品，却会从其他地方订购很多种产品？

4)上年度有哪些合适或关键客户对企业的产品或服务多次提出了抱怨？

5)哪些客户在什么期间导致了企业成本的增加？

6)企业本年度最想和哪些企业建立商业关系？

企业可以运用客户关系管理根据客户进行差异化分析，得出客户对于本企业的价值，将客户进行分类。首先要确认“黄金级”(Gold)客户，并为他们提供更优越的服务。航空公司让他们坐头等舱；零售业者提供各种免费服务，例如礼品包装或先行通知折扣活动。一般来说，80%的营业收入都来自这些顶级的客户，服务经费应该花在这群客户身上。营销经费则应该集中在中间层级上。对于有潜力成为黄金客户的客户应当投入大量营销精力，使其最后会升级为“黄金级”客户。至于最底层的一群客户，公司花在他们身上的钱比从他们身上赚得多。定期的再活化(Reactivation)活动很有必要，如通过信函、电话、传单等再次引起他们注意，尽量挽回关系，但应该避免将营销经费花在他们身上，如果无力挽回，那就选择放弃。同时将他们的信息存储，等待新的契机。了解客户的价值，以及他们的利润贡献度就是客户关系管理成功的关键，对不同阶层的客户要采取不同营销措施。

(三)酒店客户关系管理的特征

“一对一营销”、高度集成的交流渠道、基于Internet的基础架构是客户关系管理(CRM)的三个主要特征。

1. 一对一营销

酒店业是与"情感"有密切联系的行业,实施CRM的意义更加深远。被誉为"美国酒店大王"的斯坦特就说过"酒店业就是凭借酒店来出售服务的行业",这是颇有见地的见解。优质服务是酒店生存的基础,CRM系统就是提供这种服务的有力竞争武器。通俗地说,CRM系统让企业知道目标客户最主要的需求是什么,然后针对客户差异制定出与客户需求相一致的营销与服务计划。客人感到自己不再是千人一面的无名氏,而是有价值的顾客。顾客的满意和忠诚,带来了消费额和消费次数的增长,酒店是最终最大的受益者。

2. 高度集成的交流渠道

CRM通过采用先进的信息技术,将电话、传真、Web、无线接入等多种交流渠道进行高度集成,使企业的客户无论通过何种渠道、何地、何时,都能够以自己喜欢的方式通畅地与企业进行交流;同时,企业也能够对客户做出及时的反应,并提供准确、一致以及最新的信息。高度集成的交流渠道,使客户避免了向企业的不同部门、不同人员重复同样的信息,从而使客户的问题或抱怨能更快地和更有效地得以解决,最终提高客户的满意度。

3. 基于Internet的基础架构

CRM将Internet作为基础架构,采用标准化的Web浏览器来实现客户端的访问,同时集中管理和维护商业逻辑和数据,因而大大降低了系统部署、职员培训、软件升级等成本。CRM使企业可以通过Web直接与客户进行销售和服务,企业还可利用Web的电子商务优势来进行自助服务、自助销售、潜在客户开发、时间登记、合同续订、服务请求以及电话反馈等。所有这些都在时间和空间上极大地扩展了传统的营销、销售和服务渠道,使企业能够面向全球提供每周7天、每天24小时的访问,从而达到企业收益机遇的最大化。

二、酒店客户关系管理

(一)酒店客户关系管理的原则与方法

1. 酒店客户关系管理的原则

酒店要想持续、健康、快速的发展,处理好客户关系是很重要的一环,应把握好以下四项原则:

(1)把处理客户关系放在酒店发展战略的高度

酒店无论发展到哪个阶段,都离不开客户,客户长远利益的目标和实现步骤,就是酒店发展战略。把客户关系放在酒店发展战略高度来处理，既能满足客户的当前利益，又能满足客户的长远利益。

(2)建立酒店与客户双向忠诚度是客户关系的核心

酒店的所有利润均来源于客户。为了使酒店利润持续增长，就需要培养忠诚的客户，并长久维持。这种忠诚以感情为基础，而不是其他(权利、金钱，或是武力)。海尔提出"真诚到永远"就是以感情为基础，因此发生了一个推销员背着洗衣机走十几公里路，也要按时给客户送货的感人故事。要让客户对酒店忠诚，酒店就必须对客户忠诚，所以建立酒店与客户双向忠诚度是客户关系的核心。

(3)酒店内部要形成人人学会与客户沟通的机制

建立牢固的客户关系是通过提高客户与酒店的双向忠诚度来实现的。客户偏爱酒店品牌，对品牌产生忠诚度的前提是沟通。目前，我国许多酒店比较重视服务人员与客户的沟通，却没有达到酒店内部人人重视沟通、人人学会沟通的水平。在新营销时代，酒店要形成人人学会与客户沟通的机制，酒店管理人员、服务人员、营销人员、客户总监，甚至司机都要与客户沟通。全员沟通的形成是酒店服务人员沟通的基础和氛围，形成这样的机制，才能有利于客户忠诚度的建立。

(4)寻求客户要有全面的、长远的眼光

在各种各样的客户中，并不是每个客户都能给酒店带来巨大的利润。客户存在客观差异，大众营销策略在此并不适用，因为并不是每个客户都适于被培养成为忠诚客户。也就是说，酒店必须对客户进行细分，以全面、长远的眼光寻找正确客户。

2.酒店客户关系的管理方法

一般说来，客户关系管理方法包括以下四个方面：

(1)建立客户信息库

客户关系管理的前提是了解客户的需要和偏好，通过交往记录和交流访谈了解客户的基本情况，全面掌握客户的需求。当客户再次需要产品和服务，酒店能够迅速满足其需要。掌握客户的各种情况和需求能使客户有强烈的被尊重感，能够对酒店形成一种除了交易关系之外的亲切感、归属感，强化酒店与客户之间的关系。

(2)细分客户类型

在实践中，常常会发现：80%的利润是由20%的客户带来的。要通过以往的交易信息了解客户的类型，区别不同需求的客户和能给酒店带来不同利润的客户。有的客户需要投入大量服务，但带来的利润却很微薄；有的客户只需要较少的服务,却能带来大量的利润。毫无疑问,后者显然是酒店应该重点关注的对象。

(3)客户交流与反馈

客户关系管理强调的不仅仅是满足客户的一次性需求,而是要与客户保持长期的联系。拜访客户,了解其需要,根据客户反馈的信息调整产品和服务,让客户长期享受到高质量的服务。随着现代技术的发展,酒店与客户交流的手段日新月异,如呼叫中心、互联网以及客户服务热线等,都大大方便了客户与酒店之间的沟通,缩短了两者之间的距离。

(4)向客户提供优质服务

客户的需求是多样化的,但中小酒店的资源和服务能力是有限的,因此酒店应该根据自身的能力向目标客户群提供富有特色的、区别于其他酒店的服务,尤其是满足那些能够给酒店带来大量利润的 VIP 客户,向其提供优质服务,从而保持长期的合作关系。CRM 的以上特征并不是彼此孤立存在的,而是相互支持、高度融合的一个整体,共同组成了 CRM 的强大功能。客户关系管理就是通过对企业与客户间发生的各种关系进行全面管理,以赢得新客户,巩固保留已有客户,并增进客户利润贡献度,其功能主要分为以下四大部分:

1)客户信息管理。整合企业各部门、每个人所接触的客户资料进行统一管理,这包括对客户类型的划分、客户基本信息、客户联系人信息、企业销售人员的跟踪纪录、客户状态、合同信息等。

2)市场营销管理。制定市场推广计划,并对各种渠道(包括传统营销、电话营销、网上营销等)接触的客户进行记录、分类和辨识,提供对潜在客户的管理,并对各种市场的成效进行评价。CRM 营销管理最重要的是实现一对一营销,从宏观营销到微观营销的转变。

3)销售管理。对销售人员电话销售、现场销售、销售佣金等管理,支持现场销售人员的移动通信设备或掌上电脑设备接入。进一步扩展的功能还包括帮助企业建立网上商店、支持网上结算管理及物流软件系统的接口。

4)服务管理与客户关怀。产品安装档案、服务请求、服务内容、服务网点、服务收费等管理,详细记录服务全过程进行情况,支持现场服务与自助服务,辅助支持实现客户关怀。

CRM 观念是“遍及整个企业”的商业策略,这主要有两层意思:一是指 CRM 贯穿于企业的全过程;二是指 CRM 渗透于企业的各个部门,涉及每个人。因此,从公司领导者到基层员工,从内勤研发到营销业务,都必须认清客户关系管理的价值,并且身体力行,配合实施,如果其中一环极力抗拒,客户关系管理都难以顺畅运作。例如,业务员觉得客户资料不重要,客服中心就无法取得正确资料进行联络;

研发人员认为客服中心统计的客户意见不值一提,新产品就无法融入客户的需求,让客户缺乏参与感。

(二)酒店客户关系管理的应用

客户关系管理在酒店行业的应用包括客户关系管理系统的建立、运行、维护和改造等一系列活动。客户关系管理的理念要求酒店完整地认识客户生命周期,提供与客户接触的效率和客户反馈率;而在大多数酒店,销售、营销、客户服务和支持之间的业务是分开进行的,这些前台的业务领域与后台部门也是分开进行的。这使得酒店各环节间很难以合作的姿态对待客户。为有效地赢得客户的信赖,酒店应该建立客户关系管理系统,实施客户关系管理。

1. 建立客户关系管理团队

交付一个成功的客户关系管理项目需要一个成功团队的支撑,尤其是核心团队。该核心团队成员必须是"全职",最佳配置包括管理高层、营销部门、系统集成、技术支持部门、财务部门以及终端用户。核心团队需要具备两个关键能力——组织专长和技能专长。

2. 制定实施客户关系管理的计划

客户关系管理团队成立后应着手编制实施客户关系管理的计划书。这一客户关系管理计划必须有非常清楚的商业目标。该目标只有经过严密地思考和对客户关系管理有深刻理解之后才能得出。在制定计划书时,应当明确酒店实施客户关系管理的目标,规划未来的实施步骤,估计预期收益。计划书在实施过程中或实施之后,都具有特别重要的价值。

3. 分析客户需求,筹建酒店信息系统

酒店信息系统必须反映并满足客户的需要,为筹建酒店信息系统,应该首先分析客户的需求。对酒店来说,客户在接受服务、消费产品过程中的感受透露出许多宝贵的信息。

4. 变革酒店的组织结构,再造工作流程

客户关系管理方案的实施会改变酒店各部门之间的沟通和协作方式,改变信息分割占有的状态,使得整个酒店都围绕客户满意的目标来运作,因而方案的实施会打破酒店原有利益平衡,导致利益的重新分配。

5. 组织培训,实行系统的正常运转

酒店针对客户关系管理方案应确立相应的培训计划,培训计划的对象应包括销售人员、服务人员以及管理人员。另外还应根据业务发展的需求不断对员工进行新的培训，使员工了解方案实现后管理与维护方面的要求，促使酒店客户关系管理成功运行。

6. 运行、评估、维护和改进系统

酒店应根据客户关系管理系统，为酒店建立衡量管理绩效的数据监控体系、内部管理报表体系、决策数据体系和决策数据分析方法，并且建立和管理客户信息系统。

三、公共关系在客户关系管理中的应用

对于管理，日本著名管理大师松下幸之助有句名言："企业管理过去是沟通，现在是沟通，未来还是沟通。"由此可以看出，在管理活动中沟通占着非常重要的地位。经有关专家的研究表明，优秀的企业经理将他们的70%以上的时间都用在了沟通上。企业经理既然如此，作为客户经理和其他营销人员就应该加大沟通在自己日常活动中的比例。因为在当前新的市场经济和竞争日趋白热化的营销环境下，客户这一角色已发生了质的变化。过去的那种传统的营销理念仅仅将客户作为企业的营销和服务对象来看待，企业与客户之间的关系往往局限在产品或服务提供者——终端使用者这种单一关系之上。这种关系不仅限制了双方之间更深层次的交流，也忽略了客户的潜能。事实上，通过公共关系，客户在使用产品和服务的同时，除了承担企业产品或服务的终端使用者这个角色以外，还能够承担其他一些角色，这些其他的角色是企业与客户之间除了交易关系之外的"连结点"。通过拓展这些角色，企业可以与客户建立多重关系，而客户也会在这种更为深厚持久的关系中表现出信赖和忠诚。

（一）满足客户需求

客户关系管理之所以离不开公共关系，原因在于沟通是建立公共关系的手段和基础。随着市场竞争的日益加剧，只有把握并满足客户的真正需求，提高客户的满意度，增强客户对企业的信赖和忠诚，企业才能生存发展。因此，我们与客户的沟通活动，就应以发现客户需求、提供客户需求、创造客户需求、满足客户需求为目标。

1. 要对客户进行有效的沟通

虽然客户的需求是多种多样的，但他们对于相关的本企业的产品的需求毕竟是有限的。为此，与客户沟通时，就应当有目的地了解和搜集客户对本企业相关产

品的需求欲望和需求期待，通过交流和信息反馈，从事并开展有针对性的生产、营销服务工作。

2. 要全力满足客户的需求

当客户有了某种需求的时候，我们就应当与他们建立良好的供求关系，并且要树立起以客户为中心的观念，并将此观念贯穿于企业生产、经营、服务的全过程。真正做到在注重客户的需求的基础上进行产品的开发，考虑客户的心理预期的基础上进行产品的定价，在考虑客户的购买便利和偏好的基础上进行产品的销售等，从而牢固建立起适销对路的产业供求链。

3. 要积极创造客户的需求

创造客户需求的最佳途径，也是通过有效沟通，让客户自己来表达、显示并追求他们对产品的某种需求。把客户作为本企业的人力资源“投入”到企业的产品和服务的生产设计当中去，是企业拓展客户功能的方法之一。让客户来充当企业的这种角色，他们就不再只是企业的产品或服务的终端使用者，而转变成为企业的“兼职雇员”或合作生产者。客户不再是带着他们的期望和需求“进入”相关企业的消费者，而变成了拥有“兼职雇员”虚拟身份所具备生产力、创造力和竞争力的合作者，是可供企业开发利用的有效资源。因为他们要追求他们自身的需求，在这种需求的强力推动下，企业只要充分利用好这一资源，企业创造客户需求的目标就可以顺利实现。这样，企业进而再将契合客户需求的新产品新服务投放到市场上，客户必定会对这些产品有着深厚的欢迎、认同和青睐的感情。

4. 要尽力满足客户的需求

进行客户沟通的最高境界是满足客户需求，因此，对于“客户只是产品或服务的终端用户”的观点一定要坚决摒弃，并且还要重新审视和看待企业与客户之间的相互依存关系，将客户看成是企业的宝贵的人力资源和愉快合作者。这样一来，企业最关心的就不再是如何通过营销手段去刺激客户，如用广告或价格战来推销本企业的产品，而是如何能深入了解客户的真实期望及其期望的变化，切实从客户利益的立场出发，致力于提高客户的满意程度，为客户提供高附加值的产品和服务；这样，不仅能满足客户的真正需求，而且能同客户一起，不断发现并满足他们新的需求，从而使客户与企业之间更加依赖、信任，并建立起长远牢固的合作关系，进而使企业能够在激烈的市场竞争中立于不败之地。

（二）做好客户关系管理

企业的市场营销工作的最终目标无疑是使客户满意，因为客户满意与否是企业运营成败的关键。怎样才能使客户满意呢？这个问题的答案，很明显是企业需要建立与客户的有效沟通。如何有效地与客户进行沟通呢？必须切实搞好客户关系管理。要搞好客户关系管理，必须把握好如下几个重点环节。

1. 了解客户

企业应当找准目标客户，想方设法地搜集其完整的客户资料，并且落实“客户终生价值”。因此，可以通过企业的“绿色通道”，优先、优质、优惠的“三优”服务和“忠诚规划”里的服务诱因、折价诱因、个性化服务诱因，充分运用调查、问询、登记等沟通手段，建立起客户的资料档案，使其包括客户名称、地址、邮编、类别、行业特色、企业法人和联系人、联系电话、使用业务种类、通信费用、潜在需求、竞争情况、故障发生及处理情况等；还要包括客户相关信息，组织架构，人员情况，网络现状，行业发展动态及客户关键人的性别、年龄、生日、婚育、学历、职称、爱好、兴趣、收入所得、家庭结构、宗教信仰、消费行为、状态、类型、购买动机和需求特征、性格、信心、使用情况等；并应加上所在地区的人均 GDP、恩格尔系数等。“知己知彼”方能“百战不殆”，只有了解客户，才能实现有效沟通并将沟通引向深入持久。

2. 维系客户

维系客户就得掌握目标客户的需求，用心听取客户的声音。怎样正确地收集到客户最为珍贵的“真实兴趣点”，如客户的需求动向、意见、建议和心声等，实现营销系统与客户接触过程的互动，帮助企业获得产品销售关联性及客户需求关联性的准确信息呢？这就要求企业的营销部门在制定产品、价格、渠道、促销和公共关系等方面的营销策略之前，不论在生产现场或营业场所还是在客户服务中心，不论是定期或抽样民意调查还是客户咨询、投诉或客户座谈会，都必须极其认真而负责地通过各种机制途径，来全面地掌握有终身价值的客户。并且在此基础上，整合营销规划，对症下药，有效地提出相关直达客户内心深处的营销策略，积极争取客户，努力服务客户，培养与客户牢不可破的沟通关系及长久的“战略伙伴”关系，只有做到了这些，企业才能真正地把握住他们的客户。

3. 关怀客户

关怀客户也是建立在对客户的有效沟通的基础之上，使客户的需求很快得到满足、期望变为现实，体现出提供者对需求者的贴心关怀，进而使企业赢得客户的心。要实现企业的这个目标，即服务零距离、产品零缺陷、售后零投诉的“三零”目标，企业方面应有效地借助 CRM 系统，与目标客户实施全方位的沟通。

除此之外，企业与客户之间一种新型的学习、互利和互动关系需要建立起来并且要得到巩固,要实现这一目标,企业必须有效地利用公共关系管理。为什么要建立一种新的学习、互利和互动的关系呢？因为企业可以利用学习关系,根据客户提出的要求以及对客户的了解,生产和提供完全符合单个客户特定需要的个性化的产品和服务;可以利用互动关系,搜集到市场的最新动态和客户信息,与客户合作挑选出最有价值的有用信息,改进企业的产品和服务;可以利用互利关系,通过不断满足客户的个性化需求,与客户建立起牢固、持久的产销价值链和供需联盟,使企业与客户彼此信任、相互忠诚并相互依存,实现长远性的“共赢”。建立起这种关系之后,企业客户的感动才能富有激情,最重要的是能持久不衰,使企业能够长久地赢得忠实的客户。

(三)巧用工具

如何清晰而有说服力地陈述的观点,如何在很短的时间、用简洁的话语使客户对你产生好感而乐意与我们交流呢？这是一个利用工具的技巧问题。古语说得好:“工欲善其事,必先利其器”,沟通也不例外。沟通工具有传统的,也有现代的;有有形的,也有无形的。目前常用的沟通工具主要有以下几种:

1. 信函联系

在信息和网络技术高度发展、现代通信技术极其发达、联系方式日新月异的今天,信函联系这种较为传统的沟通方式并没有消亡或被取代,它仍以极其顽强的生命力服务于人们的沟通领域。如果企业适时地向客户发送一份征询意见函,客户必然会对之有所反应,这样一来沟通就形成了;在节日来临之际,向目标客户寄去一封充满祝福的手写贺卡,从心理学角度看,必定能使客户们感受到一缕缕温馨和慰藉,从而缩短与客户之间的距离。

2. 电话征询

与信函联系相比,电话联系则显得更为便捷,且一次就能达成收发方的双向沟通,这是信函联系所不可比拟的长处。企业不但要强调服务于客户的营销服务人员应经常运用电话主动与客户进行征询联系,还要充分利用好相关的客户的热线电话。各地的服务中心也要主动与广大客户电话沟通,面对客户的询问电话,一定要温和谦虚且快速地回答客户,因为这样会使客户对应答人产生好感进而对该企业留下很好的印象。此外,热线电话和电信的相关服务台还可以利用电话与目标客户进行主动的沟通,这样就变被动受理问题为有目标的主动提供服务,必然会使客户的感觉大不相同,往往会使他们“怦然心动”,真的做到了这种地步,怎么会吸引不住自己的客户呢?

3. 网络交流

利用互联网资源会使企业与客户的沟通更容易。这是因为:首先,从及时性和费用角度来看,客户可以随时从网上获得这些信息,且在网上存储、发送信息的费用都远远低于印刷、邮寄或电话的费用;其次,从网络资源的自身容量来看,网络的空间几乎是无限的,企业可以利用文字、声音、影像等多种技术在网上全方位地产品展示,介绍其功能,演示其使用方法,建立征询系统,甚至让消费者参与产品的设计,向客户传达企业提供的各种服务;再次,从便捷性来看,企业可在他们站点中设置专门的疑难解答窗口,帮助解决客户的常见问题,这样不但可以减少客户服务人员的重复劳动,更重要的是腾出时间和人手为客户及时解决更复杂的问题;最后,从网络双向互动的特性来看,客户能与企业的运营商主动地对话,这样可由传统的单向客户服务变为双向的客户整合。没有网络即时互动的特性,就很难实现客服双方的高效沟通;而利用好这一特性,就能使客户与企业之间的关系变得越来越紧密,这个特性是网络作为客户沟通工具优于其他媒体的根本原因所在。利用这点后企业和客户之间的了解会越来越深刻,客户也因此会对企业越来越信任,这样一来,企业和客户之间就可以建立一个长期有效的"一对一"客户服务。

4. 直接访谈

直接访谈是企业与客户之间面对面、无距离的接触,信息反馈及时且富于现场感,有利于消除误会、及时解答并快捷解决问题,从效果上来看应当是最有效的沟通方式。但直接访谈也有一定的缺陷,那就是沟通双方都必须有空且同时坐到一起方能进行。因此这一方式尽管有效,缺点却也是显而易见的,即效率不高,不宜广泛地提倡。面对面的访谈之所以重要,是因为它既是双方相互间语言的交流,又是彼此间形象的展示,其注意点是很多的,主要应做到:拜访前做好准备,访问过程中注意倾听;陈述应朴实、追求简洁,话语亲和、注重礼节;围绕目标、展开话题,气氛和谐、做好调节。只要做一个有心人,注意访谈仪表,掌握访谈要点,把握住访谈火候,运用访谈技巧,以诚待客,以信示人,这一沟通方式是能运用得好的,亦必将提高相关目标客户的贡献度和满意度,进而坚定并提高其对运营企业的忠诚度。

这几种与客户之间的交流工具,企业应在内部各方面的活动中加强使用,只有充分地认识到加强沟通交流的重要地位,并且确保在企业的活动中予以实施,企业才能抓住客户,并且能使客户对企业有着高涨的热情、忠诚度,培养出企业的忠实客户。事实上,企业的绝大部分收入来自于企业忠实的客户,所以企业要想在这种激烈的竞争环境中生存并且长期发展下去,就必须做好这方面的工作。

案例2-3

随着市场竞争的不断加剧以及企业间绝对差距的缩小，企业的竞争已经从简单的价格高低，质量的优劣转化为服务、文化、品牌、环境、资源、管理等众多细节的较量，不过所有这些的核心只有一个，就是最大限度地满足客户的各种需求，提高客户的满意度，这是成功战胜竞争对手的关键所在。

泰国有一家饭店几乎天天客满，不提前预定是很难有入住机会的，而且客人大都来自西方发达国家，堪称亚洲饭店之最。虽然泰国的经济在亚洲算不上特别发达，但为什么会有如此诱人的饭店呢？大家往往会以为泰国是一个旅游国家，而且又有世界上独有的人妖表演，是不是他们在这方面下了功夫。错了，他们靠的是真功夫，是非同寻常的客户服务，也就是现在经常提到的客户关系管理。

他们的客户服务到底好到什么程度呢？我们不妨通过一个实例来看一下。

一位台湾知名企业家因公务经常出差泰国，并下榻在该饭店，第一次入住时良好的饭店环境和服务就给他留下了深刻的印象，当他第二次入住时几个细节更使他对饭店的好感迅速升级。

那天早上，在他走出房门准备去餐厅的时侯，楼层服务生恭敬地问道："A 先生是要用早餐吗？"A 先生很奇怪，反问"你怎么知道我姓 A？"服务生说："我们饭店规定，晚上要背熟所有客人的姓名。"这令 A 先生大吃一惊，因为他频繁往返于世界各地，入住过无数高级酒店，但这种情况还是第一次碰到。

A 先生高兴地乘电梯下到餐厅所在的楼层，刚刚走出电梯门，餐厅的服务生就说："A 先生，里面请"，A 先生更加疑惑，因为服务生并没有看到他的房卡，就问："你知道我姓 A？"服务生答："上面的电话刚刚下来，说您已经下楼了。"如此高的效率让 A 先生再次大吃一惊。

A 先生刚走进餐厅，服务小姐微笑着问："A 先生还要老位子吗？"A 先生的惊讶再次升级，心想"尽管我不是第一次在这里吃饭，但最近的一次也有一年多了，难道这里的服务小姐记忆力那么好？"看到 A 先生惊讶的目光，服务小姐主动解释说："我刚刚查过记录，您在去年的 6 月 8 日在靠近第二个窗口的位子上用过早餐"，A 先生听后兴奋地说："老位子！老位子！"小姐接着问："老菜单？一个三明治，一杯咖啡，一个鸡蛋？"现在 A 先生已经不再惊讶了："老菜单，就要老菜单！"A 先生已经兴奋到了极点。

上餐时餐厅赠送了 A 先生一碟小菜，由于这种小菜 A 先生是第一次看到，就问："这是什么？"服务生后退两步说："这是我们特有的小菜"，服务生为什么要先后退两步呢，他是怕自己说话是口水不小心落在客人的食品上，这种细致的服务不要说在一般的酒店，就是美国最好的饭店里A先生都没有见过。这一次早餐给A先生留下了终生难忘的印象。

后来，由于业务调整的原因，A先生有三年的时间没有再到泰国去，在A先生生日的时侯突然收到了一封A饭店发来的生日贺卡，里面还附了一封短信，内容是：亲爱的A先生，您已经有三年没有来过我们这里了，我们全体人员都非常想念您，希望能再次见到您。今天是您的生日，祝您生日愉快。A先生当时激动地热泪盈眶，发誓如果再去泰国，绝对不会到任何其他的饭店，一定要住在那里，而且要说服所有的朋友也像他一样选择。A先生看了一下信封，上面贴着一枚六元的邮票。六块钱就这样买到了一颗心，这就是客户关系管理的魔力。

营销学告诉我们，争取一个新顾客的成本是留住一个老顾客的5倍，在利润贡献方面老顾客更高达新顾客的16倍，而企业的利润最简单的描述就是收入减去成本，那么留住老顾客就会使你的利润提高，从而提高企业在市场中的竞争能力。而客户关系管理的主旨就是要提高顾客的忠诚度，也就是提高“回头客”的数量和光顾的次数。

这家饭店可以称得上深谙此道，他们非常重视培养忠实的客户，并且建立了一套完善的客户关系管理体系，使客户入住后可以得到无微不至的人性化服务，迄今为止，世界各国的约20万人曾经入住过那里，用他们的话说，只要每年有1/10的老顾客光顾饭店就会永远客满，这就是该饭店成功的秘诀。

在市场竞争多元化的过程中，“服务制胜”成为企业管理者的共识，而服务制胜的核心“以客户为中心”，也就是建立良好的客户关系管理体系，为客户提供最完善的服务，最大程度上提升客户的满意度。

客户关系管理在现代企业经营中的作用正在变得越来越重要，在很多著名跨国企业中客户关系管理已经成为其经营管理中的一个重要组成部分，并且发挥巨大的作用。一家国际著名的汽车公司，在其网站中也加入了客户关系管理系统，当客户登录网站时，系统会根据客户的资料和以往的浏览记录分析出客户的个人喜好，自动把符合该客户需求的产品显示出来，从而大大提高了销售额和客户满意度。

2001年超过通用而登上全球五百强之首宝座，2002年又以优异的业绩和高增长率而再次蝉联榜首的国际零售巨头沃尔玛公司的成功要素之一也是其杰出的客户至上的理念和其优秀的客户关系管理体系。沃尔玛在解释客户忠诚度的重要性时曾经做个一个假设：每名顾客平均每周消费100美元，每年50周，在该地区可能居住10年，总消费金额5万美元。而且，失去忠诚度的顾客再次光顾的可能性将会变得非常小，因此，每减少一位顾客都将会给企业带来一个重大的损失。大家耳熟能详的“啤酒和尿布的故事”就是发生在沃尔玛的一个基于商业智能技术的客户关系管理经典案例。

现在客户关系管理的观念已经被普遍接受，而且相当一部分企业都已经建立起了自己的客户关系管理系统，然而对中国的大多数企业来说，客户关系管理还处在一个起步阶段，虽然大家已经意识到了它的重要性，但真正付诸实施的还是少数，而且有的尽管已经实施，但仅仅是上马一套软件系统，并没有在内心深处去思考如何去贯彻执行，所以大都浮于表面，难见实效，没有真正发挥出作用，真正能做到像泰国那家饭店的还并不多见。因此，需要从战略管理的高度对其进行全面的规划和设计，首先就是建立起客户至上的经营理念，找出对营销产生明显影响的关键要素，同时需要有强大的IT技术作为支持，针对这些要素建立起详细的消费档案和强大的数据分析系统，通过数据采集挖掘等商业智能技术进行分析，同时要不断对档案进行更新和追踪，了解客户群的动态和消费趋势的变化，准确掌握客户的消费习惯、利润贡献率(相对价值)等重要的信息，不断调整经营策略，及时采取适当的措施，在优化客户群体的结构的同时，保障全程服务的最优化，从而获得客户的青睐，达到客户贡献度的最大化以及忠诚度的最高化。

案例2-4

香格里拉酒店管理集团是国际著名的大型酒店管理集团，在30多年的发展过程中，秉承以客户满意为核心的经营思想，以殷勤好客之道，向客人提供体贴入微的服务，获得了客人的认可和支持。在信息技术日益发达的今天，香格里拉借助网站和强大的信息联网系统，使客服变得更加快速有效。它的经营策略体现了典型的客户关系管理的思想。

香格里拉始终如一地把客户满意作为企业经营思想的核心，其“殷勤好客香格里拉情”很能体现酒店集团致力于客户满意的服务宗旨，香格里拉卓越的服务水准源于酒店工作的八条指导原则：(1)我们要确保领导者具有追求经营业绩的魄力，发扬团队协作精神，齐心协力，步调一致；(2)我们要把赢得客人的忠诚感作为事业发展的主要驱动力；(3)我们要使员工能在为客人服务的现场及时做出果断决定；(4)我们要确保每家酒店乃至整个公司都取得短期和长期的最佳业绩；(5)我们要努力创造一个既有利于员工事业发展，又有助于实现他们生活目标的环境；(6)我们要在与人相处时表现出诚挚、关爱和正直的品质；(7)我们要致力于采用先进技术和改进工作程序，确保服务程序简明易行，方便客人及员工；(8)我们要加强环保意识，保障客人和员工安全。从这八条指导原则中可以看出，香格里拉酒店管理集团始终把客户满意度放在最高位置。

为了提高客户的忠诚度，香格里拉推出了“贵宾金环会员”(Golden Circle)的常客奖励计划。会员的资料会及时输入酒店的客史资料数据库中，会员入住时，只需提供卡号，入住手续便捷，并享受与其偏好相对应的服务。此项计划给常住客提供了许多优惠项目，金环会员消费的服务越多，享受的优惠和特权就越大，从而吸引了客户重复到酒店来消费。酒店在受到客户赞许的同时，保证了客户的满意度和回头率，延长了客户关系的寿命，增加了酒店的利润。

与航空公司的联合促销，是酒店吸引客户的重要手段之一。目前，香格里拉已经与世界各地的30多家航空公司联合推行飞行奖励计划，即"Frequent Flyer Program"。入住任意一家香格里拉酒店或商贸酒店时，客人只要出示伙伴航空公司的会员卡，并支付公司协议价以上的房费，即可获得众多航空公司给予的免费公里数或累计点数。除此之外，香格里拉还与这些航空公司推出了多项计划，鼓励客户累计更多的飞行里程。

为了检验服务质量，衡量客户的满意程度，与客人更好地沟通，酒店设立了叫做"Performance Monitor"的服务质量检测体系，其中包括邀请知名的新加坡AMI公司作调研。调研从每天入住的客人中随机抽取若干位，进行问卷调查。问卷涵盖了抵店接待到客房、餐饮、服务和设施、员工以及与竞争者的比较等各个项目。该体系成为整个集团内部横向比较服务质量的一个标准。

另外，香格里拉还建立了一个强大的网络数据库系统，采用了先进的CRM数据软件，将客户的数据信息进行收集分析和整理。每一位入住香格里拉的客户，都会有一份属于自己的数据档案，内容涵盖客户所有有效的个人信息以及需求偏好。酒店会根据客人的不同需求，对客户提供差别化、个性化的服务，使客人的每次入住经历都如同回家一般。而且，客户的资料会在全球的香格里拉酒店共享。只要客人入住过香格里拉，集团内的任何一家酒店都可以查询到他的客史资料，给客人的再次入住提供便利。

计划、决策与实施

学习情境二	旅游酒店营销与策划
工作任务3	酒店客户关系管理
学生行为	各小组按教师的要求，制订完成任务的工作计划及任务分配方案，讨论计划的科学合理性，完善和做出最终决策；通过阅读知识链接内容，查阅其他相关资料，完成工作任务
教师行为	督导学生分组讨论，审核工作计划，提出修改建议，回答学生提问，引导学生做出正确的决策，对学生任务的完成进行全程督导，观察各小组在完成任务过程中的表现

续　表

计划、决策与实施	序号	实施步骤	使用资源	
	1			
	2			
	3			
	4			
	5			
	6			
	7			
	8			
	9			
	10			
组长签字			组　别	
教师签字			日　期	

检查、评价与反馈

学习情境二	旅游酒店营销与策划				
工作任务3	酒店客户关系管理				
教师行为	听取学生成果汇报，检查学生学习任务的完成情况，并指出不足及修改建议，对学生的学习表现进行评价，通过学生的教学反馈意见总结本次教学中存在的问题，制定工作改进计划				
学生行为	1. 对工作任务完成情况进行检查和反思，填写检查单 2. 把学习成果制作成PPT进行汇报，总结学习中的收获与体会，进行自我评价，并对本小组的成员表现逐一进行评价，填写评价单和教学反馈单				
检查	序号	检查项目	检查标准	学生自检	教师检查
	1	目标认知	工作目标明确，工作计划周密，具有可操作性		
	2	理论知识	基础理论知识的全面掌握		
	3	基本技能	能够运用基本的理论进行实践思考、分析、解决问题		
	4	学习能力	能在教师指导下，全面掌握相关知识和技能		
	5	工作态度	主动参与，积极完成工作任务		
	6	团队合作	积极与他人合作，共同完成任务		
	7	工具运用	熟练利用资料自学，利用网络进行资料查询		
	8	任务完成	保质保量完成任务		

续 表

<table>
<tr><th rowspan="2">评价</th><th>评价类别</th><th>项目</th><th>子项目</th><th>个人评价（30%）</th><th>组内互评（30%）</th><th>教师评价（40%）</th></tr>
<tr><td rowspan="13">专业能力（60%）</td><td rowspan="2">资讯（10%）</td><td>搜集信息（5%）</td><td></td><td></td><td></td></tr>
<tr><td></td><td>引导问题回答（5%）</td><td></td><td></td><td></td></tr>
</table>

<table>
<tr><th>评价</th><th>评价类别</th><th>项目</th><th>子项目</th><th>个人评价（30%）</th><th>组内互评（30%）</th><th>教师评价（40%）</th></tr>
<tr><td rowspan="19">评价</td><td rowspan="13">专业能力（60%）</td><td rowspan="2">资讯（10%）</td><td>搜集信息（5%）</td><td></td><td></td><td></td></tr>
<tr><td>引导问题回答（5%）</td><td></td><td></td><td></td></tr>
<tr><td rowspan="2">计划（10%）</td><td>计划可执行性（5%）</td><td></td><td></td><td></td></tr>
<tr><td>资源的安排合理（5%）</td><td></td><td></td><td></td></tr>
<tr><td rowspan="4">实施（15%）</td><td>工作步骤执行情况（3%）</td><td></td><td></td><td></td></tr>
<tr><td>可交付成果的完成（5%）</td><td></td><td></td><td></td></tr>
<tr><td>可交付成果完成质量（5%）</td><td></td><td></td><td></td></tr>
<tr><td>工作效率（2%）</td><td></td><td></td><td></td></tr>
<tr><td rowspan="2">检查（10%）</td><td>全面性、准确性（5%）</td><td></td><td></td><td></td></tr>
<tr><td>创新性、可行性（5%）</td><td></td><td></td><td></td></tr>
<tr><td rowspan="2">过程（5%）</td><td>过程规范性（3%）</td><td></td><td></td><td></td></tr>
<tr><td>反思与调控水平（2%）</td><td></td><td></td><td></td></tr>
<tr><td>结果（10%）</td><td>结果质量（10%）</td><td></td><td></td><td></td></tr>
<tr><td rowspan="4">社会能力（20%）</td><td rowspan="2">团结协作（10%）</td><td>对小组的贡献（5%）</td><td></td><td></td><td></td></tr>
<tr><td>小组合作配合情况（5%）</td><td></td><td></td><td></td></tr>
<tr><td rowspan="2">敬业精神（10%）</td><td>吃苦耐劳精神（5%）</td><td></td><td></td><td></td></tr>
<tr><td>学习纪律性（5%）</td><td></td><td></td><td></td></tr>
<tr><td rowspan="2">决策能力（20%）</td><td>计划能力（10%）</td><td>考虑全面、细致有序（10%）</td><td></td><td></td><td></td></tr>
<tr><td>决策能力（10%）</td><td>决策果断、选择合理（10%）</td><td></td><td></td><td></td></tr>
<tr><td>教学反馈</td><td colspan="6">你对本次学习的意见或建议：</td></tr>
<tr><td>组长签字</td><td colspan="3"></td><td>组　别</td><td colspan="2"></td></tr>
<tr><td>教师签字</td><td colspan="3"></td><td>日　期</td><td colspan="2"></td></tr>
</table>

学习情境三

旅游交通企业营销与策划

情境描述

分析旅游交通体系的构成、各旅游交通方式及旅游交通运输组合的特点及优缺点；运用相关原理，规划旅游交通产品的定价策略、旅游交通企业的营销方式；结合旅游线路策划，进行旅游交通工具的组合策划，体会营销在旅游交通企业中的运用。

学习目标

专业能力目标：熟悉旅游交通运输体系的构成及各自的主要特点；灵活运用价格策略的能力；旅游交通企业营销策划能力。

方法能力目标：市场调查与预测的能力；分析、评估市场机会的能力；竞争态势分析能力；具有较强的自学能力、理解能力与表达能力。

社会能力目标：良好的职业道德及责任心，对企业忠诚；广泛、良好的人际关系；良好的沟通和语言表达能力；处理和谐人际关系的能力。

工作任务1　旅游交通工具的选择

任务布置

学习情境三	旅游交通企业营销与策划
工作任务1	旅游交通工具的选择
学生行为	学生在教师的引导下，明确学习任务及要求，分组学习知识链接的内容，并查阅相关资料和文献，找出资讯问题的答案，初步掌握学习内容

续 表

<table>
<tr><td>教师行为</td><td colspan="2">1. 教师向学生介绍工作任务的内容、要求、关键点及注意事项,引导学生熟悉工作任务内容,并随机对学生进行分组
2. 教师向学生讲解或引导学生学习资讯内容,并随时解答学生的相关问题</td></tr>
<tr><td>任务描述</td><td colspan="2">学生5~6人为一小组,各小组运用所学知识,分析讨论“京城家庭爱上租车旅游”“南航推出999元高尔夫球旅游套餐”两个课堂案例,最终形成小组《案例分析报告》</td></tr>
<tr><td rowspan="5">资讯</td><td rowspan="4">资讯问题</td><td>1. 旅游交通的概念及特征</td></tr>
<tr><td>2. 如何理解旅游交通在旅游业中的重要地位和作用?</td></tr>
<tr><td>3. 旅游交通体系的构成</td></tr>
<tr><td>4. 旅游交通营销战略的内容</td></tr>
<tr><td>资讯引导</td><td>以上资讯问题请查阅本书知识链接,同时参考以下书籍和网页:
1.《旅游市场营销》谢冽,马芳主编,湖南大学出版社,2010。
2.《旅游市场营销》刘晓明主编,上海交通大学出版社,2011。
3.《旅游市场营销学》刘晓琳主编,山东大学出版社,2007。
4.《旅游市场营销》张俐俐主编,清华大学出版社,2005。
5. http://www.aatrip.com/中国旅游营销网</td></tr>
</table>

知识链接

一、旅游交通的概念及特征

(一)旅游交通的概念

旅游交通是指为旅游消费者在旅游过程中提供所需交通运输服务而产生的一系列社会经济活动与现象的总和。旅游交通业是由旅游公路、旅游航空、旅游铁路、旅游水运以及特种旅游运输方式共同构成的产业集合体,它介于公共交通运输业与旅游业之间,属于第三产业的范畴。一方面,它借助民用客机、旅客列车等公共交通设施,从事包括旅游者在内的所有旅客及其行李的公共运输活动;另一方面,它还利用旅游包机、旅游列车、游船等专用交通设施,在旅游客源地与目的地之间以及旅游目的地内各旅游活动场所之间,从事旅游消费者及其行李的专项运输活动。旅游交通业依托运输设施为旅游者提供空间移动服务,并通过这种特殊的无形服务产品的生产、交换、消费创造经济产值,因而是一个新兴的交叉性、服务性、经济性产业。

(二)旅游交通的特征

1.交叉性

旅游交通业是为适应旅游业发展的特殊需要,从公共交通运输业中衍生而成的新兴产业。一方面,它在很大程度上依赖于公共交通基础设施,与公共交通运输业密切关联;另一方面,它以旅游消费者为主要服务对象和目标市场,与旅行社、景区、饭店等旅游企业保持着紧密的业务关系,与旅游业息息相关。

旅游交通的交叉性,决定了它具有优越的市场适应能力和巨大的发展潜力。首先,旅游交通企业横跨旅游和交通运输两个客源市场,可以兼顾旅游专项客运和高档公共客运两种业务,因而在某一市场需求滑坡时,能够及时调整营销策略进入另一目标市场。其次,旅游交通企业凭借公共交通基础设施为旅游业服务,由于传统的公共基础产业具有高度稳定的特征,而新兴的旅游产业具有朝阳产业的特征,因此集"稳定"与"朝阳"双重特征于一身的旅游交通业蕴藏着巨大的发展潜力。

2.服务性

旅游交通业与工农业等生产型行业不同,旅游交通业不生产有形产品,而是提供无形的运输服务,因而具有明显的服务性,它是借助交通工具使旅游消费者及其随身物品实现地理空间的位置移动;旅游交通业也不同于商品批发、零售等流通性服务行业,它一般不代理有形产品的经销业务,而是经销自己的服务,它利用有形的各类交通工具提供并销售无形的运输服务。

旅游者与普通旅客不同,他们对旅行生活的舒适性、游览性和个性化有更高要求,因此,质量、品种、特色就成为旅游交通服务的核心内容和生命源,从而使旅游交通业的服务性越发重要和显著。

3.经济性

旅游交通业通过提供符合旅游市场需求的空间位移服务产品,满足旅游消费者在旅游过程中对交通运输的需求,完全按照经济规律和市场机制运作,以追求最佳的社会经济效益为产业发展目标,是国民经济的重要组成部分之一,因而经济性是旅游交通产业的根本性质。

二、旅游交通在旅游业中的地位和作用

交通运输业是使货物和旅客实现空间位置移动的物质生产部门,是生产过程在流通中的继续。旅游交通是整个交通运输的有机组成部分,是实现旅游消费者

空间位置移动的必要方式。通过旅游交通这一手段,达到旅游消费者的旅游目的。所以,旅游交通作为构成旅游业的六大支柱之一,在旅游业中发挥着不可替代的作用。

1. 旅游交通本身有时也是旅游活动的组成部分

通常情况下,旅游交通只是旅游者前往目的地游览的手段,但在特殊情况下,它又是旅游经历的一部分。例如,长江三峡游中,旅游者在湖北宜昌市登船,船逆水而上,先过西陵峡,长约76公里,是三峡中最长的峡谷,旅游者可以从中观赏水底的景观;接着进入巫峡,全长44公里,旅游者从中可以欣赏幽深秀丽的美景;最后进入瞿塘峡,全长8公里,旅游者从中可以饱览雄伟险峻的盛景。长江三峡从湖北宜昌至四川的白帝城,全长198公里,不仅使旅游者形成了较长距离的空间位移,同时也是旅游者游览的过程,所以旅游交通就成了游览的组成部分。

2. 先进发达的现代交通既是构成现代旅游的必要条件,又是促进旅游目的地旅游业发展的重要因素

旅游消费者要到达旅游目的地,就要从居住地借助旅游交通满足自己的游览需求。旅游者活动的半径有多大,旅游业发展的规模有多大,首先要取决于交通发展的规模;同时,旅游者的空间位移,不仅有距离长短的问题,而且还有所需时间多少的问题,如果所需时间过多,就可能把一大批人排除在旅游者行列之外。因此,旅游者的活动半径和旅游业发展规模,不仅取决于旅游交通的发展规模,还要取决于旅游交通发展的先进程度。

另外,现代先进发达的交通对旅游的需求有着强有力的引导效应,一旦航空公司开辟了一条新航线,相关旅游地的旅游就会有引人注目的发展,甚至会开辟出新的旅游目的地。

3. 旅游交通运输能力是旅游生产力的重要组成部分

旅游生产力一般可理解为旅游综合接待能力,它由许多因素组成,如旅游景点的承载能力、旅行社的接待能力、饭店的接待能力、旅游交通的运送能力等。上述几方面的接待能力构成综合接待能力,并必须保持一定的比例,彼此相互协调和相互配合。如果出现比例失调,某些过多的接待能力并不能发挥综合效力。旅游交通作为旅游综合接待能力的一个有机组成部分,其发展规模和水平要与旅行社、饭店等接待能力相协调,在这种情况下,旅游业才能较为顺利地发展;否则,即使旅行社和饭店接待能力较大,但由于旅游交通发展滞后,不能提供相适应的运送能力,整个旅游业的发展也会出现困难和问题。

三、旅游交通体系的构成

现代旅游交通业主要由公路、铁路、航空、水运、特种旅游运输五种交通方式构成。每一种旅游交通方式又由客运工具、客运站场和客运线路三个基本生产要素构成。各种交通方式根据其自身优势分工协作，分别主导不同运距、不同运速、不同运价旅游交通细分市场，同时又优势互补、互相衔接、彼此竞争，共同构成现代旅游交通产业综合体系。

1. 航空运输

航空运输是指使用飞机、直升机及其他航空器运送人类、货物、邮件的一种运输方式。其具有快速、机动的特点，是现代旅客运输尤其是远程旅客运输（500公里以上）的重要方式，为国际贸易中的贵重物品、鲜活货物和精密仪器运输所不可或缺。现代航空运输是社会生活和经济生活的一个重要组成部分，是目前发展最快的一种运输方式。

航空运输的主要优点是：速度快，机动性大，舒适、安全，基本建设周期短、投资小等。航空运输的主要缺点是：飞机机舱容积和载重量都比较小，运载成本和运价比地面运输高；由于飞行受气象条件限制，影响其正常运行和准点性。此外，航空运输速度快的优点在短途运输中难以充分发挥。

2. 铁路运输

铁路运输是以机车为牵引动力，以客车或货车为运载工具，沿着轨道载运旅客和货物的运输方式。铁路运输承担着我国客货运输总量相当大的比重，是我国经济的大动脉，在综合运输体系中起着骨干和主导的作用。

铁路运输的主要优点是：牵引力大，运输能力强；运输成本低；较少受气象、季节等自然条件的影响，能保证运行的经常性和持续性；运输的地区局限性较小；便于统一指挥和管理，计划性强，客、货到发的时间准确性比较高，运输的速度也较快；安全程度高。铁路运输的主要缺点是：始建投资大，建设时间长；始发与终到作业时间长，不利于运距较短的运输业务；受轨道限制，灵活性较差，需有其他运输方式为其集散客源；运输总成本中固定费用所占比重大，一旦停止运营，不易转让或回收，损失较大。

3. 水路运输

水路运输是利用船舶、排筏和其他浮运工具，通过各种水道运送旅客和货物的一种运输方式。水路客运业主要有四种，即远程定期班轮服务、海上短程渡轮服务、游船服务和内河客运服务。轮船客运单纯地作为交通方式，由于速度慢、时间长等不足而逐渐走向衰落，日益被航空、公路、铁路运输所取代。同时，作为旅游度假形式的海上巡游（游船业）开始发展起来，成为一种特殊的旅游形式。游船业是目前旅游业中增长最快的部门，乘客、船只、乘客容量都在迅速增加，许多航线都在增加船只，并且提高舒适性，增加新的停泊港湾。游船业在实现游客满意度方面是旅游交通业的标兵，是其他行业难以比拟的。

水路运输具有以下优点：水运主要利用江、河、湖泊和海洋的"天然航道"来进行，通航能力几乎不受限制；投资少，建设与维护费用较低；劳动生产率高，劳动力需要量少；运行持续性强。水路运输也存在缺点：速度较慢；受气象条件影响大，受航道限制，灵活性较差；需要其他运输方式集散或接运客货等。

4. 汽车及自驾交通

固定班次的公共汽车主要限于为城际非商务旅行提供服务。包车和长途汽车是包价旅游的重要组成部分，短途旅游车是目的地内游客流动和一日游的重要工具。私车是国内旅游、休闲短途旅游、休闲娱乐旅游的主要旅行工具。在我国，随着私人轿车的普及，自驾旅游已成为一种新的时尚。发达的公路交通网络及配套设施，如路边的汽车旅馆、餐厅、加油站、维修站和目的地停车场，都为汽车旅游提供了极为便利的条件。

5. 特种旅游交通

特种旅游交通主要是指在旅游景区、景点的渡船、索道、缆车、轿子、滑竿、马匹、骆驼等形式的旅游交通方式。其优点是便于游客通过一些难行的路段，可以辅助老弱病残游客完成旅游，有些还带有娱乐、观赏性质，可以提高旅游价值，招揽游客。不足之处是有些特种旅游交通，如索道、缆车等，有时会造成与风景名胜的不协调的现象和对风景区的破坏现象。

上述交通方式的营销对所有旅游目的地都有一定程度的影响，大部分目的地同时受几种交通方式的影响。虽然交通工具之间存在着许多差异，但是在其发挥的功用方面却有许多共性。所有的客运系统都是凭借受到或松或紧的控制和管制的交通工具、沿着连接出发地与目的地的线路网进行移动来运营的。

四、旅游交通营销战略

（一）发展战略

目前，在有些国家或地区，还有许多极具潜质的旅游资源没有得到开发利用，也没有形成旅游业，一个重要原因就是缺乏进出景区的旅游设施，特别是机场、停车场等。旅游交通畅通无阻，无论是对促进旅游业的发展，还是对实施旅游营销战略，都是最基本的条件。所以，一个国家和地区要发展旅游业，必须大力投资旅游交通建设，尤其是旅游目的地更应根据当地情况选择并投资适合的旅游交通项目。

（二）促销战略

旅游交通战略营销的一个重要作用就是借助旅游交通，将潜在旅游需求变成现实的旅游需求，并获取一定的收益，所以各旅游交通部门需通过促销策略的运用，树立良好的形象，创造并保留常客和回头客，培养其忠诚度。如全球广泛运用的常客奖励方案，铁路、公路固定往返线路上的季票，折扣机票等。

（三）联盟战略

近年来，一些交通企业越来越多地将注意力从业内向外转移，从作为交通工具、交通线路和提供各种交通设施的传统角色转向与整体旅游产品中其他产品要素经营者进行联盟的合作者。这些联盟的范围很广，上至与旅游经营商或旅游批发商组成全面联盟，下至与住宿供应商的联盟。通过联盟，可以加强旅游交通企业与其上游链的关系，增强其竞争能力，提高经济效益。

案例3-1

"对不起对不起，又来咨询租车的电话了，您稍等……"昨天下午，记者采访中天行房车公司的接待员短短10分钟里，谈话就总是不时被咨询租车或参加房车旅游的电话打断，租车业务看来只有一个字能形容——火。记者昨天从北京几家大型汽车租赁公司获悉，进入暑期以来，公司租车量平均上升20%左右，房车旅游也颇受欢迎。北京银建汽车租赁公司的董事长杨先生告诉记者，七月的租车量较六月上升了10%以上，估计这个月还会上升，中档车比较受欢迎，捷达、普桑、赛欧等200元左右一天的车租得很火，一般以家庭租车为主，占到60%。租车时长以三天为最多，多适用于周末全家旅游。对于老少三代这样的大家庭，最喜爱的车型是金杯等8座、10座的车。

同时，房车租赁及房车旅游也颇受欢迎，一般也以家庭为主，去京郊、坝上等短途的比较多。某网站和某房车租赁公司一周前推出的"房车载着的爱恋——浪漫七夕·平谷寻缘"活动，准备18日至19日开着房车在平谷西峪水库周边住宿游览，"每人的费用是298元（包括房车费用、过往路桥费、保险费用、早餐、厨房用调料、小奖品），我们只能接收66名参与者，但目前已有近百个意向报名者了，没想到这么多人感兴趣，房车旅游比住宾馆自在，大家交流也方便，非常受年轻人喜爱。"主办方工作人员王小姐说。

问题：

1. 分析该产品推出的市场背景。

2. 从该案例的分析中，你看到了哪些市场机会？

案例3-2

包括广州——南宁往返机票、两晚五星级酒店住宿及一场18洞高尔夫球会费只需999元！记者从白云机场售票处了解到，南航在七月份推出了"南航行——快乐高尔夫"旅游休闲套餐。

据《新快报》报道，近年来，高尔夫运动在中国逐渐变为时尚运动之一，高尔夫消费人群也以惊人的速度递增，目前我国潜在的高尔夫消费人口已近1 900万人。针对这些高端旅客，航空公司陆续推出和高尔夫有关的旅游飞行套餐。据悉，南航999元的南宁高尔夫飞行旅游套餐不仅包括南航由广州飞往南宁的往返程机票（未含往返机场建设税及燃油附加费）、两晚南宁五星级酒店高级客房住宿、还包括一场南宁高尔夫球会18洞果岭费。白云机场售票处提醒旅客，由于此高尔夫旅游飞行套餐非常超值，因此必须至少提前两天出票，且仅限使用南航电子机票，并且机票不得签转、更改及退款。

据悉，高尔夫南宁旅游套餐在8月10日前使用有效，此后航空公司还将继续挑选广州、深圳、三亚、丽江等18个重要旅游城市作为新旅游套餐的目的地。

问题：

1. 用旅游产品价格策略分析南航"999元高尔夫球旅游套餐"产品。

2. 对于航空企业促销，从该案例中你有何启发？

计划、决策与实施

学习情境三	旅游交通企业营销与策划
工作任务1	旅游交通工具的选择
学生行为	各小组按教师的要求，制订完成任务的工作计划及任务分配方案，讨论计划的科学合理性，完善和做出最终决策；通过阅读知识链接内容，查阅其他相关资料，完成工作任务
教师行为	督导学生分组讨论，审核工作计划，提出修改建议，回答学生提问，引导学生做出正确的决策，对学生任务的完成进行全程督导，观察各小组在完成任务过程中的表现

续　表

计划、决策与实施	序号	实施步骤	使用资源	
	1			
	2			
	3			
	4			
	5			
	6			
	7			
	8			
	9			
	10			
组长签字			组　别	
教师签字			日　期	

检查、评价与反馈

学习情境三	旅游交通企业营销与策划				
工作任务 1	旅游交通工具的选择				
教师行为	听取学生成果汇报，检查学生学习任务的完成情况，并指出不足及修改建议，对学生的学习表现进行评价，通过学生的教学反馈意见总结本次教学中存在的问题，制定工作改进计划				
学生行为	1. 对工作任务完成情况进行检查和反思，填写检查单 2. 提交书面的《案例分析报告》，总结学习中的收获与体会，进行自我评价，并对本小组的成员表现逐一进行评价，填写评价单和教学反馈单				
检查	序号	检查项目	检查标准	学生自检	教师检查
	1	目标认知	工作目标明确，工作计划周密，具有可操作性		
	2	理论知识	基础理论知识的全面掌握		
	3	基本技能	能够运用基本的理论进行实践思考、分析、解决问题		
	4	学习能力	能在教师指导下，全面掌握相关知识和技能		
	5	工作态度	主动参与，积极完成工作任务		
	6	团队合作	积极与他人合作，共同完成任务		
	7	工具运用	熟练利用资料自学，利用网络进行资料查询		
	8	任务完成	保质保量完成任务		

续 表

<table>
<tr><td rowspan="21">评价</td><td>评价类别</td><td>项目</td><td>子项目</td><td>个人评价（30%）</td><td>组内互评（30%）</td><td>教师评价（40%）</td></tr>
<tr><td rowspan="13">专业能力(60%)</td><td rowspan="2">资讯（10%）</td><td>搜集信息(5%)</td><td></td><td></td><td></td></tr>
<tr><td>引导问题回答(5%)</td><td></td><td></td><td></td></tr>
<tr><td rowspan="2">计划（10%）</td><td>计划可执行性(5%)</td><td></td><td></td><td></td></tr>
<tr><td>资源的安排合理(5%)</td><td></td><td></td><td></td></tr>
<tr><td rowspan="4">实施（15%）</td><td>工作步骤执行情况(3%)</td><td></td><td></td><td></td></tr>
<tr><td>可交付成果的完成(5%)</td><td></td><td></td><td></td></tr>
<tr><td>可交付成果完成质量(5%)</td><td></td><td></td><td></td></tr>
<tr><td>工作效率(2%)</td><td></td><td></td><td></td></tr>
<tr><td rowspan="2">检查（10%）</td><td>全面性、准确性(5%)</td><td></td><td></td><td></td></tr>
<tr><td>创新性、可行性(5%)</td><td></td><td></td><td></td></tr>
<tr><td rowspan="2">过程（5%）</td><td>过程规范性(3%)</td><td></td><td></td><td></td></tr>
<tr><td>反思与调控水平(2%)</td><td></td><td></td><td></td></tr>
<tr><td>结果（10%）</td><td>结果质量(10%)</td><td></td><td></td><td></td></tr>
<tr><td rowspan="4">社会能力（20%）</td><td rowspan="2">团结协作（10%）</td><td>对小组的贡献(5%)</td><td></td><td></td><td></td></tr>
<tr><td>小组合作配合情况(5%)</td><td></td><td></td><td></td></tr>
<tr><td rowspan="2">敬业精神（10%）</td><td>吃苦耐劳精神(5%)</td><td></td><td></td><td></td></tr>
<tr><td>学习纪律性(5%)</td><td></td><td></td><td></td></tr>
<tr><td rowspan="2">决策能力（20%）</td><td>计划能力（10%）</td><td>考虑全面、细致有序(10%)</td><td></td><td></td><td></td></tr>
<tr><td>决策能力（10%）</td><td>决策果断、选择合理(10%)</td><td></td><td></td><td></td></tr>
<tr><td colspan="6"></td></tr>
<tr><td>教学反馈</td><td colspan="6">你对本次学习的意见或建议：</td></tr>
<tr><td>组长签字</td><td colspan="3"></td><td>组　别</td><td colspan="2"></td></tr>
<tr><td>教师签字</td><td colspan="3"></td><td>日　期</td><td colspan="2"></td></tr>
</table>

<<< 工作任务2 旅游交通企业营销 >>>

任务布置

<table>
<tr><td>学习情境三</td><td colspan="2">旅游交通企业营销与策划</td></tr>
<tr><td>工作任务2</td><td colspan="2">旅游交通企业营销</td></tr>
<tr><td>学生行为</td><td colspan="2">学生在教师的引导下，明确学习任务及要求，分组学习知识链接的内容，并查阅相关资料和文献，找出资讯问题的答案，初步掌握学习内容</td></tr>
<tr><td>教师行为</td><td colspan="2">1. 教师向学生介绍工作任务的内容、要求、关键点及注意事项，引导学生熟悉工作任务内容，并随机对学生进行分组
2. 教师向学生讲解或引导学生学习资讯内容，并随时解答学生的相关问题</td></tr>
<tr><td>任务描述</td><td colspan="2">学生5~6人为一小组，讨论分析案例“一元旅游策划草案”，根据案例的启示，结合所学知识，以你熟悉的旅游交通企业或感兴趣的旅游交通工具为例，为其设计一个营销策划方案</td></tr>
<tr><td rowspan="6">资讯</td><td rowspan="5">资讯问题</td><td>1. 旅游交通运营商的营销策略</td></tr>
<tr><td>2. 航空旅游交通的营销策略</td></tr>
<tr><td>3. 铁路旅游交通的营销策略</td></tr>
<tr><td>4. 游船旅游交通的营销策略</td></tr>
<tr><td>5. 公路旅游交通的营销策略</td></tr>
<tr><td>资讯引导</td><td>以上资讯问题请查阅本书知识链接，同时参考以下书籍和网页：
1.《旅游市场营销学》于由主编，浙江大学出版社，2005。
2.《旅游市场营销》谢冽，马芳主编，湖南大学出版社，2010。
3.《旅游市场营销》刘晓明主编，上海交通大学出版社，2011。
4.《旅游市场营销学》刘晓琳主编，山东大学出版社，2007。
5. http://www.aatrip.com/中国旅游营销网</td></tr>
</table>

知识链接

一、旅游交通运营商的营销策略

(一)预测市场潜力

由于旅游交通具有高投资、高固定成本的特征，交通工具的购买及其他投资决策必须与收入预测相适应。营销管理者必须按每一条运营线路及每一个细分市场对交通需求的数量、层次结构、质量等方面进行估计，因此，交通运营商必须通过开展大量的营销研究和持续的乘客追踪来预测市场的潜力，为规划未来的运营线路、班次安排及相关投资奠定基础。

虽然由于经营环境的不可预见性，对交通流量的预测也不可避免地存在风险，但交通运营商对顾客行为了解越多，其风险就会越低。

（二）确立企业在市场中的良好形象

作为将潜在市场转化为现实收入过程的一部分，战略营销的一大重要任务是在一个不断争夺市场份额的过程中如何争取领先对手。交通运营商应考虑顾客是如何审视企业的，我们的企业有怎样的优势，这些优势可以演变成企业的形象或"定位"，对顾客具有长久的吸引力，并可以利用广告等营销形式传递给目标细分市场。一些潜在的顾客很可能受不同交通运营商的正面或负面形象的影响而改变选择，所以运营商必须对广告和公共关系等予以高度重视，以树立在公众（特别是目标细分市场）心目中良好的企业形象。

（三）创造并保留常客

少量的常客（其中大部分为商务客人）所带来的收益可能会在企业的全部收益中占很高的比例，而大量的一次性顾客往往低于前者。原因在于这些常客愿意支付较高的票价，并且经常旅行，所以对这些顾客要认真加以培养开发，其重要战略之一就是对企业的回头客实施奖励。事实上，自20世纪80年代以来，大多数航空公司、汽车租赁企业和其他交通运输企业都提供各种形式的会员俱乐部、优惠卡或通行证方案来回报已获认可的常客。如泛美航空公司在20世纪80年代初就曾提出了航行里程"奖励积分"方案，即在美国境内的飞行里程数在以后可以兑换为免费旅行机票，飞行的里程越长，积分越多，积累的奖励也就越大，这种做法吸引了众多的回头客。

（四）加强与旅游业其他部门的合作

加强与旅游业其他部门的合作，与整体旅游产品中其他产品要素经营者联合。整体旅游产品包括旅游活动过程中的吃、住、行、游、购、娱六大基本要素，作为旅游产品的一个组成部分，旅游交通业与饭店、旅游景区、旅游商店、娱乐场所等常常是一荣俱荣、一损俱损的关系。所以与旅游目的地企业和旅游产品销售网络结成战略营销联盟，成了交通运营商的一项重要营销战略。这种联盟的范围非常之广，上自与饭店、景点的有限联盟，下至与旅行社等营销组织的全面联盟。在铁路发展的早期，铁路系统与沿线饭店便开展联盟，它们被认为是高效率地拓展交通业务的必要途径。在我国，民航、铁路等与旅行社、饭店之间的战略联盟也逐步展开，尤其是在“五一”“十一”和春节等旅游黄金时期增加的旅游包机、旅游专列等，对保证高峰的旅游供应起到了很好的作用。

另外，联盟还应表现在各交通运输公司的自我联合上，由于交通运输业竞争的激烈，一些交通运营商为了扩大自己的市场份额，不惜大打价格战，尤其是航空公司，以至于某些交通运营商无利可图，破坏了市场秩序。为了避免出现这样的局面，各交通运营商应结成联盟，这样至少有以下益处：有利于营销费用的分摊，可以实现经营成本的规模经济，可以提高座位利用率等。

二、航空旅游交通的营销策略

（一）实施各种优惠政策

航空公司应顺应大众旅游发展的趋势，不仅对旅行社的团体票打较低的折扣，更要在淡季时对散客采取较低的折扣价格策略，以尽量提高上座率和设施利用率。如特惠机票作为一种促销手段，可在淡季或者特殊时期吸引顾客。

（二）加强与其他交通方式的配合、缩短飞行外交通时间

由于飞机具有噪音大的特点，所以飞机场都建设在离城市市区较远的地段，以减少对城市居民的噪音影响。但这样的布局导致乘客从住处到机场或从机场到住处需要花较长时间，再加上登机检查，甚至会超出空中飞行的时间，因此，机场的可进入性成了重要的竞争因素。而提高机场可进入性必须得到其他交通方式的配合，除了应注重通达机场的公路建设，还可以考虑其他交通方式，如轻轨、磁悬浮等。例如上海已经开通了市内至浦东机场的磁悬浮列车，跑完全程只需要 8 分钟，大大缩短了飞行外的交通时间。

（三）改善机场总体服务

如今的旅客在乘机时，不仅注重时间、效率，而且开始对餐饮、娱乐、购物等方面也有较高的要求。由此表明机场功能已不仅仅停留在满足旅客乘机的需要上，应从最基本的实用层次，上升到为旅客提供享受层面的服务。针对乘客候机时的生理和心理需要，加强机场的人性化设计，并在交通、标志、办理手续、信息沟通、餐饮、购物、娱乐等各服务项目和工作流程中强化针对性的措施，将有助于机场总体服务质量的提升。

（四）树立安全形象

出于种种原因，有些人对飞机飞行安全表示担忧，甚至在时间许可的情况下，宁愿选择坐火车而不坐飞机，造成了航空公司客源的流失。而这类客人，往往消费能力很强且对价格不敏感，他们更关心的是航行安全与舒适，航空公司应该尽力留住这类客户，因为这部分客人将可能是公司利润的主要来源。所以一方面航空公司要加强安全检查和安全整顿工作，特别是要健全和完善包机安全保障措施；另一方面还要做好对外的安全宣传工作，例如可利用公关等方式消除部分乘客的忧虑甚至是恐惧心理。

（五）推出特殊旅游航线

面对当今旅游业蓬勃发展的大好时机，航空公司应当针对一些新兴的旅游热点，开辟出新的旅游航线，以取得市场先机。如南方航空海南公司审时度势，开拓创新，于2005年在海口与石家庄之间，开通了一条以红色旅游服务为特色的往返航线。南航海南公司在机上广播中增加了对河北革命老区的历史介绍和许多在老区广为流传、感人至深的革命故事，以使乘坐该航班的旅客能够了解更多革命历史；同时，该公司还与协作单位为乘客提供了地面红色旅游衔接服务，旅客一下飞机便可一路畅通地参观革命教育景点，并可以根据需要安排革命史座谈、党性教育等专题活动。

（六）旅游包机策略

旅游包机是一种不定期的航空包乘服务业务，是航线经营的一种新型运作模式。随着20世纪60年代以来大众旅游的兴起，旅游包机业务有了很大的发展。主要面向旅行社，为各家旅行社带来更大商机，为游客最大限度地降低出游成本。与定期航班相比，旅游包机业务最大的优势是票价低廉。航空公司一般不向公众宣传其包机业务，从而可以节省推销费用；包机运输只提供简单的服务项目，从而可以节约经营费用；再加上包机的载客率较高，因而有可能压低票价。如南航的石家庄—大连包机线路为旅游团体提供的价格是4.5折，原价760元，打折后每个座位仅售340元，相当于火车卧铺价格，同时公务、商务客人也可享受到低至5折的团体票价。

三、铁路旅游交通的营销策略

（一）合理制定铁路运输价格

制定铁路运价必须遵循运价制定的基本原则，以铁路改革总体框架为依托，以市场经济为指导思想，合理规定运价水平。为了满足不同收入水平旅游者的需求，保证铁路旅游交通产品具有竞争力，铁路运输企业应建立灵活的运价机制，根据旅游市场的变化，采取多价位的票价制定方法。主要做法是：

1）在旅游黄金线上实行旅游列车峰谷票价。在控制票价总水平不超过国家相关规定的前提下，对列车等级、车型、车种、席别相同，但到发时刻不同的旅游列车实行最高与最低的不同票价，从而调节日间客流峰谷，提高旅游运输市场的竞争力。

2）在旅游黄金线上实行旅游列车梯形票价。根据不同游客的不同层次需求，采用不同车辆、不同速度等级、不同席位、不同运行时间的列车运行方案，制定不同档次票价，实现旅游交通产品及其价格的多样化，票价形成梯次定价。

（二）优化列车环境

除了部分旅游专列和特快列车外，我国大多数火车都存在列车环境差的问题。首先，火车卫生差，当然部分原因是乘客素质低所致，但也有的列车则是乘务员卫生清扫不够积极造成的；再者，乘务员的服务态度差、到处小贩的叫卖声也是对环境的一种破坏。作为旅游交通工具，一定要提供优质的旅游服务，乘客是来消费来享受服务的而不是接受管理教育的，对于部分乘客的不文明行为，乘务员应该去引导而不是简单地批评甚至骂人；另外，列车上的财物安全也是应当考虑解决的问题，特别是到了旅游黄金周、春运期间，列车拥挤不堪，乘车人员也是鱼龙混杂，一些不法分子混迹其间，增加了其他乘客财物损失的风险。

（三）适时开行旅游宾馆列车

铁路运输企业应积极参与旅游资源开发，适时开行旅游宾馆列车，实行旅游交通、住宿、导游等“一条龙”特色服务。在旅游旺季，旅游者往往会遇到购买往返车票、住宿、旅游目的地区内交通等方面的问题，旅游宾馆列车则可以较好地解决这方面的问题，可试行交通、住宿、导游服务、景点门票等一票制，提供全程优惠服务。

（四）增加车上娱乐活动

火车运行时间通常比较长，期间又基本上没什么娱乐活动，大部分时间乘客只能自己消磨时间，这样长时间的旅途就会显得单调乏味，增加乘客疲劳感，甚至会诱发心理疾病。所以列车上可以考虑组织一些娱乐节目和活动，增强乘客的参与性,以丰富旅途内容并消磨漫长的旅途时光。

(五)开行不同档次的旅游列车

根据旅游者的不同需求层次,铁路运输企业可开行不同等级的旅游专列。有关调查表明,月收入较高的旅游者更注重交通工具的舒适性、快速性,因此,铁路要扩大市场份额,就必须提高旅游专列的运行速度和服务质量。

另外,在旅游交通竞争激烈的线路上,铁路运输企业应增加旅游列车开行的频率,实现旅游列车"公交化"运营,为游客提供更多的机会,提高旅游列车的竞争能力。

四、游船旅游交通的营销策略

(一)提高形象

游船交通应树立高形象的定位。人们对游船的消费需求已经不仅仅是一个交通工具,而更像是对一个旅游景点的消费。人们在这个活动景点上可以满足食、宿、行、游、娱的功能,不需再转换地点。游船应当树立一个高享受、高价格、高服务的综合性形象。

(二)提高正点率

由于游船受到季节、水深、天气如风力风向等因素影响很大,所以晚点现象比较常见,这对游船业是一个非常不利的因素。游船经营者应在尽可能的情况下,保证按时间表运行,提高正点率。

(三)宣传水上风情

乘游船旅游往往是旅游的一部分,比如长江三峡游,从湖北宜昌到四川白帝城,全长 198 千米,沿途可以观赏西陵峡探险水底景观、欣赏巫峡幽深秀丽的美景,还可以饱览瞿塘峡雄奇险峻的盛景,不仅使旅游者实现较长距离的空间位移,同时也是旅游者游览的过程。游船经营者充分利用这些有利条件,在游船上宣传水上风情,丰富游览内容。

(四)增加船上娱乐项目

游船速度一般较慢,例如杭州到苏州,乘汽车不过三四个小时,而从京杭大运河坐"天堂号"游船则需要十几个小时。如果船上没有什么娱乐项目,乘客没什么消遣的话会感觉速度更慢,更易引起对游船旅行的不满。特别是像杭州到苏州这样要在船上过夜的,天黑以后就观赏不到两岸景色了,又不会过早休息,所以恰当的娱乐项目就成了旅游者的最佳消遣,同时还能满足旅游者社会交往的需要。

五、公路旅游交通的营销策略

(一)合理定位

汽车公司应当明确的是,当人们选择运用汽车交通方式旅游时,距离不能过长,否则便会使人感觉不舒服。即使价格再合理,舒适度明显改进,车上的时间过长,总是容易让旅游者产生烦躁情绪。若距离过长,旅游经营者会考虑航空、铁路等其他运输方式。

对于差旅型旅游者而言,他们最关心的是安全、便利、快速和舒适,他们很少选择乘长途汽车,因此改进舒适性和运用价格策略对这类旅游者影响并不大。而消遣性旅游者关心的却是安全、经济和高效,对价格比较敏感,会尽量选择价格较低廉的旅行方式,选择长途汽车旅行的可能性相对较大,改进舒适性和运用价格策略对他们能产生一定的吸引力。

(二)做好与其他交通方式的衔接

航空旅行、铁路运输旅行、游船旅行,偏向于点到点的旅行,要展开面上的旅行,旅游者还是需要依赖汽车。因此旅游经营者应作好汽车与其他交通方式的衔接,做好旅游团的衔接工作。争取与其他交通运营商进行合作互助,以达到双赢或多赢的目的。

(三)自驾车旅游

在我国,随着私人轿车的普及,自驾车旅游已经成为一种新的时尚。针对人们喜欢自己驾车旅游这一特点,旅游交通经营者可以设置相应的业务来迎合这一市场的需要。旅游景区、出租公司或旅行社可以充分挖掘自驾车市场,组织由游客自己驾车旅行的包价旅游;开办租车业务,以满足不便携带或没有自用汽车的旅游者的需要;开展飞机、铁路、游船等联运业务,将游客连同其汽车一起运送到度假目的地。

旅游者对交通运输的普遍要求是安全、便利、快速、高效、舒适、经济等,然而在营销过程中我们不难发现,这些方面难以兼得,况且上述各方面的程度也都是不同的交通方式相对而言的,不同的旅游者对上述各方面强调的重点也有顺序或层次上的区别。所以在旅游交通营销的过程中,我们必须根据不同旅游者的旅游目的、旅行偏好和经验、各种交通方式的价格接受度,根据旅游线路安排的旅行距离等因素进行综合考虑,有针对性地开展旅游交通营销。

案例3-3

前言:

"一元旅游"运作方式巧妙,新景区进入市场或者老牌景区进入新市场都是不错的炒作、宣传方法。新闻策划,事件营销在沿海城市,发达地区已经有所应用,郑州还比较少,不成系统。"商气就是人气,人气就有社会舆论的导向。"——美国经济学家《第五项修炼》作者彼得·圣吉的这句话,深刻地揭示了社会舆论在市场营销中的重要性。

在河南省委省政府大力提倡"把旅游的高门槛降下来"号召的背景下,所以我们可能是全国头一例的"一元钱旅游"就显得顺潮流,应民意。

事件营销讲究的是借助媒体,而不是控制媒体,因此就需要考虑新闻的风险。我们在"一元旅游"运作之前,多方考证,景区领导认为一元旅游数量有限,不会影响品牌形象;旅行社觉得不会影响销售景区;报社也对活动预期非常乐观的情况下,我们才向前推进。

活动见报的当天上午,2 000 多个咨询电话打进河南商报旅游工作室,置疑的、报名的、询问的、感谢的……不一而足。交钱的群众从河南商报社排成了长龙。现场我们的工作人员给老年人准备了凳子,给年轻人准备了景区画册。现场火爆而秩序井然。热度持续了有三天,还有电话打入咨询景区的这一活动。

一元旅游赶赴焦作丹河峡谷发团的当日,河南大河锦江国际旅行社也同步发团(正常报价),经证实,方知许多团友就是没有幸运报上名参加"一元游丹河"活动的群众。

我们认为达到了预期目标,报社获得了良好的社会公益形象和火爆的人气;景区明星般地切入市场,获得了两个半版图片加文字的广告回报和经济效益;群众得到了实惠;旅行社和记者也采风考察了景区的情况;继续发力,我们公司联合商报开展了云梦山古灵山一元旅游(50 人),嵩县六龙山一元旅游(50 人),信阳灵山一元旅游(50 人),郑州凤凰岛开业庆典一元旅游(500 人)逐步把一元旅游推向了顶点。

花絮：

500 人的一元旅游交通工具是公交车，10 辆公交大巴披红挂彩，张贴着凤凰岛的宣传语，到景区之前，绕着郑州最繁华的街道行驶一周，游客的欢笑声撒满了郑州市区。由于公交车满载着报名的 500 人，没有报上名的游客很多开着电动车要求随队加入。我们考虑安全因素，没有应允，但是答应随后会组织千辆电动车畅游凤凰岛的活动。

具体方案如下：

活动目标：协助商报旅游版面提高影响力，扩大知名度，以宣传平民消费为核心内容。通过此次活动吸引更多的旅游者加入到河南商报旅游活动中，为河南商报旅游版面长期的发展打下基础。传达商报一元游旅游精神，体现活动主题。

活动主题：

【趣味丹河一元抢购】

活动内容介绍：【趣味丹河一元抢购】

机会千载难逢，先抢先赢！……动作慢了，别说商报没有通知呦！

丹河驻郑办为推广『丹河旅游』，鼓励民众踊跃参与，创造话题、吸引观光游客青睐，特举办 1 元抢购活动。

活动时间：4 月 4 日 ~4 月 8 日

集合时间：4 月 8 日 6：30

集合地点：河南商报社（纬一路与花园路交叉口）

活动内容：安排一日河南最美的乡村——丹河之旅。

专车于郑州市指定地点接送，并随车安排导游。

谢谢大家的热情参与！

（需在中午前缴交保证金，逾期视同放弃！保证金将在旅途中归还予您！）

恭喜诸位幸运儿参加一元丹河旅游团，麻烦诸位幸运儿提前交纳订金 100 元/人

招募对象：年满 18 周岁社会各个阶层爱好旅游人群

计划安排：

活动预热时间：4 月 1 日，以愚人节为起点，推出活动前期概念“愚人节不忽悠一元踏春游”——（详情请看 4 月 4 日商报旅游版）

具体活动时间：4 月 4 日正午 14：00 整起开抢！

截止时间：4 月 5 日 17：00

参加人数：限定名额 35 人

交通工具：豪华空调大巴

注意事项：

活动必须始终秉承商报一元游，平民消费的宣传理念。

旅行者要严格遵守这次活动的旅行纪律。

注重活动互动性。

安全问题：

保险：1 元为保险费

突发事件：为了应对这类事件的发生，景区驻郑办准备好医疗用品。

计划、决策与实施

<table>
<tr><td>学习情境三</td><td colspan="4">旅游交通企业营销与策划</td></tr>
<tr><td>工作任务2</td><td colspan="4">旅游交通企业营销</td></tr>
<tr><td>学生行为</td><td colspan="4">各小组按教师的要求，制订完成任务的工作计划及任务分配方案，讨论计划的科学合理性，完善和做出最终决策；通过阅读知识链接内容，查阅其他相关资料，完成工作任务</td></tr>
<tr><td>教师行为</td><td colspan="4">督导学生分组讨论，审核工作计划，提出修改建议，回答学生提问，引导学生做出正确的决策，对学生任务的完成进行全程督导，观察各小组在完成任务过程中的表现</td></tr>
<tr><td rowspan="11">计划、决策与实施</td><td>序号</td><td>实施步骤</td><td colspan="2">使用资源</td></tr>
<tr><td>1</td><td></td><td colspan="2"></td></tr>
<tr><td>2</td><td></td><td colspan="2"></td></tr>
<tr><td>3</td><td></td><td colspan="2"></td></tr>
<tr><td>4</td><td></td><td colspan="2"></td></tr>
<tr><td>5</td><td></td><td colspan="2"></td></tr>
<tr><td>6</td><td></td><td colspan="2"></td></tr>
<tr><td>7</td><td></td><td colspan="2"></td></tr>
<tr><td>8</td><td></td><td colspan="2"></td></tr>
<tr><td>9</td><td></td><td colspan="2"></td></tr>
<tr><td>10</td><td></td><td colspan="2"></td></tr>
<tr><td>组长签字</td><td colspan="2"></td><td>组　别</td><td></td></tr>
<tr><td>教师签字</td><td colspan="2"></td><td>日　期</td><td></td></tr>
</table>

检查、评价与反馈

<table>
<tr><td>学习情境三</td><td colspan="6">旅游交通企业营销与策划</td></tr>
<tr><td>工作任务2</td><td colspan="6">旅游交通企业营销</td></tr>
<tr><td>教师行为</td><td colspan="6">听取学生成果汇报，检查学生学习任务的完成情况，并指出不足及修改建议，对学生的学习表现进行评价，通过学生的教学反馈意见总结本次教学中存在的问题，制定工作改进计划</td></tr>
<tr><td>学生行为</td><td colspan="6">1. 对工作任务完成情况进行检查和反思，填写检查单
2. 把学习成果制作成 PPT 进行汇报，总结学习中的收获与体会，进行自我评价，并对本小组的成员表现逐一进行评价，填写评价单和教学反馈单</td></tr>
<tr><td rowspan="9">检查</td><td>序号</td><td>检查项目</td><td colspan="2">检查标准</td><td>学生自检</td><td>教师检查</td></tr>
<tr><td>1</td><td>目标认知</td><td colspan="2">工作目标明确，工作计划周密，具有可操作性</td><td></td><td></td></tr>
<tr><td>2</td><td>理论知识</td><td colspan="2">基础理论知识的全面掌握</td><td></td><td></td></tr>
<tr><td>3</td><td>基本技能</td><td colspan="2">能够运用基本的理论进行实践思考、分析、解决问题</td><td></td><td></td></tr>
<tr><td>4</td><td>学习能力</td><td colspan="2">能在教师指导下，全面掌握相关知识和技能</td><td></td><td></td></tr>
<tr><td>5</td><td>工作态度</td><td colspan="2">主动参与，积极完成工作任务</td><td></td><td></td></tr>
<tr><td>6</td><td>团队合作</td><td colspan="2">积极与他人合作，共同完成任务</td><td></td><td></td></tr>
<tr><td>7</td><td>工具运用</td><td colspan="2">熟练利用资料自学，利用网络进行资料查询</td><td></td><td></td></tr>
<tr><td>8</td><td>任务完成</td><td colspan="2">保质保量完成任务</td><td></td><td></td></tr>
<tr><td rowspan="14">评价</td><td>评价类别</td><td>项目</td><td>子项目</td><td>个人评价（30%）</td><td>组内互评（30%）</td><td>教师评价（40%）</td></tr>
<tr><td rowspan="13">专业能力（60%）</td><td rowspan="2">资讯（10%）</td><td>搜集信息（5%）</td><td></td><td></td><td></td></tr>
<tr><td>引导问题回答（5%）</td><td></td><td></td><td></td></tr>
<tr><td rowspan="2">计划（10%）</td><td>计划可执行性（5%）</td><td></td><td></td><td></td></tr>
<tr><td>资源的安排合理（5%）</td><td></td><td></td><td></td></tr>
<tr><td rowspan="4">实施（15%）</td><td>工作步骤执行情况（3%）</td><td></td><td></td><td></td></tr>
<tr><td>可交付成果的完成（5%）</td><td></td><td></td><td></td></tr>
<tr><td>可交付成果完成质量（5%）</td><td></td><td></td><td></td></tr>
<tr><td>工作效率（2%）</td><td></td><td></td><td></td></tr>
<tr><td rowspan="2">检查（10%）</td><td>全面性、准确性（5%）</td><td></td><td></td><td></td></tr>
<tr><td>创新性、可行性（5%）</td><td></td><td></td><td></td></tr>
<tr><td rowspan="2">过程（5%）</td><td>过程规范性（3%）</td><td></td><td></td><td></td></tr>
<tr><td>反思与调控水平（2%）</td><td></td><td></td><td></td></tr>
<tr><td>结果（10%）</td><td>结果质量（10%）</td><td></td><td></td><td></td></tr>
</table>

续 表

<table>
<tr><td rowspan="6">评价</td><td rowspan="4">社会能力(20%)</td><td rowspan="2">团结协作(10%)</td><td>对小组的贡献(5%)</td><td></td><td></td><td></td></tr>
<tr><td>小组合作配合情况(5%)</td><td></td><td></td><td></td></tr>
<tr><td rowspan="2">敬业精神(10%)</td><td>吃苦耐劳精神(5%)</td><td></td><td></td><td></td></tr>
<tr><td>学习纪律性(5%)</td><td></td><td></td><td></td></tr>
<tr><td rowspan="2">决策能力(20%)</td><td>计划能力(10%)</td><td>考虑全面、细致有序(10%)</td><td></td><td></td><td></td></tr>
<tr><td>决策能力(10%)</td><td>决策果断、选择合理(10%)</td><td></td><td></td><td></td></tr>
<tr><td>教学反馈</td><td colspan="6">你对本次学习的意见或建议:</td></tr>
<tr><td>组长签字</td><td colspan="3"></td><td>组　别</td><td colspan="2"></td></tr>
<tr><td>教师签字</td><td colspan="3"></td><td>日　期</td><td colspan="2"></td></tr>
</table>

学习情境四

旅行社营销与策划

情境描述

运用目标市场营销及环境分析等有关原理，发现评估市场机会，并设计开发相应的旅游线路产品；建立、发展、完善产品销售渠道，学会处理旅行社与渠道成员之间的关系，妥善处理渠道冲突；运用一定的销售技巧和手段成功实现旅行社产品的销售。

学习目标

专业能力目标：敏锐的市场洞察力；了解顾客心理及购买行为的能力；旅游线路开发设计创新能力；灵活的应变能力；较强的销售能力；旅行社营销策划及执行能力。

方法能力目标：市场调查与预测的能力；分析、评估市场机会的能力；维护渠道成员关系和处理渠道冲突的能力；服务顾客的能力。

社会能力目标：高度的责任心和事业心，具有良好的道德修养；学会换位思考，站在顾客的角度考虑问题；具有良好的公共关系能力；建立、维持、发展和谐人际关系的能力；良好的语言表达和沟通能力。

工作任务1　旅游线路设计与开发

任务布置

学习情境四	旅行社营销与策划
工作任务1	旅游线路设计与开发

续 表

<table>
<tr><td>学生行为</td><td colspan="2">学生在教师的引导下，明确学习任务及要求，分组学习知识链接的内容，并查阅相关资料和文献，找出资讯问题的答案，初步掌握学习内容</td></tr>
<tr><td>教师行为</td><td colspan="2">1. 教师向学生介绍工作任务的内容、要求、关键点及注意事项，引导学生熟悉工作任务内容，并随机对学生进行分组
2. 教师向学生讲解或引导学生学习资讯内容，并随时解答学生的相关问题</td></tr>
<tr><td>任务描述</td><td colspan="2">学生5～6人为一小组，各小组运用所学市场营销理论及旅游线路设计开发的相关知识，为旅行社设计一条旅游线路产品</td></tr>
<tr><td rowspan="8">资讯</td><td rowspan="7">资讯问题</td><td>1. 旅行社市场细分的概念</td></tr>
<tr><td>2. 旅行社市场细分的重要性</td></tr>
<tr><td>3. 旅行社进行市场细分的依据有哪些？</td></tr>
<tr><td>4. 旅游线路的概念</td></tr>
<tr><td>5. 旅游线路设计开发应遵循哪些原则？</td></tr>
<tr><td>6. 旅游线路设计开发的流程</td></tr>
<tr><td>7. 旅游行程制定的内容与流程</td></tr>
<tr><td>资讯引导</td><td>以上资讯问题请查阅本书信息单，同时参阅以下书籍和网页：
1.《旅行社市场营销》韦明体主编，旅游教育出版社，2004。
2.《旅行社营销》张红英编著，复旦大学出版社，2011。
3.《旅行社市场营销》姜若愚主编，东北财经大学出版社，2002。
4.《旅行社业务与管理》王咏主编，安徽师范大学出版社，2010。
5.《旅游产品设计与开发》冯卫红，邵秀英著，中国科学技术出版社，2006。
6.《旅行社经营管理》楼嘉军主编，立信会计出版社，2010。
7.《旅行社业务》赵建宇主编，清华大学出版社，2012。
8. http://www.aatrip.com/中国旅游营销网</td></tr>
</table>

知识链接

一、旅行社市场细分

（一）旅行社市场细分的含义及重要性

市场细分的概念是美国市场学家温德尔·史密斯（Wendell R. Smith）于20世纪50年代中期提出来的。所谓市场细分就是指按照消费者欲望与需求把一个总体市场（总体市场通常太大以致企业很难为之服务）划分成若干个具有共同特征的子市场的过程。因此，分属于同一细分市场的消费者，他们的需要和欲望极为相似；属于不同细分市场的消费者对同一产品的需要和欲望存在着明显的差别。

旅行社市场细分实际上就是在对旅游市场进行市场调查的基础上，依据旅游者需要、行为、习惯等方面的差异性，把整个旅游市场划分成若干个旅游者群的过程。旅游企业通过市场细分，制定不同的营销组合，不同的旅游产品、价格、营销渠道、促销方法等，以便更好地满足各种旅游消费者的不断变化着的需求。另外，旅游市场细分可以使旅游经营者更清晰地认识市场，通过对市场的各种特性进行整理、观察和分析，进而发现新的市场机会，挖掘出新的市场特性。在旅游市场被按照一定特性切割之后，旅游企业可以找出对于自己最为关键的市场部分，利用自身有限的资源集中对这部分市场进行开发和拓展。这样资源就得到了充分的利用，使企业的行为效率最大化。

(二)旅行社市场细分的划分依据

要进行有效的市场细分，必须找到科学的细分依据。每个旅游者都具有许多特点，如年龄、职业、文化程度、购买习惯等，这些特点正是导致顾客需求出现差异的因素，每一个这样的因素都可以作为对市场实施细分的依据。不同类型的市场，细分的因素也有所不同，而且这些因素又处于动态之中，因此被称为“细分变量”或“市场细分标准”。总体上来说，旅游市场可以按照以下几种标准进行细分。

1.按地理变量细分市场

旅游活动本身是以旅游者的空间位移为典型特征的，因此按照地理因素对旅游市场进行细分有着非常重要的意义。例如，世界旅游组织(WTO)根据地区间在自然、经济、文化以及旅游者流向等方面的联系，将世界旅游市场细分为六大旅游区域：欧洲市场、美洲市场、东亚及太平洋市场、南亚市场、中东市场和非洲市场。我们通常所说的“国内旅游市场”和“国际旅游市场”是按国界进行市场细分，这是旅游目的地国家或地区细分国际旅游市场最常用的形式。此外，地区、城市、乡村、不同的气候带、地形地貌等都可以作为地理细分的标准。按地理区域进行细分又有三种具体形式。

(1)按主要地区细分

世界旅游组织将世界旅游市场划分为六大区域，即欧洲区、美洲区、东亚及太平洋区、南亚区、中东区、非洲区。据有关统计，欧洲和北美旅游者及所接待的国际旅游人数最多。国际旅游收入也最高；而近20年来，旅游业发展和增长最快的地区为东亚及太平洋地区。

(2)按国家、地区细分

这是旅游业最常用的细分标准。通过把旅游业按照国别细分，有利于旅游地或旅游企业了解主要客源国市场情况，从而针对特定客源国主要市场的需求特征，制定相应的市场营销策略，以收到良好的市场营销效果。

(3)按气候细分

各地气候不同会影响旅游者的消费，影响旅游者的流向。如在冬季对于我国的国内旅游市场，南方旅游者外出旅游的热点常常是北京、哈尔滨等地，而许多北方游客则把海南、桂林、云南等地作为外出旅游的首选。从国际旅游市场看，凡气候寒冷、缺少阳光地区的旅游者一般趋向于到阳光充足的地区旅游，这也是地中海地区、加勒比海地区旅游业发达的主要原因。

根据气候特点的不同，企业可以把旅游市场细分为热带旅游区、亚热带旅游区、温带旅游区、寒带旅游区等。

2.按人口变量细分市场

人口统计变量细分是将旅游市场按照人口统计学变量如年龄、收入、教育程度、职业、种族、性别、宗教、家庭规模、社会阶层等为基础划分成不同的群体，这些变量往往易于识别且便于衡量，人口统计细分也是划分旅游者群体很常用的方法。一般情况下，旅游企业选择其中的一个或几个变量作为划分的标准。例如，按照人口年龄段，旅游市场可细分为老年人、中年人、青年人、儿童四个子市场。旅行社也可以按照家庭生命周期将旅游市场划分为新婚家庭、中年家庭和老年家庭的旅游市场，从而相应地推出“新婚旅游”“合家欢旅游”和“追忆往昔旅游”等不同的旅游产品来满足个性化的需要。常见的人口细分标准主要有以下几种因素。

(1)性别

由于生理上的差别，男性与女性在产品需求与偏好上有很大不同，如在服饰、发型、生活必需品等方面均有差别。像美国的一些汽车制造商，过去一直是迎合男性要求设计汽车，现在，随着越来越多的女性参加工作和拥有自己的汽车，这些汽车制造商正研究市场机会，设计具有吸引女性消费者特点的汽车。男性在旅游中不太喜欢购物，而女性普遍喜欢在旅游中购物。

(2)年龄

不同年龄的消费者有不同的需求特点，如青年人对服饰的需求，与老年人的需求差异较大。青年人需要鲜艳、时髦的服装，老年人需要端庄素雅的服饰。青年人喜欢挑战性、运动性旅游项目；中年人比较注重旅游产品质量，老年人比较喜欢节奏较缓的旅游活动。

(3)收入

高收入消费者与低收入消费者在产品选择、休闲时间的安排、社会交际与交往等方面都会有所不同。比如,同是外出旅游,在交通工具以及食宿地点的选择上,高收入者与低收入者会有很大的不同。正因为收入是引起需求差别的一个直接而重要的因素,所以在诸如服装、化妆品、旅游服务等领域根据收入细分市场相当普遍。

(4)职业与教育

指按消费者职业的不同,所受教育的不同以及由此引起的需求差别细分市场。比如,农民购买自行车偏好载重自行车,而学生、教师则是喜欢轻型的、样式美观的自行车;由于消费者所受教育水平的差异所引起的审美观具有很大的差异,诸如不同消费者对居室装修用品的品种、颜色等会有不同的偏好。

(5)家庭生命周期

一个家庭,按年龄、婚姻和子女状况,可划分为七个阶段。在不同阶段,家庭购买力、家庭人员对商品的兴趣与偏好会有较大差别。

1)单身阶段。年轻,单身,几乎没有经济负担,新消费观念的带头人,娱乐导向型购买。

2)新婚阶段。年轻夫妻,无子女,经济条件比最近的将来要好。购买力强,对耐用品、大件商品的欲望、要求强烈。

3)满巢阶段。年轻夫妻,有6岁以下子女,家庭用品购买的高峰期。不满足现有的经济状况,注意储蓄,购买较多的儿童用品。

4)满巢阶段。年轻夫妻,有6岁以上未成年子女。经济状况较好。购买趋向理智型,受广告及其他市场营销刺激的影响相对减少。注重档次较高的商品及子女的教育投资。

5)满巢阶段。年长的夫妇与尚未独立的成年子女同住。经济状况仍然较好,妻子或子女皆有工作。注重储蓄,购买冷静、理智。

6)空巢阶段。年长夫妇,子女离家自立。前期收入较高。购买力达到高峰期,较多购买老年人用品,如医疗保健品。娱乐及服务性消费支出增加。后期退休收入减少。

7)孤独阶段。单身老人独居,收入锐减。特别注重情感、关注等需要及安全保障。

除了上述方面。经常用于市场细分的人口变量还有家庭规模、国籍、种族、宗教等。实际上,大多数旅游企业通常是采用两个或两个以上人口统计变量来细分市场。

3.按心理变量细分市场

旅游者在心理上也具有许多不同的特征,如旅游动机、生活方式、兴趣爱好、价值取向、旅游习惯等，心理细分就是按照这些标准对旅游市场进行细分。人们在旅游活动中更多地获得心理上或精神上的满足，而人与人在心理满足上又有很大的差异性。例如，有的人旅游是为了寻求刺激，有的人旅游是为了寻求安宁。因此，旅游经营者应利用这种差异对市场进行细分，创造不同的市场特色。不同的心理需求、不同的个性，产生了消费者不同类型的购买动机，有的追求新颖、有的追求实用，有的对质量要求很高，有的则只求物美价廉。由于消费者心理需求具有多样性、时代性、可诱导性等特性，因此有时心理因素是很难严格加以判定的，很难量化和把握。但它对旅游市场划分却是极为有效的。根据旅游动机可以将在饭店住宿的客人分为公务客人和度假客人，与之对应的细分市场就是公务旅游市场和休闲旅游市场，饭店要根据自身的情况，确定自己的目标市场，进行产品定位和营销活动。根据购买者的生活方式、个性特点等心理因素细分市场就称为心理细分。

(1)生活方式

通俗地讲，生活方式是指一个人怎样生活。人们追求的生活方式各不相同，有的追求新潮时髦，有的追求恬静简朴；有的追求刺激冒险，有的追求稳定安逸。

(2)个性

个性是指一个人比较稳定的心理倾向与心理特征，它会导致一个人对其所处环境做出相对一致和持续不断的反应。俗语说：“人心不同，各如其面”，每个人的个性都会有所不同。通常，个性会通过自信、自主、支配、顺从、保守、适应等性格特征表现出来。因此，个性可以按这些性格特征进行分类，从而为企业细分市场提供依据。一般内向性性格的人选择偏向安静的自然风景区，出行的人数 2 ~ 3 人，外向性性格的人偏向娱乐性旅游活动，出行的人数要多。

4. 按行为变量细分市场

不同的旅游者在行为上往往会有很大的差异，因此按照旅游者的行为进行市场细分是很有效的。依据购买组织形式变量将旅游市场细分为团队市场和散客市场，是旅游市场最基本的细分形式之一。近些年来散客市场得到很大的发展，成为世界旅游市场的主题，在这一市场中，形式也日益复杂多样，出现了独自旅游、结伴同游、家庭旅游、小组旅游等形式。有些旅游者在旅游时只乘坐某一家航空公司的飞机或只住某一家旅店，航空公司和饭店可以按照这种行为习惯将旅游者分为坚定的品牌忠诚者、转移型的忠诚者和无品牌偏好者，然后通过一系列市场营销活动来扩大市场占有率。具体来说包括下列各种细分方法：

(1)按购买目的细分市场

按一般旅游者外出旅游的目的来细分市场，大体上可分为以下几种：度假旅游、观光旅游、会议旅游、奖励旅游、探亲访友、购物旅游、美食旅游、探险旅游、体育保健旅游等细分市场。这些细分市场，由于旅游者购买目的不同，对旅游产品的需求特点也有差异。

(2)按旅游者寻求的利益细分市场

一般来说，旅游者购买某种产品，都是在寻求某种特殊的利益。因此，企业可以根据旅游者对所购产品追求的不同利益来细分市场。旅游企业在采用这种方法时，首先要断定旅游者对旅游产品所追求的主要利益是什么，追求各种利益的各是什么类型的人，各种旅游产品提供了什么利益，然后根据这些信息来采取相应的市场营销策略。例如，一部分商务旅游者往往把豪华舒适设备设施、周到完美的服务作为追求的利益标准；而另一部分商务旅游者则把快捷高效的服务作为利益标准；还有一部分商务旅游者利用从出差包干费中赚取"节余归己"报销差额作为利益标准。旅行社只有通过了解如何为旅游者提供最大的利益才能实现营销目的。

(3)按使用情况细分市场

使用情况是指旅游者从前是否有过某种产品或服务的经历。按这种标准，旅游市场可细分为潜在使用者、初次使用者和经常使用者市场。如从未光顾的客人、初次光顾的客人、旅行社的回头客等。对潜在使用者、初次使用者和经常使用者应分别采用不同的营销方法。

(4)按购买过程及方式细分市场

根据旅游者购买、使用产品的过程及方式的不同细分市场。例如旅游企业往往根据旅游者外出旅游的过程和方式把旅游者划分为团体客人和散客。在旅游接待中，团体客人和散客对旅游方式、旅游产品与服务等方面的需求会有很大的差别。

(5)按购买时机细分市场

这是按旅游者购买和使用产品的特定时机细分市场。例如，某些企业产品和服务项目主要适用于某个特定时机，诸如五一节、国庆节、春节、寒暑假等。企业可以把特定时机的市场需求作为服务目标，如旅行社可以专为某种时机提供某些旅游服务，餐厅可在某个特定时机推出特定的菜肴和服务，诸如春节年夜饭等。

(6)按旅游者忠诚程度细分市场

旅游者忠诚程度是指一个旅游者购买某一品牌商品的一种持续信仰和约束的程度。例如，通过调查旅游者外出时对特定的航空公司、特定的旅行社、特定品牌酒店的忠诚程度，辨别出本企业的忠诚顾客。旅游企业发现并保持这类顾客是十分重要的，企业应该为他们提供更好的服务。旅游企业通过给坚定的顾客某种形式的回报或鼓励来培养旅游者对本企业的忠诚。不少饭店管理集团，如凯悦酒店集团、假日酒店集团、喜来登国际集团纷纷推出各种奖励项目，较为典型的一种形式是吸收那些多次购买本企业产品并忠实于本企业的顾客为会员，按购买数量的多少给予不同程度的奖励，以增加客源的稳定性。

旅游市场细分的目的，就是要寻找那些忠实于本企业产品、购买频率及规模程度都很高的顾客作为本企业的目标市场。

案例4-1

暑期临近，各旅行社精心设计的暑期旅游产品开始纷纷上市。记者昨天从旅行社了解到，针对孩子各种特长推出的“绘画艺术之旅”“音乐之旅”等受到越来越多的家长青睐。

凯撒国旅最先推出亲子游特色产品：“法荷比九日绘画艺术之旅”可以带领喜欢绘画的孩子进入荷兰国立博物馆和卢浮宫参观，亲眼目睹绘画大师的不朽名作，并专门请具有绘画艺术背景知识的专业中文导游讲解绘画艺术知识，让孩子们更多了解绘画大师们童年的生活。“德国奥地利瑞士九日亲子之旅”的行程中，特别安排了莫扎特故居的参观，并有专业导游讲解莫扎特童年生活的故事，激发孩子对欧洲古典音乐的兴趣。

暑假对孩子们来说，最主要的还是放松和休息，让孩子和家长们放松的“纯玩”线路也十分火爆，“香港新加坡五日合家欢”、茜茜公主的夏宫——美泉宫、白雪公主城堡的原型——新天鹅堡的入内参观，会让孩子的暑期生活变得更加丰富多彩。

中青旅目前推出了南北戴河“亲子游”的短途行程。康辉旅行总社推出的线路非常丰富：阳光学子——澳洲十四日游学假期的行程，报价 18 800 元/人，畅游香港——迪士尼亲子游行程，报价 2 680 元/人，阳光学子——2006 年英国夏令营十六天行程，报价 23 800 元/人。除了线路，国旅总社还推出了赴美留学生单程机票特惠业务，为暑期动身赴美的留学生专门设计了美国东西海岸线的单程游览行程。

案例思考

本案例对你有何启发？

案例4-2

5 月中旬的一天傍晚，熙熙攘攘的无锡火车站，400 多位老人正在和前来送站的儿女、亲友依依惜别，他们将踏上“夕阳红丝绸之路专列游”的旅途，去感受西部丝路旅游的精彩。这是中国康辉无锡旅行社（以下简称无锡康辉）开展的“重走丝路”活动的欢送现场。

至此，无锡康辉进军老年旅游市场已整整十个年头。从1996年开启老年游市场，1998年组织千位老人游三峡，到2006年4月起一并推出"徐霞客之旅——神州万里行"22条线路……无锡康辉的"夕阳红"系列之旅品牌已在海内外的老年人心中扎根，已塑造成良好的社会形象。近年来，这家旅行社在接纳游客数量、营建服务质量、获得经济收益和社会效益等方面，走在了全省同类旅行社的前列。

品牌创新占先机。十年前，无锡康辉在全国旅游界率先推出"夕阳红"老年旅游市场概念。1997年无锡康辉考虑到老年人的特点，从时间、价格、项目等方面设计出"千位老人游三峡"游线；至今这一线路共组织12 890位中老年人参加，客源来自全国21个省、市，还有部分来自境外。当时，这一举措得到了央视《夕阳红》栏目的关注。

在做好"夕阳红"之旅系列活动的同时，无锡康辉还时刻关注全国老年旅游的发展趋势，将"中华不老城"这一老年文化旅游品牌引进无锡，并参与活动策划。经过5年的运作，"中华不老城"已经走进了无锡、杭州、张家界等地，并走向了全国，树立起又一个老年旅游品牌。

服务创新的市场旅游行业相关环节甚多，交通、住宿、景区等各个环节都以独立的企业形态出现，时常会使游客对游程中的某一环节表示不满。因此，旅行社掌控能力的强弱直接关系到市场的拓展和企业的发展。无锡康辉在"夕阳红"线路中，使用了创新用车机制、创新服务内容。

车辆使用关系到游程安全，无锡康辉独辟蹊径，建立车辆、驾驶员档案，一方面通过各团的反馈追踪了解车辆、驾驶员的主要情况并登记在案；另一方面根据不同情况合理安排出车。尽量避免车况不佳、司机不识路、态度不好等常见问题，进一步保障老年人出游的安全性和舒适度。另外，大型老年旅游团队都随团配备医生，在出行前准备好随团手册，将旅程中需要注意的事项、当地风土人情等编辑成册，发放到每位游客手中，尽量做到"一册在手，万事俱备"。旅行社还制定老年服务手册，提出八大服务要求，对导游员进行强化培训；成立"夕阳红"俱乐部，为多次参加"夕阳红"之旅的老客户定制纪念章、纪念册等。

产品创新拓视野从早期的"千位老人游三峡""千位退休职工北京游""千位老人潇洒东南亚"到近年来的"千名老人游韩国""百位健康老人欧洲行""健康老人畅游俄罗斯"……"夕阳红"旅游线路越来越丰富。

在扩展产品广度的同时，无锡康辉不忘发掘产品文化深度，打磨旅游产品的亮度。无锡康辉在旅游产品中寄寓了丰富的文化内涵，设计的线路除了观光，还推出了更多赋予文化元素的线路：全国万名老人合唱电视大赛暨金秋游园会、首届中国（华西）农民文化旅游节……配合首届中国徐霞客国际旅游节，无锡康辉推出了

"重走霞客路,神州万里行"系列活动。目前已有400多位老年游客参加"走进云南"夕阳红专列游,成为重走霞客路的先行者。

案例思考

康辉旅行社的老年旅游市场细分的依据是什么?

二、旅行社旅游线路设计与开发

对于旅行社来说,旅游产品更多地表现为旅游线路。旅游线路设计开发过程是一个分析市场需求、选择、采购、组合、优化旅游产品的过程。旅游线路在内容上,包括旅游者在旅游过程中所利用和享受的一切,涉及食、住、行、游、购、娱等各种旅游要求,各个环节要环环相扣,密切配合。旅游线路设计开发要符合市场需求,同时还要主题鲜明、突出特色、点线结构要合理,这样的旅游线路才能有卖点。

(一)旅游线路的概念

旅游线路是构成旅行社产品的主体,旅游线路包含旅游者从离开居住地(或客源地)到返回居住地(或客源地)开展旅游活动的一切要素。旅游线路可表述为旅行社根据旅游市场的需求,结合旅游资源和接待能力,凭借交通线把若干个旅游地或旅游点合理地贯穿起来,为旅游者设计的包括整个旅游活动过程中全部活动内容和服务的旅行游览路线。

(二)旅游线路设计开发的原则

1. 市场导向原则

旅行社产品开发的目的是通过产品销售获得经济利益。旅行社产品开发要以市场需求为导向,根据充分的市场调查结果,研究和预测市场需求演变趋势,分析旅游者的出游动机,才能针对不同目标市场客源的需求,在最大限度地满足旅游者需求基础上,获取最大的经济利益。具体地说,市场导向原则可以体现在三个方面:首先,根据客源市场的现实需求,开发产品,以实现旅行社的近期利益。其次,根据旅游中间商建议,开发专项旅游产品,占领特殊游客消费市场。第三,根据旅游市场的变化趋势,从培育旅游市场消费群体的战略高度出发,以引导旅游消费走向为目的,开发具有时尚特征的新概念旅游产品。

2. 效益驱动原则

效益驱动原则就是在旅游线路设计的过程中,尽量以相对低的消耗获取相对高的效益。旅行社在设计各种旅游产品过程中,也有各种成本支出,如交通费、餐饮费、住宿费、市场推介费等。旅行社把经济效益放在重要地位,作为推动旅行社发展的基本动力,就需要加强成本控制,在保证旅行社产品质量的前提下降低各种消耗,寻求各种成本最优化的产品组合方案。

旅行社市场效益原则可以从以下三个层次上进行理解:第一,可提供。也就是说,旅行社的旅游产品必须具有连续的市场供应能力和保障服务质量的能力。这是实现旅行社经济效益的基础。第二,可销售。旅行社的产品符合市场的要求,满足游客的愿望,能够完成市场的交易行为,而且具有重复销售的市场前景。这是实现旅行社盈利的核心环节。第三,可盈利。旅行社出售的旅游产品,不仅有市场销量,更重要的是具有可观的利润,这是评价旅行社产品市场效益的最终价值标准。此外,旅行社还应尽可能保证接待能力与实际接待量之间的均衡,减少因接待能力闲置造成的经济损失。

3.合理配置原则

在旅游线路设计的过程中,要合理选择旅游目的地,科学配置和组合各个旅游景点,以达到旅游线路设计最优化的目的。

(1)合理选择旅游目的地

旅游目的地是形成旅游产品的最基本要素和核心内容。旅行社在选择旅游目的地的时候,需要考虑以下几个因素:一是旅游目的地必须具有资源优势和环境优势;二是在具有多个目的地的时候,必须考虑目的地之间的互补性和差异性;三是各旅游目的地等级和类型的合理调整。

(2)旅游景点合理配置

旅游景点配置在旅行社线路的设计中是一个难点问题,也是一个矛盾聚焦点。不过,从旅游线路自身的特点和内在规律性出发,还是可以掌握一定的原则性的。

1)旅游景点数量的控制。通常的观点是,让游客尽量花少一点钱,在相对有限的时间内,尽可能多看一些景点。应该讲,这个观点的初衷是好的,然而,却不符合旅游线路的客观规律性和市场原则。从旅游规律性的角度讲,在一个特定的时间里,游客参观的景点过多,易产生心理和生理的双重疲劳感,无法实现旅游的根本目的。从市场角度看,提供的景点过多,实际上是一种粗放型的市场经营行为,对旅行社的市场资源是一种极大的浪费,从而导致回头客减少,重复购买率降低,所以线路中的景点数量安排要适中。

2)景点内容不易重复。一般来说,除特殊的专业考察旅游外,不应将性质相同、景色相近的旅游景点安排在同一产品线路中。因为根据心理学意义上的满足效应递减原则,重复的内容会使旅游者的观赏兴趣以50%的比例下降。因此,在旅游线路中应尽量避免安排内容重复或是内容相似的景点，单一的景点也是一种简单重复；同时，还要注意防止线路的重复，也即尽量避免走回头路。

3）景点之间的距离安排要合理。从大尺度空间交通距离的安排看，在整条旅游线路中，耗费在城市间交通上的时间不能超过全部旅程的1/3，否则可能使游客将大量的费用和时间花费在旅途中。从小尺度空间角度讲，景区内各个景点的步行距离不宜过长，一般步行距离在1～1.5千米之间。步行距离过长，会给游客带来过度疲劳的感觉。

4）景点安排要有顺序性。一条旅游线路中各个景点的安排顺序应遵循旅游活动内在的基本规律，不仅景点的吸引力编排要有顺序，而且游览内容的编排也要突出顺序特点。大多数线路都是以旅游景点的吸引力强弱为线路安排的基本原则。即由一般吸引力的景点过渡到强吸引力的旅游景点，使游客的热情和兴致一直处于不断高涨的状态。还有就是按照游览内容进行编排。例如，对外国游客而言，沿着广州、桂林、上海、西安到北京进行中国五城市旅游线路的组合，就优于其逆向组合。其根本原因就是遵照文化和历史等内容安排的顺序，为外国游客逐步了解中国文化和历史作了铺垫。

4. 交通可达性原则

设计旅游线路的过程中，各个节点之间的连接方式和连接线路的选择都应以快捷、舒适和安全为基本标准，同时针对不同的旅游人群的特点适当调整。比如，以老年人为主要细分市场的旅游线路，在设计开发的过程中，交通舒适程度应优先考虑。另外，在具体安排中，交通工具的选择应与旅游活动的主题相吻合；在各个节点的交通集散地的选择方面，也要考虑减少旅游者等候的时间。

5. 特色原则

旅游产品是否具有吸引力和竞争力，关键在于是否具有与众不同的独特性。尤其是在旅游市场竞争日益激烈、旅游资源差别不大的情况下，旅游线路的设计更需要巧妙构思，大胆创意。例如，昆明—大理—丽江—西双版纳旅游线路展现了我国26个少数民族绚丽的自然风光和浓郁的民俗文化以及宗教特色，其中有古老的东巴文化、大理白族欢迎客人寓意深长的“三道茶”，有“东方女儿国”之称的泸沽湖畔摩梭人的生活方式，有美丽淳朴的丽江古城以及纳西族妇女“披星戴月”的服饰等，无不以其绚丽多姿的魅力吸引着广大的中外游客。这些旅游线路和旅游项目在世界上都是独一无二的，具有不可替代性，体现了“人无我有，人有我特”的独特性。

6. 内容丰富多彩原则

旅游线路一般应该突出某个主题，并且要针对不同性质的旅游团确定不同的主题，如“草原风光旅游”“中国名酒考察旅游”等，都有自己鲜明的主题。同时，旅行社还应该围绕主题安排丰富多彩的旅游项目，让旅游者通过各种活动，从不同侧面了解旅游目的地的文化和生活，领略美好的景色，满足旅游者休息、娱乐和求知的欲望。

（三）旅游线路设计开发的流程

一条旅游线路的设计常常是一个从创意到构思、选择、评估和修订，前后连续的、有计划、有目的的系统过程。

1. 创意和构思

（1）线路设计创意

一条全新的旅游线路的开发首先是从线路设计的创意开始的。这里的创意是指有关旅游线路设计的思想、点子、立意、想象等新的思维活动。当然，旅行社开发新线路的创意来源是多方面的。

（2）创意来源的多元性

旅游者的需求是旅行社开发新旅游线路构思的主要来源。从市场营销的观念出发，顾客的需求和欲望是寻找产品构思的合乎逻辑的起点。旅行社得以生存和发展的条件就是满足旅游者的需要，所以旅游者的建议和意见，理应成为旅行社开发新旅游线路的重要构思来源，必须得到高度重视。对旅行社来讲，收集旅游者关于开发新旅游线路的实际方法通常是组织市场调查，向旅游者询问现存旅游线路存在的问题来获得对新的旅游线路的构思。

从旅行社的方面看，旅行社从业人员，尤其是一线员工和营销人员在开发和销售旅游线路的过程中，与顾客接触密切，最了解旅游者的需要，所以应建立鼓励旅行社工作人员提出新旅游线路构思的奖励制度，以便及时开发具有市场潜力的旅游线路。

另外，其他旅行社的旅游线路也可以成为新旅游线路构思来源的一个重要组成部分，因为其他旅行社的热销旅游线路也间接地反映了市场的需求。行业顾问及其他行业咨询公司的建议，也是旅行社开发新旅游线路的构思来源之一。他们通过专业的市场调查和系统分析，向旅行社推荐开发富有市场需求潜力的旅游线路，为旅行社节约了从事市场调查的资金和人力成本，其所得出的更具预见性的调查结论，应成为旅行社开发新旅游线路的重要构思来源之一。

（3）方案的构思

在调查和综合的基础上，对新的旅游线路的创意进行修改、补充和提高，形成旅游线路初步的构思方案。构思并不是具体的产品，只是旅行社希望提供给市场的一个可能的产品设想，而旅游路线的方案则是用术语表达和描述出来的构思。

旅行社开发新的旅游线路的初步方案,必须对以下几个问题进行回答。

1)市场需求前景。也就是说,旅行社必须把握市场的需求是现实的,还是潜在的。此外,还需要把握产品的需求是否具有持续性和广泛性。

2)市场销售前景。它包括旅行社进行市场销售的前景,市场渠道的准备,线路可能达到的市场占有率,与现有的旅行社线路的关系,市场实际的购买力程度等。

3)市场的竞争性。它包括新的旅游线路与其他旅行社线路的竞争能力,对游客可能产生的感染力和渗透力程度,其他企业进行模仿的难易程度,产品的生命周期,产品价格的优势性等。

4)旅行社内部因素。它包括旅行社资源对新的旅游线路的支撑程度,管理水平和服务能力是否能够保证新的旅游线路的服务质量等。

2.方案选择

对已经产生的若干方案进行选择。方案选择既是一个淘汰的过程,也是一个优化过程。因为每一个方案都有其合理的因素,所以必须优中选优。对方案的选择可以依据两方面的标准,即定性标准和定量标准。

线路方案选择的定性标准主要考虑几方面内容:是否有利于目的地社会经济的发展;是否有利于旅行社占领市场,提高销售量;是否有利于提高旅行社的市场竞争能力;是否有利于提高中间商的市场合作兴趣;是否有利于促进旅行社原有旅游产品的正常发展。

线路方案选择的定量标准主要是比较精确地测算各个方案所要支付的市场成本和可能带来的市场利润。通过综合比较,选定适合旅行社业务发展的新的旅游线路。

3.市场试销

这里的市场试销是指将基本选定和经过调整后的新线路投放到经过挑选并具有一定代表性的小型市场范围内进行试验性销售,以检测在正常的市场条件下旅游者和中间商可能出现的反应。进行新线路市场试销的主要目的有:

1)通过试销,具体了解新的旅游线路的市场适应性,以及在市场可能出现的销售量前景。如果市场反应欠佳,测定的销售额可能低于损益平衡点,就应当机立断,停止向市场出售此类新线路,以免造成更大损失。

2)通过试销,可以了解新的旅游线路可能存在的问题,寻找解决问题的途径。

3)检验旅行社市场经营组合策略的优劣。

4)根据搜集到的市场反馈信息,不断改进和优化旅游线路的内容和形式,以更好地适应市场的需要,并且还需要对初步确定的营销组合进行适当的调整。

4. 新线路投放市场后的评估

新的旅游线路经过试销和修改后正式进入市场，并不表明线路设计过程的终结，旅行社还要对线路进行检查和评估，掌握市场动态，在市场竞争中占据更加有利的地位。旅行社在这个过程中必须始终关注以下几方面。

(1)市场销售

市场销售包括哪一个层次的旅游者首先购买这条旅游线路，旅游者对线路价格的反应，影响旅游者购买行为的因素是什么，市场销售量的变化趋势，哪种销售组合策略最为有效。

(2)新线路预测

新线路预测包括根据新线路进入市场以来的变化趋势，预测进入产品成熟期的时间表，采用何种策略以维持和延长旅游线路的生命周期。

(3)市场竞争

市场竞争包括需要及时了解有多少旅行社介入市场竞争，这些企业的产品对新的旅游线路的影响程度，以及它们在近期是否有新的旅游产品进入市场等。

(4)经济效益

经济效益包括对新线路投放市场以后的经济效益进行评估，如果出现比原来预测的回收期短的趋势，说明收益性好；反之，则需要及时地采取有关措施，降低成本，加大市场销售量。此外，还需要关注的是，新线路是否引起对旅行社其他线路市场销售产生影响，如果是带动旅行社其他产品一起旺销，说明有积极影响；如果产生冲击，则需要对线路结构、市场策略进行合理调整，以降低对旅行社整体经济利益的损害程度。

(四)旅游行程制定的内容与流程

1. 旅游行程制定的内容

旅游行程是旅行社根据市场需求，结合旅游资源和接待服务的实际状况，为旅游者设计的包括整个旅游过程中全部旅游项目和服务内容的旅行游览计划，应具有吃、住、行、游、购、娱六大要素。旅游行程的制定，主要包括以下内容。

(1)确定行程名称

行程名称是行程的性质、大致内容和设计思路等方面的高度概括。因此确定行程名称应考虑各方面的因素，并力求体现简约、突出主题、强烈的时代感、富有吸引力等原则。

(2)策划行程计划

旅游行程是以一定的交通方式将行程各节点进行合理连接。一般来说，同一条旅游行程中的各个节点,都有相同或相似的特点,用于满足旅游者的同一需求并服从于某一旅游主题,起着相互依存、相互制约的作用。行程的始端是第一个旅游目的,是该行程的第一个节点,终端是行程的最后一个节点。除始端和终端外的其他节点,是为主题服务的旅游目的地。因此策划旅游行程,就是合理安排从始端到终端,以及中间途经地之间的游览顺序,在行程上对相关节点进行合理布局。例如,“烹饪王国游”这一行程的始端是广东的广州,终端是上海,途经地为四川成都、江苏南京和无锡,其顺序为“广州—成都—南京—无锡—上海”。

(3)计划活动日程

活动日程是指旅游行程中具体的旅游项目内容和地点以及各项活动进行的日期,应体现劳逸结合、丰富多彩、各具特色、高潮迭起的原则。如“烹饪王国游”的活动项目,如下表4-1所示。

表4-1 “烹饪王国游”旅游计划活动项目

目的地	活动项目
广州	参观烹饪表演,品尝广东名菜,品尝广东各式点心,品尝广东早茶
成都	品尝川味小吃,观看川菜烹饪表演,品尝四川名菜
南京	夫子庙食品街(江苏风味小吃),品尝淮扬风味
无锡	品尝太湖船菜
上海	品尝上海风味

(4)选择交通方式

交通方式的选择,要体现“安全、舒适、经济、快捷、高效”的原则,要了解各种交通方式的游览效果。在具体选择交通工具时,要注意多利用飞机,尽量减少旅途时间;少用长途火车,以避免游客疲劳;合理使用短途火车,选择设备好、直达目的地、尽量不用餐的火车;用汽车作短途交通工具,机动灵活。总之,要综合利用各种交通方式与工具,扬长避短,合理衔接。

(5)安排住宿餐饮

住宿一般占旅游者旅游时间的1/3。同时,在住宿地还可以进行娱乐、文体等方面的活动。因此旅游者对住宿的满意程度,也是关系旅行社产品信誉的重要一环。旅游行程住宿内容,必须注明下榻的饭店名称、地点、档次以及提供的服务项目等。一经确定,不能随便更改,更不可降低档次,改变服务项目。旅行社安排住宿的原则通常是根据旅游者的消费水平来确定。对普通旅游者而言,就是卫生整洁、经济实惠、服务周到、美观舒适、位置便利。

旅游餐饮也是旅游者重要的需求内容,尤其是驰名的风味餐,成为旅游者的主要追求目的。旅行社对安排餐饮的原则如下:一是主要餐饮的卫生、新鲜、味美、份

(量)足、价廉、营养、荤素搭配适宜等;二是注意安排体现地方或民族特色风味餐。

(6)留出购物时间

旅游者在旅游过程中适当购买一些土特产品、工艺美术品等,以作为纪念或馈赠亲友的礼品,是旅游活动中的一项重要内容。购物通常在游客总花费中占据30%左右。旅行社安排购物的原则是购物次数要适当,购物时间要合理(不能太多、太长);要选择服务态度好、物美价廉的购物场所,切忌选择那些服务态度差,甚至强迫交易、伪劣商品充斥的购物场所。

(7)策划娱乐活动

旅游行程中娱乐项目的安排,包括歌舞、戏曲、杂技、民间艺术及其他趣味性、消遣性的民俗活动。许多地方的娱乐活动已经成为旅游行程中不可或缺的一部分,如很多到上海的国外游客都会选择看"时空之旅"表演,这能提高旅游者的兴趣,加深旅游者对旅游目的地的认识。

2. 旅游行程制定的流程

旅游行程制定是一个技术性很强的课题。从技术上讲,旅游行程是旅游吸引物资源、旅游设施和旅游时间的统一。行程制定的成功与否,主要反映在两个方面:一是游程合理;二是价格合理。

1)从市场调查和预测入手,确定市场目标。它总体上决定了旅游行程的性质和等级。

2)根据旅游吸引物确定景点。景点是构成旅游行程的基本空间单位,每一景点就是一个有特色的旅游目的地。

3)结合前两个阶段的背景资料,对相关的旅游基础设施和专用设施进行选择和配置,并以一定的交通方式把各景点合理地串联起来,组成一条旅游线路。当然,缺少设施保障的旅游点一般不宜编入旅游行程。

4)可根据旅游者或旅游中间商的要求对旅游线路作相应调整,把旅行社设计推出的旅游线路变成旅游者喜欢的并愿意购买的旅游线路。

例如,表4-2为中国香港某旅行社推出的香港至华东旅游线路的设计与安排。

表4-2 某香港旅行社推出香港至华东旅游线路

天数	行程	交通	住宿
1	香港—上海	飞机(21:05抵沪)	静安希尔顿
2	上海—无锡	下午火车	无锡大饭店
3	无锡—苏州	中午火车	南林饭店
4	苏州—杭州	上午火车	香格里拉
5	杭州—香港	飞机(9:25离港)	

表4-2中显示的线路优点是飞机直接往返香港,相对方便,但并不周全。其不足之处主要表现在:第一,时间问题。香港—上海的飞机是晚上才抵达,而杭州—香港的飞机则是上午起飞,实际上第一天和第五天不能用于观光,时间浪费在机场候机上。而上海—无锡—苏州—杭州不仅交通方式单一,增加了在火车上的时间,而且每地游览都很匆忙。第二,价格问题。港沪及杭港直航飞机价格昂贵,占去了总团费相当大的比重,导致直观价格太贵,平均人/天价格过高。

由于行程安排不合理,行程价格又过高,游客反应平平。后经调整,重新编排了行程,见表4-3。

表4-3 重新编排的行程

天数	行程	交通	住宿
1	香港—广州—杭州	早班直通车转飞机,中午抵达	香格里拉
2	杭州—无锡	下午火车	无锡大饭店
3	无锡—苏州	下午汽车	南林饭店
4	苏州—上海	下午火车	静安希尔顿
5	上海—广州	晚上飞机	中国大酒店
6	广州—香港	下午直通车	

与原先的行程相比,后者有如下优点:第一,往返交通时间。第一天下午约1∶00抵达杭州,第六天下午18∶00才离开广州,后者总的观光时间加长1天多,旅游者在各地的逗留时间就较宽裕。第二,交通费用。比较香港—广州—杭州及上海—广州—香港的交通费就会发现,原先香港直飞上海和杭州直飞香港的航班都是国际航班,以港沪航线为例,单程价格普遍在1 600元左右,如果改由广州飞往杭州或由上海飞往广州则是国内航班,单程价格普遍在1 000元左右。显然,后者的交通费用明显具有优势。第三,活动内容。后者增加了广州作为中转,不只是考虑交通问题,还丰富了行程内容。

总之,经过这样改编后,后者在行程与价格上更容易被旅游者所接受。任何一条旅游线路的设计都是以时间为支点的,随着时间的推移,所依托的条件必然会发生变化,而且日渐不能适应新的市场需求。因次,旅游线路要不断推陈出新,以延长其生命时间。

案例4-3

第一天:于指定时间、地点集合乘车前往深圳机场,乘XO9304(15∶30/22∶30)航班飞乌鲁木齐市自由活动。住:徕远宾馆。

第二天:9∶00早餐,9∶30前往天池游览,13∶30在蒙古包用餐,17∶30回乌市。

住:徕远宾馆。

第三天:8 :00 早餐,8 :30 赴吐鲁番(190 千米)参观火焰山、葡萄沟,13 :30 葡萄沟用餐,14 :30 参观坎儿井、交河古城。住:徕远宾馆。

第四天:8 :30 早餐,9 :00 赴石河子。住:石河子宾馆。

第五天:9 :00 早餐,9 :30 前往南山牧场(70 千米),13 :30 返乌市用餐,晚餐后 19 :58 乘 K890 列车赴柳园。住:火车软卧。

第六天:列车上早餐后,约 8 :25 抵柳园,乘空调旅游车至敦煌,午餐后参观中国最大石窟艺术馆——敦煌莫高窟。住:敦煌大酒店。

第七天:8 :00 早餐后游览沙漠奇迹——鸣沙山和月牙泉,骑骆驼(自费)领略大漠风光,午餐后乘空调旅游车赴嘉峪关,参观嘉峪关雄伟壮观的城楼和城墙、长城博物馆。晚餐后乘 T658 火车(21 :42)赴兰州。住:火车软卧。

第八天:约 7 :30 抵兰州,早上在酒店休息,午餐后市内参观五泉山公园、黄河母亲雕像、黄河第一桥。下午乘 T655 次火车往西宁(15 :48/18 :48)。住:西宁宾馆。

第九天:早餐后游览塔尔寺,塔尔寺是我国著名的喇嘛寺院,是喇嘛教黄教创始人宗喀巴生地,亦是西北地区佛教活动的中心。后前往我国最大内陆咸水湖——青海湖。游日月山、倒淌河、藏民家访。晚餐后乘 K424 次列车前往银川(18 :01)。住:火车软卧。

第十天:早上 7 :00 到达后休息,游览沙湖,后游览西夏王陵(又称西夏陵、西夏帝陵),有“东方金字塔”之称,是西夏历代帝王陵墓所在地。住:银川长相依宾馆。

第十一天:早餐后自由活动,午餐后游览华夏西部影视城,又称“东方好莱坞”。晚餐后乘 K2587 次列车(18 :42)列车前往西安。住:火车卧铺。

第十二天:早上 8 :50 抵达西安,参观张学良公馆和大雁塔,下午参观古丝路起点石雕群。住:古都大酒店。

第十三天:早餐后参观著名的兵马俑、华清池和五间厅等,午餐后游明城墙、碑林。乘 CZ3252(17 :20/19 :30)飞机返深圳。

线路特色

众所周知,乌鲁木齐在蒙古语中是“优美的牧场”之意。它位于天山北麓草原地带,东临天山东段最高峰——博格达峰,南依连绵千里的天山林带,西、北紧靠准噶尔盆地,是世界上离海洋最远的城市。而吐鲁番古称姑师,是古丝绸之路上的重镇,位于新疆维吾尔自治区中部,北隔天山与乌鲁木齐市相邻。吐鲁番历史悠久、美丽神奇,自两汉以来一直是我国西域地区政治、经济、文化中心。敦煌位于甘肃、青海、新疆三省(区)的交会点。敦煌,历经沧桑,几度盛衰,步履蹒跚地走过了近五千年漫长曲折的历程。悠久历史孕育的敦煌灿烂的古代文化,使敦煌依然辉煌;那遍地的文物遗迹、浩繁的典籍文献、精美的石窟艺术、神秘的奇山异水等使这座古城流光溢彩,使戈壁绿洲越发郁郁葱葱、生机勃勃,就像一块青翠欲滴的翡翠镶嵌在金黄色的大漠上,更加美丽,更加辉煌。形似一叶扁舟的西宁市,扼青藏高原东方之门户,位于青海东部,黄河支流湟水上游,四面环山,三川会聚。典型的大陆性高原半干旱气候。冬无严寒,夏无酷暑。夏季杨柳成荫,凉爽宜人,是旅游避暑之胜地。

特别提醒

10 月的青海,秋高气爽,凉意习习。游客这个时候去青海旅游,应带上羊毛衫,以备夜间御寒。购物:冬虫夏草、鹿角菜、青稞酒、胸饰、荷包、烟袋。小吃:手抓羊肉、糌粑、醪糟、酿皮。

案例4-4

线路特色

(1)乘坐港龙航空公司波音 777 豪华客机。

(2)畅游五岳之首、世界自然文化遗产地泰山,孔子故里、世界文化遗产地曲阜,加游风筝之都潍坊。

(3)品尝孔府家宴、济南地道鲁菜风味(糖醋黄河鲤鱼、九转大肠)、青岛饺子席、泰山农家菜。

(4)安排欣赏著名的祭孔仪式。

(5)全程入住四星级国际酒店。

行程

第一天:香港—烟台(约 2.5 小时)

旅游者准时于中国香港国际机场指定的航空公司柜台前集合,乘中午 11 时航班赴烟台,晚餐后住宿碧海大酒店或同级酒店。

第二天:烟台—蓬莱—潍坊

早餐后乘车往蓬莱县(约 1.5 小时)游览蓬莱阁,这里殿阁凌空、面临大海,素有仙境之称;下午乘车往潍坊(约 3.5 小时),游览十笏园及杨家埠(风筝作坊群),晚餐后住东方大酒店或同级酒店。

第三天:潍坊—济南—泰安

早餐后乘车往济南(约 3 小时),游大明湖。大明湖是济南市泉眼最多、最大的湖泊;后游唐代石刻宝库之称的千佛山;最后游览我国著名的"天下第一泉"趵突泉;游毕乘车前往泰安(约 1.5 小时),入住银河宾馆或同级酒店。

第四天:泰安—曲阜—泰安

早餐后乘车往曲阜(约1.5小时)参观我国古代最大的私宅孔府、气势宏伟的孔庙并观看祭祀圣人孔子大典,最后旅览世界最大的家族墓地孔林,游毕后回泰安,入住同上。

第五天:泰山—济南

早餐后抵国家重点风景名胜区泰山。游览中天门、南天门、玉皇阁,欣赏泰山“黄河金带”“云海玉盘”“晚霞夕照”三大自然奇观;下午游览岱庙,这是封建历代帝王祭祀泰山的庙宇,游毕后乘车赴济南(约1.5小时),住宿于香格里拉酒店或同级酒店。

第六天:济南—青岛

早餐后乘坐旅游专列往青岛,中午抵达青岛后游览我国道教名山崂山,参观道家宫观上清宫、下清宫、太平宫,听道家养生讲座;最后参观青岛啤酒厂。晚餐后入住海天大酒店或同级酒店。

第七天:青岛

早餐后游览青岛标志性景观栈桥,以及八大关、小鱼山公园及小青岛风景区;下午自由活动、购物。住宿同上。

第八天:青岛—烟台—香港

早餐后乘车往烟台,下午14:30乘直航班机返回香港。

【点评】这条线路是香港中国旅行社股份有限公司开发的传统旅游线路,该线路设计立足于常规观光型旅游产品,着重突出四个小特色,旅游点结构相当合理。该线路最大的特点是详细具体,引人注目,特别是公路交通各段所需的时间都有注明,住宿的酒店也有注明,让旅游者报名时感到十分放心,这样特点的旅游线路设计目前在我国内地的旅行社经营中还不多见。

计划、决策与实施

学习情境四	旅行社营销与策划
工作任务1	旅游线路设计与开发
学生行为	各小组按教师的要求,制订完成任务的工作计划及任务分配方案,讨论计划的科学合理性,完善和做出最终决策;通过阅读知识链接内容,查阅其他相关资料,完成工作任务
教师行为	督导学生分组讨论,审核工作计划,提出修改建议,回答学生提问,引导学生做出正确的决策,对学生任务的完成进行全程督导,观察各小组在完成任务过程中的表现

续 表

计划、决策与实施	序号	实施步骤	使用资源
	1		
	2		
	3		
	4		
	5		
	6		
	7		
	8		
	9		
	10		
组长签字		组　别	
教师签字		日　期	

检查、评价与反馈

<table>
<tr><td>学习情境四</td><td colspan="5">旅行社营销与策划</td></tr>
<tr><td>工作任务1</td><td colspan="5">旅游线路设计与开发</td></tr>
<tr><td>教师行为</td><td colspan="5">听取学生成果汇报，检查学生学习任务的完成情况，并指出不足及修改建议，对学生的学习表现进行评价，通过学生的教学反馈意见总结本次教学中存在的问题，制定工作改进计划</td></tr>
<tr><td>学生行为</td><td colspan="5">1. 对工作任务完成情况进行检查和反思，填写检查单
2. 把学习成果制作成PPT进行汇报，总结学习中的收获与体会，进行自我评价，并对本小组的成员表现逐一进行评价，填写评价单和教学反馈单</td></tr>
<tr><td rowspan="9">检查</td><td>序号</td><td>检查项目</td><td>检查标准</td><td>学生自检</td><td>教师检查</td></tr>
<tr><td>1</td><td>目标认知</td><td>工作目标明确，工作计划周密，具有可操作性</td><td></td><td></td></tr>
<tr><td>2</td><td>理论知识</td><td>基础理论知识的全面掌握</td><td></td><td></td></tr>
<tr><td>3</td><td>基本技能</td><td>能够运用基本的理论进行实践思考、分析、解决问题</td><td></td><td></td></tr>
<tr><td>4</td><td>学习能力</td><td>能在教师指导下，全面掌握相关知识和技能</td><td></td><td></td></tr>
<tr><td>5</td><td>工作态度</td><td>主动参与，积极完成工作任务</td><td></td><td></td></tr>
<tr><td>6</td><td>团队合作</td><td>积极与他人合作，共同完成任务</td><td></td><td></td></tr>
<tr><td>7</td><td>工具运用</td><td>熟练利用资料自学，利用网络进行资料查询</td><td></td><td></td></tr>
<tr><td>8</td><td>任务完成</td><td>保质保量完成任务</td><td></td><td></td></tr>
</table>

续 表

<table>
<tr><td rowspan="20">评价</td><td>评价类别</td><td>项目</td><td>子项目</td><td>个人评价（30%）</td><td>组内互评（30%）</td><td>教师评价（40%）</td></tr>
<tr><td rowspan="13">专业能力（60%）</td><td rowspan="2">资讯（10%）</td><td>搜集信息（5%）</td><td></td><td></td><td></td></tr>
<tr><td>引导问题回答（5%）</td><td></td><td></td><td></td></tr>
<tr><td rowspan="2">计划（10%）</td><td>计划可执行性（5%）</td><td></td><td></td><td></td></tr>
<tr><td>资源的安排合理（5%）</td><td></td><td></td><td></td></tr>
<tr><td rowspan="4">实施（15%）</td><td>工作步骤执行情况（3%）</td><td></td><td></td><td></td></tr>
<tr><td>可交付成果的完成（5%）</td><td></td><td></td><td></td></tr>
<tr><td>可交付成果完成质量（5%）</td><td></td><td></td><td></td></tr>
<tr><td>工作效率（2%）</td><td></td><td></td><td></td></tr>
<tr><td rowspan="2">检查（10%）</td><td>全面性、准确性（5%）</td><td></td><td></td><td></td></tr>
<tr><td>创新性、可行性（5%）</td><td></td><td></td><td></td></tr>
<tr><td rowspan="2">过程（5%）</td><td>过程规范性（3%）</td><td></td><td></td><td></td></tr>
<tr><td>反思与调控水平（2%）</td><td></td><td></td><td></td></tr>
<tr><td>结果（10%）</td><td>结果质量（10%）</td><td></td><td></td><td></td></tr>
<tr><td rowspan="4">社会能力（20%）</td><td rowspan="2">团结协作（10%）</td><td>对小组的贡献（5%）</td><td></td><td></td><td></td></tr>
<tr><td>小组合作配合情况（5%）</td><td></td><td></td><td></td></tr>
<tr><td rowspan="2">敬业精神（10%）</td><td>吃苦耐劳精神（5%）</td><td></td><td></td><td></td></tr>
<tr><td>学习纪律性（5%）</td><td></td><td></td><td></td></tr>
<tr><td rowspan="2">决策能力（20%）</td><td>计划能力（10%）</td><td>考虑全面、细致有序（10%）</td><td></td><td></td><td></td></tr>
<tr><td>决策能力（10%）</td><td>决策果断、选择合理（10%）</td><td></td><td></td><td></td></tr>
<tr><td>教学反馈</td><td colspan="6">你对本次学习的意见或建议：</td></tr>
<tr><td>组长签字</td><td colspan="3"></td><td>组　别</td><td colspan="2"></td></tr>
<tr><td>教师签字</td><td colspan="3"></td><td>日　期</td><td colspan="2"></td></tr>
</table>

工作任务 2　旅行社渠道建设

任务布置

<table>
<tr><td colspan="2">学习情境四</td><td>旅行社营销与策划</td></tr>
<tr><td colspan="2">工作任务 2</td><td>旅行社渠道建设</td></tr>
<tr><td colspan="2">学生行为</td><td>学生在教师的引导下,明确学习任务及要求,分组学习知识链接的内容,并查阅相关资料和文献,找出资讯问题的答案,初步掌握学习内容</td></tr>
<tr><td colspan="2">教师行为</td><td>1. 教师向学生介绍工作任务的内容、要求、关键点及注意事项,引导学生熟悉工作任务内容,并随机对学生进行分组
2. 教师向学生讲解或引导学生学习资讯内容,并随时解答学生的相关问题</td></tr>
<tr><td colspan="2">任务描述</td><td>学生 5 ~ 6 人为一小组,各小组选择一家旅行社,调查了解其营销渠道的特点及类型,运用所学知识分析其渠道的合理性,并提出改进意见</td></tr>
<tr><td rowspan="7">资讯</td><td rowspan="6">资讯问题</td><td>1. 旅行社分销渠道的概念</td></tr>
<tr><td>2. 旅行社分销渠道模式</td></tr>
<tr><td>3. 旅游中间商的作用及类型</td></tr>
<tr><td>4. 影响旅行社产品销售渠道选择的因素有哪些?</td></tr>
<tr><td>5. 旅行社选择分销渠道的策略</td></tr>
<tr><td>6. 旅行社如何对旅游中间商进行选择与管理?</td></tr>
<tr><td>资讯引导</td><td>以上资讯问题请查阅本书信息单,同时参阅以下书籍和网页:
1.《旅行社市场营销》韦明体主编,旅游教育出版社,2004。
2.《旅行社营销》张红英编著,复旦大学出版社,2011。
3.《旅行社市场营销》姜若愚主编,东北财经大学出版社,2002。
4.《旅行社业务》赵建宇主编,清华大学出版社,2012。
5.《旅行社经营与管理》李宏,杜江编著,南开大学出版社,2011。
6. http://www.aatrip.com/中国旅游营销网</td></tr>
</table>

知识链接

一、旅行社分销渠道的本质

(一)旅行社分销渠道的概念

旅游产品有别于其他产品的最大特点是旅游产品的无形性和不可储存性。一般商品的生产者可以通过各种方式对产品的开发、销售和交付进行直接的控制,旅游产品则不然。旅游产品必须通过适当途径,经过分配过程,才能在适当的时间、适当的地点,以适当的方式提供给旅游目标市场,从而满足旅游者的需要,实现旅行社的市场营销目标。

旅行社分销渠道,又称为销售分配系统,是指旅行社通过各种直接或间接的方式,将旅行社产品转移到旅游消费者手中的整个流通途径和结构。值得注意的是,旅行社的分销渠道,不仅包括旅行社借助于旅游中间商向顾客出售其产品的间接销售途径,和旅行社依靠自己的力量在其生产地点以外的其他地方向旅游大众出售其产品的直接销售方式,而且还包括旅行社在其生产现场直接向来访旅游者出售其产品和服务的方式。

(二)旅行社分销渠道模式

旅游产品从旅游生产企业转移到旅游消费者的过程中,任何一个对产品拥有所有权(使用权)或负有推销责任的组织和个人,就叫作一个渠道层次,渠道层次的构成就是分销渠道模式,如图 4-1 所示:

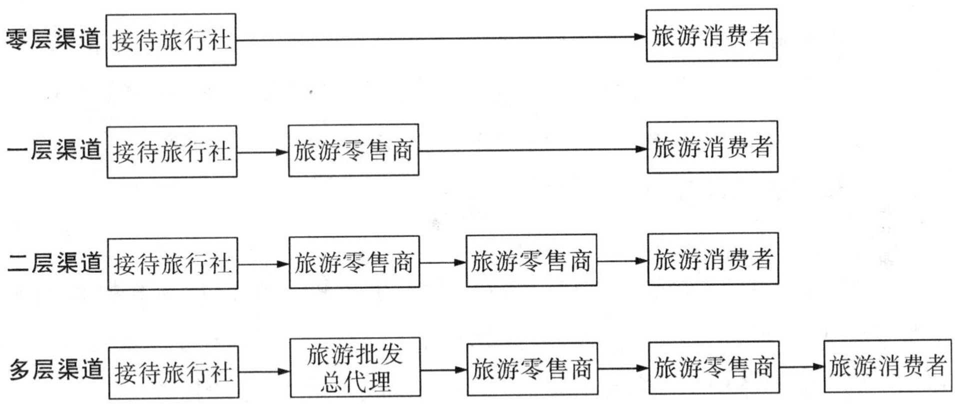

图 4-1　旅行社分销渠道模式

根据旅游产品在流通过程中是否经过中间商转卖来划分,可将旅游产品的分销渠道划分为直接销售渠道和间接销售渠道。

1. 直接销售渠道

直接销售渠道又称零层渠道,是指旅行社直接向旅游者出售其旅游产品,两者之间没有任何中间环节介入,即达成旅游产品的流通与消费。

目前,我国旅行社在经营国内短途旅游业务中,多采用零层渠道销售其产品。例如,一些旅行社通过其门市柜台,直接向旅游者推销其旅游产品,直接招徕当地或外地的居民参加前往近郊或邻近旅游景区的短途旅游活动。

另外,有些旅游目的地的旅行社,通过计算机预订系统或在其主要客源地设立分支机构，向旅游者直接销售旅游产品，这种销售方式也属于零层渠道。这种网络营销是对传统营销模式的变革。目前，电子计算机技术在旅游咨询和旅游预订方面的普及和应用，更为直接销售提供了坚实的技术条件。

2. 间接销售渠道

一层渠道、二层渠道和多层渠道统称间接销售渠道。这是一种旅游产品生产者借助旅游中间商向旅游者销售其旅游产品的模式。销售渠道越长，旅游产品市场拓展的可能性就越大。

(1)一层渠道

一层渠道含有一个销售中介机构，所以又称单环节销售渠道。在一层渠道中，存在着一个中间环节，即旅游中间商。一般来说，在国内旅游业务方面，主要是旅游客源地的组团旅行社充当这个中间环节；在入境旅游方面，往往由境外的旅游批发商、旅游经营商或旅游零售商担任中间商的角色；在出境旅游方面，旅游客源地的组团旅行社则成为旅游中间商。

(2)二层渠道

二层渠道又称双环节渠道，是指含有两个销售中介机构的旅游产品销售渠道。这种销售渠道多用于入境旅游产品的销售。在二层销售渠道中，从事团体包价旅游的国际旅行社先将产品提供给境外的旅游批发商，然后由其委托各个客源地的旅游零售商把产品出售给旅游消费者。

(3)多层渠道

多层渠道又称多环节销售渠道，是指包含三个或更多个销售中介机构的旅游产品销售渠道，主要用于销售量大、差异性小的某些入境旅游产品。多层渠道分销是我国国际旅游业务中，经营入境旅游产品应用最广、最典型的模式。

多层销售渠道的操作程序是先由接待旅行社将各旅游产品编排组合成团体包价旅游产品，通过外联谈判批量发售给境外的旅游批发商或旅游经营商。这个旅游批发商或旅游经营商充当旅行社在这个国家或地区的产品销售总代理。而后，这个总代理根据自己的经验和研究结果，在旅行社提供的包价旅游产品基础上，对产品进行加工、组装或加上该地区的产品，对这些重新组合的包价旅游产品进行定价，作为自己的产品提供给散落各地的旅游零售商，向旅游消费者出售。经这样加工后的产品往往更受当地旅游者的欢迎。

目前，我国的国际旅行社在经营入境旅游业务中，广泛采用间接销售渠道。

上述两种分销售渠道模式各有优、缺点，具体见表4-4。

表 4-4　直接销售渠道与间接销售渠道对比

类别	优　点	缺　点
直接销售渠道	（1）销售简便、灵活，增加了附加销售（如回程机票或车票）的机会； （2）可以直接获得旅游者的信息，有利于强化旅行社的形象	市场覆盖面窄，不利于扩大产品的市场份额
间接销售渠道	（1）影响面广； （2）针对性强； （3）销售量大	（1）销售成本高； （2）影响旅行社与旅游消费者之间信息的沟通速度

可见，旅行社销售渠道的模式是多种多样，各有利弊的。旅行社具体选择何种销售渠道，应结合实际情况来定。

（三）旅游中间商的类型

我们把各种各样的营销和代理机构称之为中间商，因为它们处于生产和消费中间。旅游中间商是指介于旅游产品生产者与旅游消费者之间，专门从事销售旅游产品的组织或个人，也可理解为是旅游产品从生产者到消费者的分销链条上的连接环。

1. 旅游中间商的作用

旅游中间商的介入可使旅游产品推进目标市场的过程更有效率。中间商凭借其实力、经验、专业水平和运作规模，往往能比旅行社自己争取到更多的销售机会。图 4-2 展示了中间商所能提供的经济性的一个方面。

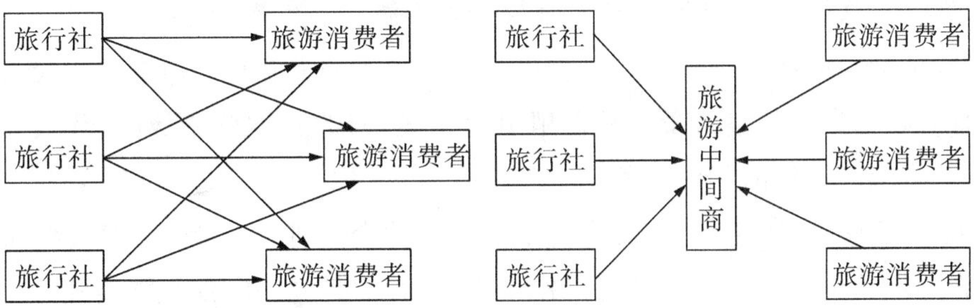

图 4-2　中间商所能提供的经济性

图 4-2 表明，没有旅游中间商介入的直接销售有 9 次接触（3 个旅游产品的生产者分别接触三个旅游消费者），而有旅游中间商介入的间接销售只要求有 6 次接触。由于旅游中间商的介入，旅行社与旅游消费者的接触次数由 3 次成为 1 次。如果旅行社和旅游消费者的数量大大增加，则减少的次数就更加可观了。可见，旅游中间商的介入可以大大简化流通过程、降低流通费用、提高流通效率。具体来说，旅游中间商的作用有：

(1)提高社会工作效率

从社会的角度考察,每一次交易都包括订货、定价、付款等环节。交易次数减少,则销售费用降低,售价也会降低;否则,每个交易环节都要讨价还价,随之而来的是效率的降低。更为有利的是,旅游中间商还可以利用其在市场方面的丰富经验,对旅行社提供的旅游产品进行组装或重新组合,以适应旅游消费者的多种需求。

(2)提高旅行社工作效率

从旅行社的角度考察,旅游中间商作为推销产品的专业机构,承担了旅行社的许多销售职能。例如,确认买方、促进销售、承担风险等。这使旅行社有条件专心于旅游产品的生产,通过专业化实现成本节约,并提高销售效率。

(3)方便旅游消费者购买

从旅游产品消费者角度考虑,旅游中间商使旅游消费者的购买变得十分方便,对将旅游产品生产者和旅游消费者有效联络起来起着重要的桥梁作用。

2.旅游中间商的类型

旅行社销售渠道的构成成员种类很多。由于受旅游市场营销环境等因素影响,近年来,形成了以旅行代理商为主体的多种中间商体系,每一个渠道成员又有其特殊作用。其渠道成员包括旅游批发总代理、旅游批发商、旅游零售商、专业媒介者、国内组团社等。深入了解旅行社销售渠道的各类成员,对于旅行社选择中间商和确定分销系统的级数都有帮助。

(1)旅游批发总代理

旅游批发总代理,是指在某地区全权代表旅游产品生产者,进行产品销售业务及市场营销活动的旅游中间商。它不仅有权代表委托人签订旅游产品买卖交易协议,而且有权制定与调整旅游产品营销组合方案,修改具体营销战略,代表委托人处理有关该地区销售的其他事务。

旅游批发总代理实际上是旅游产品生产者的全权独立代销商,双方关系一经确定,旅游产品生产者不能再进行直接推销活动,而且同一时期只能委托一个旅游批发总代理,所以,旅游批发总代理要对旅游产品生产者承担更多义务。

(2)旅游批发商

旅游批发商,是指专门从事各种旅游产品的组合,然后通过零售商网络或航空公司向公众进行推销的旅行社。

国际官方旅游组织联合会指出:旅游批发商是一个销售企业。它在旅游消费主体提出要求之前,准备好旅游活动和度假地,组织好旅游交流,统计好各类客房,安排好各种活动及提供整套服务,并事先确定价格以及出发和返回日期。即事先组合好完备的旅游产品，由其下属销售处或作为零售代理商的旅行社将旅游产品出售给团体或个体消费者。

国外旅游批发商经营我国包价旅游产品的主要办法：由我国组团旅行社通过外联谈判将旅游线路卖给外国旅游批发商，由其印发产品宣传册分发给各地的旅游零售商，委托零售商向旅游消费者出售，然后将各地零售商招揽的旅游者汇集起来组成旅游团，送到目的地进行旅游。

在大多数情况下，这些旅游批发商也向团体旅游者销售包价旅游产品。本身没有零售机构的旅游批发商，除了委托独立的旅游零售商销售这些包价旅游产品外，自己也担任零售商的角色。

（3）旅游零售商

旅游零售商，又称零售旅行代理商，是指从事旅游产品零售业务，直接面向广大旅游者销售旅游产品和提供旅游咨询等旅游服务的组织或个人。旅游零售商是旅游产品销售渠道的主要环节，它可以是独立经营的企业，也可以是某一批发商的下属机构。

国际官方旅游组织联合会指出：旅游代理商属于服务性企业。它的主要特征是：作为旅游者的决策顾问，提供有关旅游产品的信息，向其出售所需的旅游产品；受各旅游产品供应商的委托，按照合同的约定条款出售旅游产品。旅游零售代理商起到交易中间人的作用，并不承担任何风险，接受旅游产品供应商的酬劳方式主要是按照合同，从旅游产品销售总额中提取一定比例的佣金。

上述三种中间商在销售渠道中各有不同的职能和作用，具体见表4-5。

表4-5　不同中间商的职能和作用

类别	职　能	作　用
旅游批发总代理	进行目标市场调研，采用最佳的旅游营销组合手段，作好旅游产品的销售工作	（1）帮助旅游产品生产者开辟较大的或新的旅游市场； （2）提供专业推销队伍，常年在该地区从事必要的产品销售工作
旅游批发商	向目的地及中转地的外联社购买并组合包价旅游产品，然后通过旅游零售商销售出去	（1）整体旅游产品的组合者； （2）促销活动的分担者； （3）销售渠道的合作组织者
旅游零售商	直接面向广大旅游者销售旅游产品和提供旅游咨询等旅游服务的组织或个人	是旅游产品销售渠道的主要环节

（4）专业媒介者

专业媒介者包括旅游经纪人、奖励旅游公司、会议计划者、协会执行人、公司旅游办公室和旅游咨询者等。

专业媒介者不同于旅游批发商和零售商，通常不收取佣金，在安排旅游时也没有品牌，除旅游经纪人和奖励旅游公司以外，他们都是典型的工薪职员，代表其组织以较低的成本承办旅游业务。如很多日本佛教组织的信徒前来朝拜我国佛教名山、名寺时，具体的组团工作往往由这些佛教组织内部负责，朝圣团组成之后再交给某家旅行社。

旅游经纪人是一种特殊旅游中间商，它不拥有产品所有权，不控制产品价格及销售条件，并不卷入交易实务，只为双方搭桥，促成双方交易；成交后，旅游企业付给他佣金。所以，它不承担任何风险。国外旅游经纪人主要销售汽车旅游，这种旅游对多数市场具有吸引力，其目标多为城市观光、体育事件、参观博物馆和历史遗迹等，其中，有的旅游经纪人的出现是季节性的，有的甚至只基于一个重要事件，但也有的是全年经营的。

奖励旅游公司是承办企业对雇员提供奖励旅游的公司。由于奖励旅游经常是在度假旅游区域举办，服务档次要求很高。因此，对于度假旅游地和一些旅游目的地城市而言，奖励旅游公司代表了一种有效的销售渠道。旅游目的地的旅行社应积极通过贸易杂志和贸易组织等，与专业媒介者的代表——旅游经纪人和奖励旅游公司进行沟通。

(5)国内组团社

在我国国内旅游业务中，组团社向地方接待社购买当地的旅游产品，并将各地的旅游产品和城市的交通服务等组合起来，形成旅游目的地的综合产品，重新定价后将其出售给旅游消费者。他们综合各地接待社所提供的服务，组织安排旅游者在相关旅游目的地进行旅游。在我国，组团社兼具批发商和零售商的双重功能，是极为重要的旅游中间商。

二、旅行社产品销售渠道策略的选择

(一)影响旅行社产品销售渠道选择的因素

旅行社应当在明确本社的销售目标、了解目标市场的基础上，对旅游中间商特别是客户旅行社进行认真的考察，并在此基础上选择渠道策略。一般来讲，在选择销售渠道策略时要考虑以下因素。

1.旅行社同目标市场的距离

这是指旅行社所在地与目标客源市场所在地之间的距离。当目标市场距离旅行社较近或者与旅行社同在一个城市或地区时，旅行社应选择直接销售渠道，达到节省费用、提高利润的目的。当目标市场较远时,旅行社应选择间接销售渠道。具体原因如下。

(1)熟悉市场

由于生产产品的旅行社远离目标市场,很难对那里的潜在旅游者十分了解,而当地的旅行社长期与该地区的旅游者接触,比较熟悉所在地区的情况,能够根据当地旅游市场的特点进行有的放矢的宣传促销,从而吸引更多的潜在旅游者购买其产品。

(2)节省销售费用

旅行社如果派遣销售人员到远离其所在地的旅游客源地直接销售其产品,需要花费包括长途交通费、食宿费、销售人员工资或销售佣金等大量销售经费,而利用目标市场所在地旅行社进行销售,则只需付出一定比例的销售佣金,一般低于直接销售的费用。

2. 客源市场的集中程度

旅行社应该在客源集中的旅游市场上选择直接销售渠道,以获得降低销售成本和能直接招徕旅游者的效果。对于范围广、潜在旅游者非常分散的客源市场,旅行社则应选择间接销售渠道,以广泛地招徕旅游者。

3. 旅行社自身条件

旅行社的自身条件包括旅行社的声誉、财务能力、管理经验和对销售渠道的控制能力等重要因素。如果旅行社拥有良好的声誉、丰富的管理经验、充裕的资金和较强的分销渠道控制能力,应该选择直接销售渠道;反之,则应该选择间接销售渠道。

4. 经济效益

旅行社还应该根据不同销售渠道带给旅行社的经济效益来决定选择哪种分销渠道。一般情况下,旅行社通过旅游中间商销售其产品所获得的销售收入要低于由旅行社直接进行产品销售所获得的收人,因为旅游中间商要将产品销售的部分收入留下,作为它帮助旅行社销售产品的报酬,使旅行社的产品销售利润降低。然而,旅行社通过旅游中间商进行产品销售可以为其节省大量的销售费用,降低了旅行社产品的销售成本,从而提高旅行社的利润。因此,旅行社应该对实际经济效益进行对比,以选择经济效益比较好的分销渠道。

(二)旅行社选择分销渠道的策略

旅行社在选择销售渠道时,根据其产品的不同,可采用直接销售渠道策略和间接销售渠道策略。

1. 直接销售渠道策略

直接销售渠道策略主要应用于短距离旅游产品，如"一日游""近郊游"等。也有部分旅行社在销售某些长距离旅游产品时采用直接销售渠道策略。随着信息技术的迅猛发展，许多旅行社在销售某些长距离旅游产品时，通过在互联网建立自己的网站向顾客展示自己的产品和服务，并接受网上预订业务。对于规模小、没有资金和技术开发中心预订系统的企业，互联网为其提供了极好的分销渠道。

此外，由于顾客直接从网上预订，不需经过其他预订系统，因此企业也不必支出预订费或佣金，大大降低了分销费用。对于拥有中心预订系统的集团企业而言，互联网也可以同中心预订系统的网络相连，从而将互联网纳入到自身的分销系统中。例如，在20世纪80年代中期，托马斯·库克公司决定在英国市场上取消大约2 000家旅行代理商对该公司产品的代理权，而完全由该公司在英国各地自设的414个零售点进行销售。此举不但可使该公司每年节省大约300万~400万英镑的佣金，而且使该公司能够以较低的"出厂价"面向大众直销产品。此外，这一举措也使该公司排除了中间商某些不良行为的干扰，使价格和服务质量方面的控制更为可靠和有效。

目前，在出境旅游产品的销售方面，国际旅行社主要采取直接销售渠道策略，同时也采用通过其他旅行社代理销售的间接销售渠道策略。在国内旅游方面，我国经济发达地区的国内旅行社，目前大都采取直接销售渠道策略，就地招徕客源；而旅游资源相对丰富的地区，则多通过横向联系获得旅游接待机会。

2. 间接销售渠道策略

间接销售渠道策略是旅行社产品销售的重要渠道之一，特别运用于长距离海外入境旅游产品。间接销售渠道策略一般包括广泛性渠道策略、专营性渠道策略和选择性渠道策略。

(1)广泛性渠道策略

广泛性渠道策略是指旅行社对旅游中间商不加限制，通过众多的旅游批发商，把旅游产品广泛地分配给各个旅游零售商，以便及时满足旅游者需求的一种渠道策略。这一策略就是在某一市场上，凡是愿意推销本旅行社产品的批发商都可以和他建立业务关系，甚至也不禁止批发商购买自己竞争对手的产品，彼此的约束很少。

旅行社采取广泛性销售渠道策略的目的，是建立一个由大量旅游中间商组成的松散网络，扩大产品的销售范围，提高经济效益。

广泛性销售渠道策略一般适用于旅行社开辟新市场时期和客源比较分散的大

众化观光旅游产品的销售。目前,我国旅游产品处于买方市场,即入境旅游市场处于供大于求的状况,国际旅行社普遍感到客源不足,都希望和更多的海外旅游中间商建立业务关系,故大多采用广泛性销售渠道策略。

(2)专营性渠道策略

专营性渠道策略是指旅行社在一定时期、一定地区内只选择经验丰富、信誉高的一家旅游中间商来推销旅游产品的渠道策略,通常的做法是在一个客源市场内只找一家旅游批发商作为自己在当地的独家代理或总代理。也就是说,旅行社只向该旅游中间商提供本旅行社的产品,该中间商则只向本旅行社提供客源,双方均不得在当地同对方的竞争对手进行业务往来。

专营性销售渠道策略适用于旅行社开辟新市场之初,推销某些客源层比较集中的特殊旅游产品以及品牌知名度和美誉度高的豪华型旅游产品。目前,我国旅行社面向欧、美等地区国际旅游市场提供的包价旅游产品,基本上都是采用这一策略进行销售。

(3)选择性渠道策略

选择性渠道策略是指旅行社只在一定市场中选择少数几个信誉较好、推销能力较强、经营范围和自己又比较对口的旅游中间商进行产品销售的渠道策略。该策略针对上述两种策略,取其长而避其短,是一种较理想的策略。

这种销售渠道策略的成败,很大程度上取决于对旅游中间商的考察。旅行社根据对旅游市场上不同旅游中间商的考察,发现那些在市场营销、组团能力、企业经济实力、信誉等方面具有一定优势,而且其经营业务与本旅行社产品基本适应的旅游中间商后,通过谈判与他们建立起比较稳定的业务关系,由他们充当本旅行社在当地的销售代理。

上述三种销售渠道策略各有优、缺点,具体见表4-6:

表4-6　销售渠道策略对比表

类别	优　点	缺　点
广泛性渠道策略	(1)有利于扩大产品的销售范围; (2)有利于旅行社同广大的旅游者及潜在旅游者建立联系; (3)有利于寻找、发现理想的中间商	(1)销售成本高; (2)中间商的合作关系不稳定
专营性渠道策略	(1)销售成本低; (2)合作关系稳定	(1)市场覆盖面窄; (2)风险大
选择性渠道策略	(1)销售成本低; (2)市场覆盖面宽; (3)合作关系稳定	(1)实行难度大; (2)具有一定风险

三、旅游中间商的选择与管理

(一)旅游中间商的选择

在选择旅游中间商之前,旅行社应首先进行综合分析,明确自己的目标市场,建立销售网的目标,确定产品的种类、数量和质量,旅游市场需求状况和销售渠道策略,在此基础上才能有针对性地选择适合自己需要的旅游中间商。旅行社可以通过有关专业出版物、参加国际旅游博览会、派遣出访团、向潜在的中间商寄发信件资料或通过接团等方式发现合适的旅游中间商,并主动与中间商进行接触和联系。但必须首先对旅游中间商的情况进行详细的调查与分析,待时机成熟时,再与旅游中间商合作。

旅行社对旅游中间商的考察主要包括以下几个方面。

1. 中间商可能带来的经济效益

旅行社选择中间商的目的在于扩大销售、增加收益。因此,旅行社应选择成本相对较低、利润相对较高的销售网和中间商。旅行社应根据自己的经营实力,在利润大小和风险高低之间进行平衡与选择。

2. 中间商目标市场与旅行社目标市场的一致性

中间商的目标群体必须与旅行社的目标市场相吻合,而且在地理位置上应接近旅行社客源较为集中的地区,这样便于旅行社充分利用中间商的优势进行产品销售。

3. 中间商的商誉与能力

旅游中间商应当有良好的信誉和较高的声誉,并具有较强的推销能力和偿付能力。讲究信誉是旅行社利益不受侵害的保证。中间商的声誉将决定旅游者对他的信任程度,从而直接影响中间商的推销能力,而中间商的偿付能力是双方合作的经济保障。

4. 中间商对旅行社的业务依赖性

中间商的业务范围不同,对旅行社的依赖程度也存在差异。有的国外中间商专营中国旅游业务,对我国旅行社具有相当大的依赖性,如英国促进旅行社、日中和平观光株式会社等,全部经营赴中国旅游业务。而有的中间商则是经营许多国家、许多旅行社的产品,对某个具体旅行社依赖性较小,甚至不存在任何依赖性。

5. 中间商的规模与数量

旅行社在同一地区应选择适当数量、适当规模的中间商。因为中间商过多,会造成促销方面不必要的重复与浪费，中间商过少有可能形成垄断性销售或销售不力的局面。中间商的规模与数量的选择取决于旅行社的经营实力和销售渠道策略。

6. 中间商的合作意向

产品销售是两厢情愿的交易，面对同一地区的众多旅行社，应在有合作意向的旅行社间进行选择。

（二）旅游中间商的管理

1. 日常管理

（1）建立业务档案

建立业务档案是旅行社管理中间商的一种重要方法，业务档案应按照旅游中间商的名称建立，记录每一个旅游中间商的历史和现状、输送旅游者的人数频率、档次、欠款情况、付款时间等信息。通过对这些信息的分析和研究，旅行社销售人员能够对不同旅游中间商的能力、信誉、合作程度、合作前景等做出预测，并据此对他们分别采取相应的对策。

（2）及时沟通信息

及时沟通信息是旅行社加强对旅游中间商管理的重要措施之一。旅行社及时向旅游中间商提供各种产品信息有助于旅游中间商提高产品推销的效果；同时，旅行社也能够根据旅游中间商提供的市场信息改进产品的设计，开发出更多的适销对路的产品。

2. 折扣策略

折扣策略是以经济手段鼓励旅游中间商多向旅行社输送客源、调节旅游中间商输送旅游者的时间或鼓励中间商及时向旅行社付款，以避免不良债权的重要方法。折扣策略包括数量折扣策略、季节折扣策略和现金折扣策略三种类型。

3. 实施客户评价

旅行社应对客户档案中的信息进行评价，以掌握每一位旅游中间商的现实表现及合作前景。客户评价应包括客户的积极性、中间商的经营能力、旅游中间商的信誉。

4. 适当调整客户

旅行社在管理旅游中间商的过程中还可以根据旅游市场、旅游中间商和旅行社的自身发展等因素的变化对与之合作的旅游中间商做出适当的调整。

案例4-4

从2009年的一个航空公司、一个旅行社的宣传促销，到2010年航空公司与旅行社之间跨领域的联合。旅行社从去年的势单力薄，到今年与景区的携手并进。2006年，旅游业正从“各据一方”走向“联线成片”，合纵连横成为今年旅游业的发展潮流。

包机、包船、专列游更多出现

春节刚过，重庆新世纪国旅就向外界宣布：3月10日将与吉隆坡马中旅游公司联合包机，开通重庆至吉隆坡的常年包机航线。就在重庆游客还沉浸在这一大好消息之中时，重庆国旅接着又发布了针对泰国泼水节，将与航空公司在4月10日联合推出重庆至曼谷的包机计划。

与此同时，其他旅行社的联合包机、包船和旅游专列也在积极筹划之中。一时间包机、包船旅游搅乱了一池春水。国外的经验表明，包机旅游是旅游市场发展阶段性的一个标志，它意味着旅行社的发展逐步从“小作坊式生产”转 向“正规企业化生产”。

目前，重庆有200多家旅行社，长期以来，他们的经营一直处于各自为政的分散状态，经营的比拼也只限在你降30元、我降50元的价格拼争初级阶段。而包机旅游的价格比拼相对来说是一种较高层面上的竞争，它势必强烈冲击重庆的旅游市场。2006年，中国旅行社将全面对外开放，外埠旅行社甚至外资旅行社抢占重庆旅游市场只是时间问题，当前旅游市场这种“小、散、弱”的混乱状况必将被打破，新的强强联合，优势重组势在必行。

当然，旅行社包租飞机、包租游船一次性投入资金较多，风险也较大，因而有能力操作包机、包船的肯定是有实力的旅行社，他们为了树立品牌形象，接待能力上肯定有保证。同时包机、包船旅游，只要有一定的客源做保证，旅行社就能够降低成本，这样一来，旅游线路价格就降下来了，旅行社和航空公司不用担心客源和利润，消费者又享受到了“价廉物美”的线路，绝对是三赢的结果。

2006年，重庆旅游市场的包机、包船游的数量和密度将明显高于往年。可以预见的是，随着旅游消费大潮的到来，包机、包船、专列旅游会更多的出现，以满足旅游者的需要。

旅行社、景区捆绑销售

以往旅行社与风景区的关系，仅仅停留在旅行社预定、组团，景区接团上。最多也是旅行社组团人数达到一定量后，景区、宾馆再给其一个优惠价格而已。还很少出现旅行社将自身的风险与景区完全捆在一起，来获得价格和组团上的优势，并最终控制市场这种更有利于旅行社发展的模式。

2005 年，汇丰国旅在重庆旅游市场率先推出了“景区和旅行社捆绑销售”新模式，即中国死海与汇丰国旅开展联合营销活动，以共同利益为纽带，在旅游线路设计、产品组合包装、集中宣传推广等众多方面互助互补，形成营销整体，共同开发重庆客源市场。景区和旅行社进行资源整合，尝试性地实行捆绑销售之后，中国死海去年通过汇丰接待的游客多达四五万人，而 2004 年该景区在重庆的收客量不到 1 万人。

汇丰与死海之间的捆绑营销突破了旅行社包房、包景区门票的旧式，并且在合作首战告捷之后，今年很多本市和外地的景区开始频频向重庆的旅行社抛来绣球，主动要求联姻。目前黔江小南海、阿蓬江、古枫镇、蒲花河 4 个景区与重庆国旅，石象湖、建川博物馆与重庆飞扬旅行社已经开始携手合作。

景区和旅行社的捆绑销售不仅给合作双方带来利益，同时也让游客得到实惠和方便。游客可以通过旅行社获得景区门票、住宿等方面的优惠和一揽子服务。业内人士预计，2006 年，旅行社和景区的捆绑销售必将愈演愈烈，成为旅游业的一大趋势。

旅游“批发商”打造品牌

作为重庆国内十佳旅行社的重庆春秋，今年开始重拳出击网络联盟。据悉，重庆春秋于近年来联合市内和成渝周边的 54 家旅行社在海南、华东线上成立了“春之旅”专线批发中心，面向重庆及周边城市推出了多条海南和华东产品。今年重庆春秋还将联络重庆及四川周边的组团社，力争把网络联盟发展到 80 家，把专线批发延伸到云南、桂林。打造一个“互为代理”的网络联盟来聚集散客资源。

按照总社上海春秋一贯的操作模式，重庆春秋推出的“春之旅”品牌，按照国家旅游局提出的“互为代理”的操作模式，在社会上推出，与合作伙伴共同使用。据悉，“春之旅”在海南和华东线上，去年接待的游客总人数已达到 18 000 人，客源市场以重庆及周边地区为主。

一位资深的旅行社经理一针见血地指出，春秋如此积极地推行网络联盟，目的是想在华东和海南等特色线上成就其重庆第一“批发商”的地位。由于春秋在重庆和周边地区拥有的庞大的网络资源，在联盟内部的控制能力无出其右。这种“互为代理”发展到最后，必然成为“单向代理”，其他加入联盟的组团社将难免成为春秋的“零售店”。据悉，重庆海外旅业也在酝酿构建虚拟网络与现实网络的结合，拓展散客空间的同时也为消费者提供更优质的服务。

旅游专卖店不断涌现

一样的产品、一样的价格、一样的市场。旅行社陈旧雷同的线路，千篇一律的服务，使得一些热门线路的自助游客比例不断攀升。在这样的市场背景下，2006年春天，山城旅游市场的情况发生了微妙的变化，旅行社开始根据自己的实力、特点和对市场的把握来大规模地设计打造属于自己的品牌线路和拳头产品参与市场竞争，从而使各种各样的主题旅游和旅游专卖店不断涌现。

今春旅行社推出的旅游产品，没有像往年那样遍地开花，而是各家根据自己的优势，集中选择了几条重点线路来招客。在产品构架上，旅行社推出的既有地摊上的大路货，也有精品店里的高端产品。即使是同一旅游目的地，旅行社也会为游客安排设计多种行程、多种组合，让旅游者根据自己的经济能力、兴趣爱好和时间来选择。

业内人士认为，酷烈的市场竞争，使得目前的市场细分成为一种自觉行为，市场的细化从而使得旅游产品不断专业化、品牌化，专业化又会让整个旅游市场变得有序而且具有非常强的操作性。

与此同时，这种带有个性化的主题游大量涌现后，游客有了更为广阔的选择空间，出游者也更加方便。根据自己的经济条件、旅游时间、个人爱好等个人元素不难选择到自己心仪的产品。准备到香港去度假的张小姐面对旅行社为她提供的七八种旅游方案，不禁感叹：真没想到旅行社现在会为游客想得这么周到。

业内人士认为，通过细分甚至超细分市场，创新出多种旅游产品。对旅游者来说，选择的机会很多；对于旅行社来说，此举既开拓了市场，又增加了客源。

案例思考

谈谈你对旅游联盟形式和作用的理解。

计划、决策与实施

学习情境四	旅行社营销与策划
工作任务2	旅行社渠道建设
学生行为	各小组按教师的要求，制订完成任务的工作计划及任务分配方案，讨论计划的科学合理性，完善和做出最终决策；通过阅读知识链接内容，查阅其他相关资料，完成工作任务
教师行为	督导学生分组讨论，审核工作计划，提出修改建议，回答学生提问，引导学生做出正确的决策，对学生任务的完成进行全程督导，观察各小组在完成任务过程中的表现

续 表

<table>
<tr><td rowspan="11">计划、决策与实施</td><td>序号</td><td>实施步骤</td><td colspan="2">使用资源</td></tr>
<tr><td>1</td><td></td><td colspan="2"></td></tr>
<tr><td>2</td><td></td><td colspan="2"></td></tr>
<tr><td>3</td><td></td><td colspan="2"></td></tr>
<tr><td>4</td><td></td><td colspan="2"></td></tr>
<tr><td>5</td><td></td><td colspan="2"></td></tr>
<tr><td>6</td><td></td><td colspan="2"></td></tr>
<tr><td>7</td><td></td><td colspan="2"></td></tr>
<tr><td>8</td><td></td><td colspan="2"></td></tr>
<tr><td>9</td><td></td><td colspan="2"></td></tr>
<tr><td>10</td><td></td><td colspan="2"></td></tr>
<tr><td>组长签字</td><td colspan="2"></td><td>组 别</td><td></td></tr>
<tr><td>教师签字</td><td colspan="2"></td><td>日 期</td><td></td></tr>
</table>

检查、评价与反馈

<table>
<tr><td>学习情境四</td><td colspan="5">旅行社营销与策划</td></tr>
<tr><td>工作任务 2</td><td colspan="5">旅行社渠道建设</td></tr>
<tr><td>教师行为</td><td colspan="5">听取学生成果汇报，检查学生学习任务的完成情况，并指出不足及修改建议，对学生的学习表现进行评价，通过学生的教学反馈意见总结本次教学中存在的问题，制定工作改进计划</td></tr>
<tr><td>学生行为</td><td colspan="5">1. 对工作任务完成情况进行检查和反思，填写检查单
2. 把学习成果制作成 PPT 进行汇报，总结学习中的收获与体会，进行自我评价，并对本小组的成员表现逐一进行评价，填写评价单和教学反馈单</td></tr>
<tr><td rowspan="9">检查</td><td>序号</td><td>检查项目</td><td>检查标准</td><td>学生自检</td><td>教师检查</td></tr>
<tr><td>1</td><td>目标认知</td><td>工作目标明确，工作计划周密，具有可操作性</td><td></td><td></td></tr>
<tr><td>2</td><td>理论知识</td><td>基础理论知识的全面掌握</td><td></td><td></td></tr>
<tr><td>3</td><td>基本技能</td><td>能够运用基本的理论进行实践思考、分析、解决问题</td><td></td><td></td></tr>
<tr><td>4</td><td>学习能力</td><td>能在教师指导下，全面掌握相关知识和技能</td><td></td><td></td></tr>
<tr><td>5</td><td>工作态度</td><td>主动参与，积极完成工作任务</td><td></td><td></td></tr>
<tr><td>6</td><td>团队合作</td><td>积极与他人合作，共同完成任务</td><td></td><td></td></tr>
<tr><td>7</td><td>工具运用</td><td>熟练利用资料自学，利用网络进行资料查询</td><td></td><td></td></tr>
<tr><td>8</td><td>任务完成</td><td>保质保量完成任务</td><td></td><td></td></tr>
</table>

续 表

<table>
<tr><td rowspan="21">评价</td><td>评价类别</td><td>项目</td><td>子项目</td><td>个人评价（30%）</td><td>组内互评（30%）</td><td>教师评价（40%）</td></tr>
<tr><td rowspan="14">专业能力（60%）</td><td rowspan="2">资讯（10%）</td><td>搜集信息（5%）</td><td></td><td></td><td></td></tr>
<tr><td>引导问题回答（5%）</td><td></td><td></td><td></td></tr>
<tr><td rowspan="2">计划（10%）</td><td>计划可执行性（5%）</td><td></td><td></td><td></td></tr>
<tr><td>资源的安排合理（5%）</td><td></td><td></td><td></td></tr>
<tr><td rowspan="4">实施（15%）</td><td>工作步骤执行情况（3%）</td><td></td><td></td><td></td></tr>
<tr><td>可交付成果的完成（5%）</td><td></td><td></td><td></td></tr>
<tr><td>可交付成果完成质量（5%）</td><td></td><td></td><td></td></tr>
<tr><td>工作效率（2%）</td><td></td><td></td><td></td></tr>
<tr><td rowspan="2">检查（10%）</td><td>全面性、准确性（5%）</td><td></td><td></td><td></td></tr>
<tr><td>创新性、可行性（5%）</td><td></td><td></td><td></td></tr>
<tr><td rowspan="2">过程（5%）</td><td>过程规范性（3%）</td><td></td><td></td><td></td></tr>
<tr><td>反思与调控水平（2%）</td><td></td><td></td><td></td></tr>
<tr><td>结果（10%）</td><td>结果质量（10%）</td><td></td><td></td><td></td></tr>
<tr><td colspan="6"></td></tr>
<tr><td rowspan="4">社会能力（20%）</td><td rowspan="2">团结协作（10%）</td><td>对小组的贡献（5%）</td><td></td><td></td><td></td></tr>
<tr><td>小组合作配合情况（5%）</td><td></td><td></td><td></td></tr>
<tr><td rowspan="2">敬业精神（10%）</td><td>吃苦耐劳精神（5%）</td><td></td><td></td><td></td></tr>
<tr><td>学习纪律性（5%）</td><td></td><td></td><td></td></tr>
<tr><td rowspan="2">决策能力（20%）</td><td>计划能力（10%）</td><td>考虑全面、细致有序（10%）</td><td></td><td></td><td></td></tr>
<tr><td>决策能力（10%）</td><td>决策果断、选择合理（10%）</td><td></td><td></td><td></td></tr>
<tr><td>教学反馈</td><td colspan="6">你对本次学习的意见或建议：</td></tr>
<tr><td>组长签字</td><td colspan="3"></td><td>组　别</td><td colspan="2"></td></tr>
<tr><td>教师签字</td><td colspan="3"></td><td>日　期</td><td colspan="2"></td></tr>
</table>

<<< 工作任务3 旅行社产品销售 >>>

任务布置

<table>
<tr><td>学习情境四</td><td colspan="2">旅行社营销与策划</td></tr>
<tr><td>工作任务3</td><td colspan="2">旅行社产品销售</td></tr>
<tr><td>学生行为</td><td colspan="2">学生在教师的引导下，明确学习任务及要求，分组学习知识链接的内容，并查阅相关资料和文献，找出资讯问题的答案，初步掌握学习内容</td></tr>
<tr><td>教师行为</td><td colspan="2">1. 教师向学生介绍工作任务的内容、要求、关键点及注意事项，引导学生熟悉工作任务内容，并随机对学生进行分组
2. 教师向学生讲解或引导学生学习资讯内容，并随时解答学生的相关问题</td></tr>
<tr><td>任务描述</td><td colspan="2">学生5～6人为一小组，各小组运用一定的销售方法与技巧，模拟进行旅行社产品销售</td></tr>
<tr><td rowspan="4">资讯</td><td rowspan="3">资讯问题</td><td>1. 旅行社外联业务洽谈技巧</td></tr>
<tr><td>2. 旅行社门市销售技巧</td></tr>
<tr><td>3. 旅行社门市电话销售技巧</td></tr>
<tr><td>资讯引导</td><td>以上资讯问题请查阅本书信息单，同时参阅以下书籍和网页：
1.《旅行社市场营销》韦明体主编，旅游教育出版社，2004。
2.《旅行社营销》张红英编著，复旦大学出版社，2011。
3.《旅行社市场营销》姜若愚主编，东北财经大学出版社，2002。
4.《旅游销售实务宝典》黄荣鹏著，化学工业出版社，2011。
5.《旅行社业务与管理》李幼龙主编，中国纺织出版社，2009。
6. http://www.aatrip.com/中国旅游营销网</td></tr>
</table>

知识链接

一、旅行社外联业务洽谈

业务洽谈是外联常见工作，它是与旅游中间商进行业务联系、商讨、讨价还价等谈判活动的主要形式，也是销售工作的主要方法之一。为了拓展市场，争取更多的客源，旅行社会派一定的外联人员寻找新的客户旅行社或新的旅游消费群体进行拜访，打算通过沟通建立新的业务关系；也会派业务人员定期拜访重要的客户旅行社，进行感情沟通；旅行社发来的每个旅游团，也需重新通过传真确认有关该团购买产品的业务细节（如行程、标准、价格等），有时双方还需要就该团的特殊安排进行业务洽谈。

(一)旅行社外联业务洽谈形式

1. 函件、信件洽谈

一封小小的函件,关系重大,一定要有问必答、及时回复、礼貌热情、书写端正、格式规范、简洁明了、态度明确,这样才能有效加强沟通联系,使业务进展顺利。

2. 电话洽谈

电话是最常用的洽谈方式。但打电话也需要讲究艺术,讲话者的语音、语调和用词对听话者的感染力是其他方式所不能代替的。同时,因时、因地、因人、因事不同还要有所不同。其技巧虽多,但重要的是应事先做好书面准备,即通话前列出提纲,然后进行通话。此外,无论拨打还是接听电话,都应随手记录。

3. 面对面洽谈

在洽谈前对洽谈对象的了解至关重要(尽可能全面准确),对于洽谈内容和发展能事先做出判断,同时对业务上有充分的准备,如提供满足对方需求的线路编排和报价底线,这样才能促成交易。

(二)旅行社外联业务洽谈技巧

外联人员可能每天都需要与各种各样的人进行洽谈,除中间商外,洽淡对象可能是旅行社产品购买者,也可能是团队代表,还可能是新客户或老客户,洽谈的成败取决于外联人员的谈判艺术、技巧和水平,直接决定某项业务的得失。

1. 外联洽谈准备

在业务洽谈前,应做好谈判前的各项具体细致的准备工作。一定要有备而来,不打无准备之战。外联人员除了形象、语言、心理做好充分准备外,更重要的是知识准备,充分的知识准备会使自己显得专业并有效率,容易获得客户信任,有助于促进产品销售。知识准备主要包括了解旅行社、了解旅行社产品、熟悉客户、掌握销售技巧、了解竞争对手等几个方面。

(1)了解旅行社

了解本旅行社的情况,是外联人员进行业务洽谈应掌握的最基本的知识,这样便于在洽谈时宣传旅行社,提升企业知名度。

(2)了解旅行社产品

了解旅行社产品的特色及其所能给客户带来的利益;出团期限,旅行社产品的价格,售后服务;本旅行社提供的产品与竞争对手旅行社产品的优缺点比较。只有充分了解旅游产品,才能流畅地介绍、获得客户信任。

(3)熟悉客户

外联人员在与客户洽谈之前,一定要对客户的学历、经历、年龄、个性、收入、兴趣、专长、家庭状况、交友关系、家族背景等有较为全面的了解,这才能称得上是"熟悉"。熟悉了客户的情况,见到客户时就像见到多年老友,不但不会感到生疏、紧张,反而会感觉亲切,而当客户发现外联人员对他的情况非常了解时,就能感觉到外联人员个人以及整个旅行社对他的重视,因而会乐于与外联人员洽谈,形成良好的洽谈氛围,获得双赢的结果。

(4)掌握销售技巧

外联人员应掌握推销的理论、方法、技巧。外联人员除了应当了解旅游知识、旅游市场知识、世界时事知识、旅游休闲知识等外,还应掌握有关的销售技巧,这样才能有效地为客户提供实用的信息,从而达到推动销售的目的。

(5)了解竞争对手

了解竞争对手的目的是为了找出客户对于本旅行社和其他旅行社的认知差异,以便取长补短。客户面临多种选择,再加上旅行社产品的不可试用性,造成了客户一定程度的风险感。虽然外联人员介绍旅行社、推销旅游产品时,会着重展现旅行社和产品的优势,但是客户很可能会关注旅行社和产品比较弱的方面,这时就需要在洽谈时客观地分析自身产品的优缺点,提出在未来发展中将做法改进,并且强调这些改进是吸收竞争对手的优点而做出的。

(6)相关业务资料准备

相关业务资料的准备主要指准备旅行社产品和服务介绍方面的资料,同时也不可忽略准备彰显外联人员自身能力的有力证明材料。前者主要包括旅游景点图片、照片、折页,各种观光统计资料、图表、幻灯片、VCD、广告宣传资料等;后者可以是旅行社优良从业人员(领队、导游)或者优秀旅行社的证明书,以及顾客的表扬信等,这些资料可以用来证明旅行社的服务质量优秀。除此之外,还应准备好洽谈时会用到的相应用具,如签字笔、笔记簿、名片等。

案例4-5

某学院的一个系每年都组织教师外出旅游。一年3月份,该系准备组织教师参加小浪底—王屋山两日游,经营同一条旅游线路的旅行社有很多家,这次他们决定在与多家旅行社洽谈的基础上选定一家。那么谁将赢得这个由60多人组成的大团呢?

A旅行社派去的业务员手里拿了一沓各旅行社的价目表,一再强调A旅行社的定价是同行中最低的，比其他旅行社的定价低10~20元/人。而当系领导问及详细的服务标准，如坐什么车、乘什么船、派什么导游时，业务员都无法明确答复。这使得系领导和教师们对A旅行社的服务质量产生了怀疑。一年中难得集体出游这么一次，系领导考虑的重点显然不在于多花或少花10~20元钱。

B旅行社派去的业务员显然是一个生手，他似乎没有料到系领导会问那么多、那么细的问题。例如，几点到达那里？在哪儿吃饭最合适？年轻人爬山需花多长时间？年龄大的人又需要多长时间？等等。业务员对一些细节问题不甚明了，所带的资料也很不充分，不得不一趟又一趟地返回旅行社准备资料。最后，经过几个来回地折腾，总算以其诚恳、热情打动了系领导和教师们。正准备签订合同时，系领导问了最后一个问题："你们会为我们派一个什么样的导游？"业务员不假思索地回答："谁负责联系的团队，谁就当导游。"显然，在这最后的关口，B旅行社败下阵来。

第三个去洽谈的是C旅行社的业务员，他似乎对该系可能问及的所有问题都早有准备。在准确流利地解答了系领导和教师们所关注的问题之后，他补充道："你们是高等院校的教师，又是这么大的一个团队，我们将派出我社资历最深的优秀导游来为你们带队……"最后，该系选中了C旅行社。

分析提示

由于旅行社产品的无形性、不可储存性等特点，增加了旅游者的购买风险，旅游者会从产品信息、旅行社信息以及销售人员的基本素质等多方面因素详细分析，来降低自己的购买风险，因此旅行社外联洽谈人员诚恳的服务态度、充分的准备、丰富的专业知识以及较强的洽谈技巧成为销售成功的关键。

2.访问客户

(1)事前预约

寻找好对应的客户以后，就应该与其进行直接的交流了。正式访问之前，外联人员应该事前预约，这样做容易见到有决定权的人，也表示出对客户的礼貌与尊重，帮助客户节省宝贵的时间，给客户留下良好的印象，有利于进一步洽谈。

事前预约要注意以下两点：一是选择好访问的时间。这可能会因访问对象的不同而不同，但原则上是以选择客户的空闲时间为佳。例如，拜访公司主管或经理以上午10点到11点半、下午2点半到5点较为妥当。二是选择好拜访的地点。可以是客户选择的地方或是旅行社产品的展示间，原则上要尊重对方的意见。只要是不受外界干扰的处所，都可以成为洽谈的地点。

(2)正式拜访

1)问好。访问客户时要先问好。如果以前有访问的经历,则可以顺便问及前次交往的印象如何、有何建谈;对新客户要做自我介绍并送上名片,态度热情、诚恳,注意礼仪。

2)介绍产品。可用礼貌而技巧性的客套问话拉近与客户的距离。对老客户,首先要感谢对方上次的购买,然后送上旅行社产品和服务的资料,征求其意见;对新客户,首先应自我介绍,并且送上旅行社产品详细的介绍资料。

介绍产品时可运用以下技巧:开始介绍的前30秒钟是关键时刻,必须迅速抓住客户的注意力,让他对你的话题产生兴趣;事先拟订一套具有专业水准的谈判方案;在拜访中,针对潜在客户个人感兴趣的话题进行讨论,可以使气氛热烈起来;收集事实资料,同时增加与拜访目的相关的论证;在销售拜访的最后阶段,不但要确认潜在客户的需求,而且要让他们认同这些需求的确切存在。

3)结束访问。外联人员离开受访者时,无论推销成功与否,都要采取下列行动:向客户道谢;可用郑重的态度点头、鞠躬以表示谢意;制造再次访问的机会,告之受访者将会为其送来关于旅行社产品的进一步详细资料。

3.正式业务谈判

外联人员在参与业务洽谈时既要注意时间、地点的选择,也要在行为、语言等方面讲究技巧。在正式的业务谈判过程中,旅行社外联人员应根据事先拟订的谈判方案,在互惠互利的前提下,通过友好、坦诚、认真的协商,争取达成产品购买协议。方式如下:谈判开始后,外联人员应先将所编制的旅行社产品向对方进行详细介绍,并就对方提出的问题作出细致的解答,使得对方能够在较短的时间内熟悉产品的内容、特点、销售价格、购买方式、付款条件等情况。在介绍完产品之后,双方应就产品的细节、价格、购买和付款方式等具体问题逐一商讨,最终在双方均有所调整并达成一致的情况下实现购买,此时外联人员要不失时机地与对方签约并收取预付金等。

外联人员在参与业务洽谈时应掌握的技巧如下:

(1)选择好洽谈的时间、地点

选择洽淡的时间、地点对洽谈效果有很大影响。在时间上应避开身心处于低潮的时候,如中午或下午下班前,在连续紧张工作之后人们的思绪比较零乱;或在休息日后第一天早上,人们在心理上可能仍未进入工作状态;或在下午4点到6点,此时人一天的疲劳在生理、心理上已达到顶峰,心情极为焦躁疲惫。

洽谈地点应选择在安静便利的地方,如办公室、产品展示间或咖啡厅,选择注意力比较容易集中、便于展示的地方，当然原则上应尊重对方对地点的选择。

(2)要有自信

洽谈不仅是实力的较量，同时也是心理的抗衡，自信是洽谈成功的关键因素。外联人员在业务洽谈中首先应有自信，给客户以可信赖的感觉，冷静地控制自己，分析形势，把握时机，善于应用各种谈判技巧，以达到目的。

(3)认真观察分析

要积极倾听对方的发言，做到主动耐心、察言观色，并能注意细节，及时反馈。充分理解对方的要求和意愿，并有针对性地予以答复。善于倾听和思考，才能捕捉有益的信息，抓住对方的要领，正确得出观察分析结论，掌握主动权。

(4)学会等待与沉默

洽谈中等待与沉默也是不可缺少的。随着洽谈的深入，对方的经验、风格等会显露得逐渐明晰，外联人员可有针对性地适当调整洽谈策略；而在一定的场合，等待与沉默也是洽谈中心理抗衡的一种表现，当对方承受不住时，就会妥协。当然也可以运用一定的技巧和礼仪，主动打破僵局，以掌握谈判的主动权。

(5)机智和风度

在洽谈中，要时刻注意冷静地控制自己的情绪，尤其要避免出现愤怒或指责等行为，机智、冷静、风趣、不失风度永远是谈判制胜的法宝。

4.达成交易

通过各种形式的业务洽谈后，如果双方达成合作意向，就应签订业务委托书或经济合同书等书面协议，以确认双方的业务合作关系，并明确双方的权利和义务。外联业务确认包括确认旅行社产品价格和旅行社产品内容。对价格的确认尤其要引起外联人员的注意，应该按照合同法的有关条款，避免口头形式，而要以书面或传真方式进行确认；对付款条件的确认，应明确付款的方式、汇率和比价、付款的期限，同时注明违约责任及赔偿办法。

(三)旅行社外联函电洽谈处理

1.外联函电的类型

旅行社外联人员很多时候是利用通讯工具与国内外客户进行业务谈判和信息交流的。通常使用的工具有函件、电话、传真、电子邮件等。

2.外联函电的处理方法

旅行社函电内容有多种，如询价函电、委托代办函电等，外联人员收到后应处理和管理好各类函电，并按以下步骤进行处理。

(1)了解函电内容

函电由何地发来？客户名称是什么？发函电者是谁？

发函电日期是哪天？

函电的具体内容是什么？

(2)及时进行处理

询价函电的办理主要有以下几个步骤：

1)排：按照函电中提出的服务标准、线路、档次以及其他特殊要求排出旅游日程表。

2)算：计算综合服务费、交通费、附加费等。

3)报：将旅游日程表及每位旅游者购买该产品的价格报给客户。

4)填：得到确认后，根据确认的旅游日程表、服务等级以及旅游者的特殊要求填写接待任务通知书，交给经办部门，以便做好接待准备。

零星业务委托函电办理的主要步骤如下：

1)算：根据委托业务项目函电，计算出委托代办费用。

2)报：将计算出的委托代办费用报给委托方，让其确认。

3)填：得到确认后，根据函电内容填写任务通知书，一式两份，一份留存备查，一份同原件一起交给经办部门。

4)回复：将经办的情况及时回复委托方

二、旅行社门市销售技巧

旅行社门市部是指旅行社在注册地的市、县行政区域以内设立的不具备法人资格，为旅行社招徕游客并提供旅游咨询、宣传、接待以及销售旅行社产品等服务的收客网点。

(一)旅行社门市业务

1.提供旅游咨询服务

咨询服务主要指旅行社门市工作人员当面或通过电话、信函解答旅游者提出的有关旅游方面的问题，向旅游者介绍旅行社的散客旅游产品，提供旅游建议。提供旅游咨询服务应做到热情接待、细致解答、引导销售。

2.宣传活动

(1)门市宣传活动的主要内容

1)宣传旅行社产品。

2)宣传旅行社门市形象。

3)宣传旅行社品牌。

(2)门市宣传活动的注意事项

1)门市应该清楚地认识到自身宣传活动等行为可能对旅游者产生的影响,应注意加强对旅游目的地的宣传,强化潜在旅游者对目的地的感知印象,增加潜在旅游者的出游愿望,促使旅游者提前决策。

2)加强对潜在旅游者闲暇规律的调查,使出游时间更科学、合理;加强对旅游线路中景点的筛选,尽量保证每一个景点的质量,以提高旅游者的满意度。

3)加强对门市服务人员的培训与管理,让门市服务人员以良好的形象出现在旅游者面前,获得旅游者的信任,增加旅游者的消费行为。

4)加强对门市服务人员等工作人员的规范管理,增强旅游者的安全感等。

3. 接待服务

门市的接待服务一般是选择性旅游接待服务,主要包括三种情况:受理散客来本地旅游的委托;代办散客赴外地旅游的委托;受理散客在本地旅游的委托。

4. 销售产品,建立完整的业务档案

旅行社门市设立的目的就是为了广招客源,扩大旅行社产品的销售,旅行社门市提供的咨询与宣传业务都是为最终的销售环节服务,可以说销售旅行社产品是旅行社门市重要业务。通过门市工作人员合理的建议、专业的安排、规范的操作,增加了旅游者的心理安全感,最终引导旅游者购买,促成旅游合同协议的签署,收取费用达成交易的过程。当然门市工作人员还应对销售情况及接待的各项业务建立完整的业务档案。

(二)旅行社门市销售业务的程序及技巧

旅行社门市的对客销售,不仅仅是在推销产品介绍线路,也是推销整个旅行社的品牌和旅行社的声誉。因此,门市服务人员要具有良好的销售理念,在实际工作中不断提高销售技能。

1. 礼貌问候

旅游咨询者走进门市后,首先,门市服务人员要仔细观察,判断旅游咨询者进门市的意图,是随便问问,还是有旅游意向,是否有某条线路或者某种产品已经引起了旅游咨询者的注意。其次,门市服务人员要专注,看到旅游者已经进来了,就要转向旅游者,用眼神来表达关注和欢迎,注目礼的距离以五步为宜;在距离三步的时候就要面带微笑,热情地问候"您好,欢迎光临",并用手势、语言敬请旅游者坐下。接着要主动为旅游咨询者提供帮助，这极有可能促成一笔交易。

2. 及时沟通

门市服务人员在介绍推荐旅游线路之前，必须先了解旅游咨询者的意图，这就要求门市服务人员仔细观察，及时沟通并提供帮助。门市服务人员可运用打招呼、介绍旅游产品、服务性接近等方法与旅游咨询者接触搭话。与旅游咨询者首次进行沟通时，一定要把握好时机，过早答话会引起咨询者的警惕和反感，过晚答话会让咨询者有被冷落的感觉。可以把握以下六大时机。

1）旅游咨询者较长时间凝视某条宣传线路时。

2）旅游咨询者看完青睐的线路后抬起头时。

3）旅游咨询者临近资料架停步认真看某条线路的图片时。

4）旅游咨询者拿起某条线路的资料时。

5）旅游咨询者在资料架旁边寻找某条线路时。

6）旅游咨询者把脸转向门市服务人员时。

这六大时机意味着旅游咨询者已注意到某项旅游产品，或者希望得到门市服务人员帮助，门市服务人员可通过接触搭话使旅游咨询者的注意从无意注意转向有意注意，或者从对旅游业产品的注意发展到对该产品的兴趣。

案例4-6

李先生进入某旅行社门市，发现门市服务人员在玩电脑，过了5分钟都没人理睬他。李先生就自己拿了一些宣传资料看，当拿起一份“梦江南——云南昆明大理豪华9日游”产品宣传活页时，门市服务人员冷不丁地说了一句：“这条线路很贵的！”听了这句话，李先生顿时如吃了一只苍蝇一样，马上逃出了该旅行社的门市。

分析提示

第一，门市服务人员在李先生进入门市3～5分钟后，都仍惜语如金，没有一句问候，让顾客感到被冷落，不受欢迎不受重视；第二，“这条线路很贵的”，门市服务人员是“此地无银三百两”的体现，首先暗示这条线路利润很高，性价比不合理；其次，这是一句挑衅语言，暗示顾客穷，买不起，极容易伤害顾客自尊，因此惹恼顾客。

因此，旅行社门市服务人员的语言表达要注意掌握以下技巧：“狠话柔说”“坏话好说”的技巧，使顾客心情愉快的技巧，化解矛盾的技巧，衬托渲染的技巧，善意幽默的技巧，成功推销的技巧。

3. 适时出示产品

出示产品就是在旅游咨询者表明对某种旅行社产品产生兴趣时,门市服务人员要立即取出该产品的宣传资料递给旅游咨询者,以促使其产生联想及购买欲望。门市服务人员与旅游咨询者搭话以后,应尽快出示旅行社产品,使旅游咨询者有事情可做,有东西可看,有引起兴趣、产生联想的对象。

(1)示范法

示范法就是展示旅行社产品。例如,可以让旅游咨询者欣赏他所中意产品的精美图片。这是进一步激发旅游兴趣、打消旅游咨询者疑虑的好方法。

(2)感知法

感知法就是尽可能地让旅游咨询者想象、感受、体验旅游产品,比如通过网络信息、旅游论坛中的评论,使其实际感知旅行社产品的优点,以消除疑虑。

(3)多种类出示法

多种类出示法适用于旅游咨询者对具体购买某种旅行社产品还不确定时,门市服务人员可出示几种行程相似或价格相近的旅行社产品供其选择,但这并不表示出示的旅行社产品越多越好。

4. 专业的产品说明

产品说明是指在出示旅行社产品的同时,应向旅游咨询者提供产品的有用信息。这时门市服务人员应实事求是地说明和介绍,并列举产品的一些卖点或者亮点等特色。专业的介绍能使门市服务人员掌握销售的主动权,并能刺激旅游咨询者的购买欲望。产品说明时注意以下三点:

1)列举旅行社产品的一些卖点或者亮点等特色。

2)强调能满足旅游咨询者需要的特点。

3)向旅游咨询者说明,购买此项旅行社产品所能获得的利益。

在此基础上可以帮咨询者参谋,将旅行社产品的一般特征转化为旅游咨询者所向往、所理解、所需要的个性化特征,即旅游咨询者利益的过程。也就是说,旅游产品特征功能等于旅游咨询者利益。

5. 促进信任并建议购买

促进信任是促进旅游咨询者对打算购买的旅行社产品的信任,坚定旅游咨询者的购买决心。

门市服务人员建议旅游咨询者购买绝对不等同于催促旅游咨询者购买。若门市服务人员不断地催促旅游咨询者购买,会使旅游咨询者反感。建议购买的方法包括如下方面。

(1)做“旅游专家”,帮助旅游咨询者做决定

旅行社门市服务人员切记不能失去耐心,能够始终贯彻“以旅游者利益为中心”的原则,以一个旅游专家的身份,为旅游咨询者提供专业的建议、合理的安排,以达到双赢的效果。

(2)“二选一”法则

“二选一”法则,就是指门市服务人员以旅游咨询者购买为前提,再次询问旅游咨询者所需要的是什么特色或者什么细节的旅行社产品。这样,旅游咨询者就不会将考虑的重点放在是否需要购买的选择上,从而促成交易的成功实现。

(3)有限数量或者期限

旅行社门市人员一定要明确产品数量的有限性、时间的期限性的意义。旅游咨询者知道产品数量有限或者时间有限之后,会担心“错过”,并进而产生”此时不买,更待何时”的急切心理。再通过煽情的语言加强促销力度,就会进一步拉升旅游咨询者购买的急迫感,从而有助于交易的促成。

(4)印证法

旅游咨询者对旅行社产品的个别问题持有疑虑、迟迟不愿做购买决定时,可通过介绍其他旅游者购买此项旅行社产品后的满意度来印证门市服务人员所做的介绍,可消除旅游咨询者的疑虑。但所介绍的事例要让旅游咨询者感到门市服务人员是真诚的,而不是强行推销。

(5)奖励法

奖励法是一种通过向旅游咨询者提供奖励,鼓励旅游咨询者购买某项旅行社产品的方法。这种方法与用削价出售旅游产品的方法相比,它不会让旅游咨询者产生旅行社产品本身价值就低,或认为该项旅游产品有缺憾或者卖不出去的错觉,反而使旅游咨询者感到意外的惊喜。采用向旅游咨询者提供奖励的方法,可以使旅游咨询者更乐意购买产品,使得购买之旅也非常快乐。

案例4-7

案情 A:

旅游者:我想“十一”出去旅游,有什么好的线路吗?

门市服务人员:当然有,我们新推了“海南双飞游”,很不错,价格也比较低。

旅游者:海南?听说没什么好玩的,而且消费很高。

门市服务人员:那您要不去桂林吧,我们 10 月 2 日开班,“桂林 5 日游”也很不错。

旅游者：去桂林需要5天，时间太长了，我只想去近一点的地方。

门市服务人员：这样，推荐您去千岛湖吧，青山秀水，而且，千岛湖“秀水节”刚刚落幕，很不错的。

旅游者：你们有报价单吗？我再想想。

门市服务人员没说什么，把报价单给了旅游者，旅游者拿着报价单走出了门市。

案情B：

旅游者：我想春节出去玩玩，有什么线路吗？

门市服务人员：现在流行春节出去旅游，您以前去过什么地方？（不直接回答游客问题，激发游客回忆，同时最大限度获取游客信息。）

旅游者：我去过……

门市服务人员：春节一般都是一家人出去旅游，您是一家人出去吗？（引导游客，同时最大限度获取游客信息。）

旅游者：对，三口之家。

门市服务人员：相信您会有一个快乐的假期，您希望这次大概出去几天呢？

旅游者：4天左右。

门市服务人员：这样，我帮您推荐两条线路，一条是桂林双飞4日游，一条是海南双飞4日游，这两条线路都是我们专门针对春节市场推出的。线路的质量没问题，双飞也特别适合中老年人，步行比较少。（最后提出产品，而且是两个选择。）

分析提示

案情A中，门市服务人员的销售实际上是无效的，因为门市服务人员只是希望自己“卖出”线路，并没有去努力发现旅游者的需求。案情B中，作为一个优秀的旅游顾问，门市服务人员在整个销售活动过程中，始终把旅游者利益放在第一位，站在旅游者的角度帮他分析参谋，让旅游者主动购买自己满意的产品。

6.智慧处理价格异议

当旅游咨询者有购买意向、但对价格表示异议时，很多门市服务人员因处理不当导致销售失败。门市服务人员在处理价格异议时应注意运用以下技巧：

(1)引导旅游咨询者关注产品的价值而不是价格

当旅游咨询者的注意力放在产品的价格上时，门市人员不要就价格谈价格，而是应该对产品性能进行说明与比较，提升产品的价值，从而刺激了旅游咨询者的购买欲望。门市的实践经验证明，对于没有阅历的旅游消费者来说，价格的敏感性大大高于价值，但对于有一定阅历的旅游消费者来说，价值的重要性远远高于价格。

因此，门市服务人员商谈咨询过程中，如何使价值和企业的品牌等因素超越价格，是一件很有必要去研究的事情。当旅游咨询者把注意力集中到产品的价值以及品牌的时候，价格自然而然就降为次要的考虑因素。

（2）把价格谈判放到最后

在旅游产品价值、品牌包装完成之前，旅行社门市销售人员需要避免直接进入价格谈判。先转移旅游咨询者的注意力，或先展示自己的产品，或先与旅游咨询者拉近相互的距离，使其产生认同感，延缓价格的讨论，从产品的价值和服务以及旅行社的品牌等多方面继续包装，就可以大大刺激潜在旅游咨询者的购买欲望，把价格谈判放到最后，最终达到销售成功的目的。

7. 签订合同

旅行社门市应当依法与旅游者签订书面旅游合同，其目的是维护旅游者和旅游经营者的合法权益。签订旅游合同时，要注意以下几点。

（1）掌握合同的全部详细条款，并具备能够深入浅出地解释相应法律、法规知识的能力。

（2）明确合同关系中有关双方权利与义务的条款。

（3）注意与旅游者的特殊约定，一定要写入补充条款或者协议条款中，并且表述明确、翔实。

（4）注意签约时加盖公司印章及签写上经办人姓名、旅游者签名及有效证件号码和联系方式。

（5）旅游合同签订好后，如需要更改内容，一定要有文字记录和旅游者签名。

（6）熟悉国家旅游局的规范合同文本、当地旅游管理部门和工商管理部门制订的地方性旅游合同文本。

8. 收取费用

旅游者一旦签订旅游合同后，门市服务人员就应该收取费用，并为旅游者开好发票，收取费用时一定要做到“三唱一复”。“三唱”即“唱价”（确认旅游咨询者所购买的产品的价格）、“唱收”（确认所收旅游咨询者现款金额）、“唱付”（确认找给旅游咨询者余款金额），“一复”即“复核”（确认旅游者所付产品费用与收进费用相符）。

当开好的发票交到旅游者手中时，门市服务人员应向旅游者表示感谢，赞扬旅游者的选择，并请其对该项旅行社产品的质量和旅行社的服务放心。

9. 收尾工作

门市服务人员在为旅游者开好发票、结束销售时，还应询问旅游者是否还有亲人或者朋友一起去旅游,并且要提醒旅游者旅游出发前要注意哪些事项,什么时间、地点和导游或者全陪导游联系,旅游途中要注意的事项等。这都将使旅游者体验到旅行社门市是真心实意为他们服务的,从而对门市留下美好的印象,并起到良好的口碑宣传效果。

(三)旅行社门市电话销售技巧

1. 门市电话销售的信念

门市服务人员在进行电话销售时,要树立这些信念:每个电话都很重要,所接听的每一个电话都可能是一次宝贵的销售机会,门市服务人员的态度代表的是旅行社形象,对每一位旅游者都要抱着认真负责的态度,绝不能敷衍;所拨出的每一个电话,都可能成为客户。门市服务人员的良好形象,建立在每一个电话中,门市的业务和人脉(与客户建立的良好关系),会在每一个热忱的电话中悄悄拓展开来。在与用户的交流中,饱满的热情可以通过电话传递给客户。

2. 门市电话销售的技巧

(1)电话脚本的设计

1)设计独特且有吸引力的开场白,这是门市电话销售不被拒绝、使客户继续听下去的重要组成部分。

2)30 秒原理(客户愿意听你说话的时间)。

3)用“问题对问题”的方式,以吸引客户的注意力,这个问题应是具有影响力并且是客户关注的。

4)塑造旅行社产品的价值,让客户产生强烈需求的意愿。塑造旅行社产品的价值是门市电话营销过程中,客户为什么要听门市服务人员讲解的关键。

(2)打电话前的准备

1)门市服务人员打电话前必须明白每一个电话想要达到的效果或目的。

2)所打的每个电话,应是通过市场细分的目标客户群体(行业、领域等),并且准确无误地将旅游资讯传达给客户,同时了解客户的真实需求。

3)门市服务人员要保持积极的工作心态。门市服务人员电话销售时,具备积极、自信的心态尤其重要。因为电话对方的客户没有机会看到门市服务人员,而只能通过言谈来判断门市服务人员的形象。门市服务人员对自己的信心,往往也是客户对门市服务人员的信心。

(3)打电话时应注意的细节问题

1)用标准的专业文明用语。

2）具有良好的亲和力，尽量和客户保持语调和语速的同步，这是通过声音传达给客户的第一感觉——信任感，便于与客户建立融洽的沟通氛围，使其产生乐意与门市服务人员继续沟通的愿望。

3）具有良好的语言沟通能力。通过沟通，能够准确地了解客户的真实需求，适时地为客户提供帮助。

（4）养成良好的工作习惯

1）随时记录。手边放有纸和笔等文具（双色铅笔、计算器、便笺、电话记录本、客户资料、备忘录等），随时记下所接听或拨打的每一个电话中有价值的信息。

2）及时报出旅行社或者门市和自己的全名，并询问对方的公司、姓名和电话号码以及通信地址，以便于电话沟通中，不时地称呼客户的姓名，更好地了解顾客的真实情况。

计划、决策与实施

<table>
<tr><td>学习情境四</td><td colspan="4">旅行社营销与策划</td></tr>
<tr><td>工作任务3</td><td colspan="4">旅行社产品销售</td></tr>
<tr><td>学生行为</td><td colspan="4">各小组按教师的要求，制订完成任务的工作计划及任务分配方案，讨论计划的科学合理性，完善和做出最终决策；通过阅读知识链接内容，查阅其他相关资料，完成工作任务</td></tr>
<tr><td>教师行为</td><td colspan="4">督导学生分组讨论，审核工作计划，提出修改建议，回答学生提问，引导学生做出正确的决策，对学生任务的完成进行全程督导，观察各小组在完成任务过程中的表现</td></tr>
<tr><td rowspan="11">计划、决策与实施</td><td>序号</td><td>实施步骤</td><td colspan="2">使用资源</td></tr>
<tr><td>1</td><td></td><td colspan="2"></td></tr>
<tr><td>2</td><td></td><td colspan="2"></td></tr>
<tr><td>3</td><td></td><td colspan="2"></td></tr>
<tr><td>4</td><td></td><td colspan="2"></td></tr>
<tr><td>5</td><td></td><td colspan="2"></td></tr>
<tr><td>6</td><td></td><td colspan="2"></td></tr>
<tr><td>7</td><td></td><td colspan="2"></td></tr>
<tr><td>8</td><td></td><td colspan="2"></td></tr>
<tr><td>9</td><td></td><td colspan="2"></td></tr>
<tr><td>10</td><td></td><td colspan="2"></td></tr>
<tr><td>组长签字</td><td colspan="2"></td><td>组　别</td><td></td></tr>
<tr><td>教师签字</td><td colspan="2"></td><td>日　期</td><td></td></tr>
</table>

检查、评价与反馈

<table>
<tr><td>学习情境四</td><td colspan="6">旅行社营销与策划</td></tr>
<tr><td>工作任务3</td><td colspan="6">旅行社产品销售</td></tr>
<tr><td>教师行为</td><td colspan="6">听取学生成果汇报,检查学生学习任务的完成情况,并指出不足及修改建议,对学生的学习表现进行评价,通过学生的教学反馈意见总结本次教学中存在的问题,制定工作改进计划</td></tr>
<tr><td>学生行为</td><td colspan="6">1. 对工作任务完成情况进行检查和反思,填写检查单
2. 各小组模拟展示旅行社产品销售,总结学习中的收获与体会,进行自我评价,并对本小组的成员表现逐一进行评价,填写评价单和教学反馈单</td></tr>
<tr><td rowspan="9">检查</td><td>序号</td><td>检查项目</td><td colspan="2">检查标准</td><td>学生自检</td><td>教师检查</td></tr>
<tr><td>1</td><td>目标认知</td><td colspan="2">工作目标明确,工作计划周密,具有可操作性</td><td></td><td></td></tr>
<tr><td>2</td><td>理论知识</td><td colspan="2">基础理论知识的全面掌握</td><td></td><td></td></tr>
<tr><td>3</td><td>基本技能</td><td colspan="2">能够运用基本的理论进行实践思考、分析、解决问题</td><td></td><td></td></tr>
<tr><td>4</td><td>学习能力</td><td colspan="2">能在教师指导下,全面掌握相关知识和技能</td><td></td><td></td></tr>
<tr><td>5</td><td>工作态度</td><td colspan="2">主动参与,积极完成工作任务</td><td></td><td></td></tr>
<tr><td>6</td><td>团队合作</td><td colspan="2">积极与他人合作,共同完成任务</td><td></td><td></td></tr>
<tr><td>7</td><td>工具运用</td><td colspan="2">熟练利用资料自学,利用网络进行资料查询</td><td></td><td></td></tr>
<tr><td>8</td><td>任务完成</td><td colspan="2">保质保量完成任务</td><td></td><td></td></tr>
<tr><td rowspan="15">评价</td><td>评价类别</td><td>项目</td><td>子项目</td><td>个人评价(30%)</td><td>组内互评(30%)</td><td>教师评价(40%)</td></tr>
<tr><td rowspan="14">专业能力(60%)</td><td rowspan="2">资讯(10%)</td><td>搜集信息(5%)</td><td></td><td></td><td></td></tr>
<tr><td>引导问题回答(5%)</td><td></td><td></td><td></td></tr>
<tr><td rowspan="2">计划(10%)</td><td>计划可执行性(5%)</td><td></td><td></td><td></td></tr>
<tr><td>资源的安排合理(5%)</td><td></td><td></td><td></td></tr>
<tr><td rowspan="4">实施(15%)</td><td>工作步骤执行情况(3%)</td><td></td><td></td><td></td></tr>
<tr><td>可交付成果的完成(5%)</td><td></td><td></td><td></td></tr>
<tr><td>可交付成果完成质量(5%)</td><td></td><td></td><td></td></tr>
<tr><td>工作效率(2%)</td><td></td><td></td><td></td></tr>
<tr><td rowspan="2">检查(10%)</td><td>全面性、准确性(5%)</td><td></td><td></td><td></td></tr>
<tr><td>创新性、可行性(5%)</td><td></td><td></td><td></td></tr>
<tr><td rowspan="2">过程(5%)</td><td>过程规范性(3%)</td><td></td><td></td><td></td></tr>
<tr><td>反思与调控水平(2%)</td><td></td><td></td><td></td></tr>
<tr><td>结果(10%)</td><td>结果质量(10%)</td><td></td><td></td><td></td></tr>
</table>

续　表

<table>
<tr><td rowspan="6">评价</td><td rowspan="4">社会能力（20%）</td><td rowspan="2">团结协作（10%）</td><td>对小组的贡献（5%）</td><td></td><td></td><td></td></tr>
<tr><td>小组合作配合情况（5%）</td><td></td><td></td><td></td></tr>
<tr><td rowspan="2">敬业精神（10%）</td><td>吃苦耐劳精神（5%）</td><td></td><td></td><td></td></tr>
<tr><td>学习纪律性（5%）</td><td></td><td></td><td></td></tr>
<tr><td rowspan="2">决策能力（20%）</td><td>计划能力（10%）</td><td>考虑全面、细致有序（10%）</td><td></td><td></td><td></td></tr>
<tr><td>决策能力（10%）</td><td>决策果断、选择合理（10%）</td><td></td><td></td><td></td></tr>
<tr><td>教学反馈</td><td colspan="6">你对本次学习的意见或建议：</td></tr>
<tr><td>组长签字</td><td colspan="3"></td><td>组　别</td><td colspan="2"></td></tr>
<tr><td>教师签字</td><td colspan="3"></td><td>日　期</td><td colspan="2"></td></tr>
</table>

参考文献

[1]李红,郝振文.旅游景区市场营销[M].北京:旅游教育出版社,2006.
[2]刘锋,董四化.旅游景区营销[M].北京:中国旅游出版社,2006.
[3]禹贡,胡丽芳.旅游景区景点营销[M].北京:旅游教育出版社,2005.
[4]王庆国.旅游景区经营与管理[M].河南:郑州大学出版社,2006.
[5]郑耀星.旅游景区开发与管理[M].北京:旅游教育出版社,2010.
[6]张昌贵,李勤.旅游景区管理[M].西安:西安交通大学出版社,2013.
[7]高午阳,陆丽娥.景区服务与营销管理[M].北京:化学工业出版社,2011.
[8]王媛,纪文静.旅游营销基础[M].南京:江苏科学技术出版社,2009.
[9]赵毅,叶红.新编旅游市场营销学[M].北京:清华大学出版社,2006.
[10]马勇,刘名俭.旅游市场营销管理[M].大连:东北财经大学出版社,2011.
[11]刘晓明.旅游市场营销[M].上海:上海交通大学出版社,2011.
[12]伍剑琴.酒店营销与策划[M].北京:中国轻工业出版社,2011.
[13]冯文昌.酒店管理概论[M].北京:科学出版社,2009.
[14]李伟清.酒店市场营销管理与实务[M].上海:上海交通大学出版社,2010.
[15]李学芝,宋素红.旅游市场营销与策划 理论、实务、案例、实训[M].大连:东北财经大学出版社,2012.
[16]谢冽,马芳.旅游市场营销[M].长沙:湖南大学出版社,2010.
[17]刘晓琳.旅游市场营销学[M].济南:山东大学出版社,2007.
[18]于由.旅游市场营销学[M].杭州:浙江大学出版社,2005.
[19]安贺新.旅游市场营销学[M].北京:清华大学出版社,2011.
[20]韦明体.旅行社市场营销[M].北京:旅游教育出版社,2004.
[21]姜若愚.旅行社市场营销[M].大连:东北财经大学出版社,2002.
[22]张红英.旅行社营销[M].上海:复旦大学出版社,2011.
[23]董正秀,朱晔.旅行社管理[M].南京:东南大学出版社,2007.
[24]楼嘉军.旅行社经营管理[M].上海:立信会计出版社,2010.
[25]李幼龙.旅行社业务与管理 [M].北京:中国纺织出版社,2009.
[26]黄荣鹏.旅游销售实务宝典 [M].北京:化学工业出版社,2011.